RICHTIG MALEN MIT
ÖLFARBEN

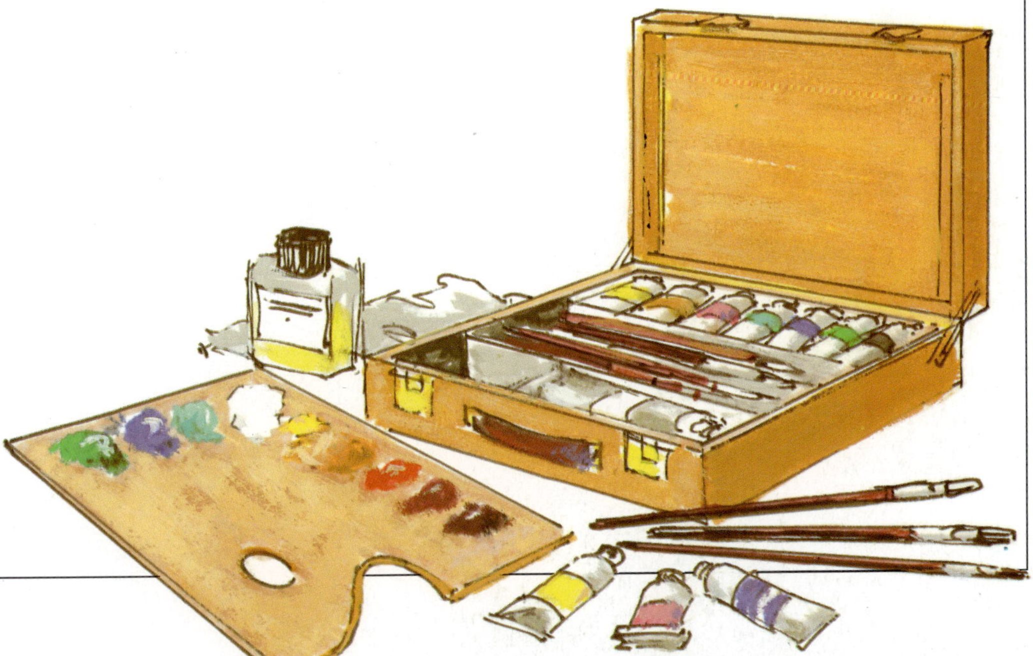

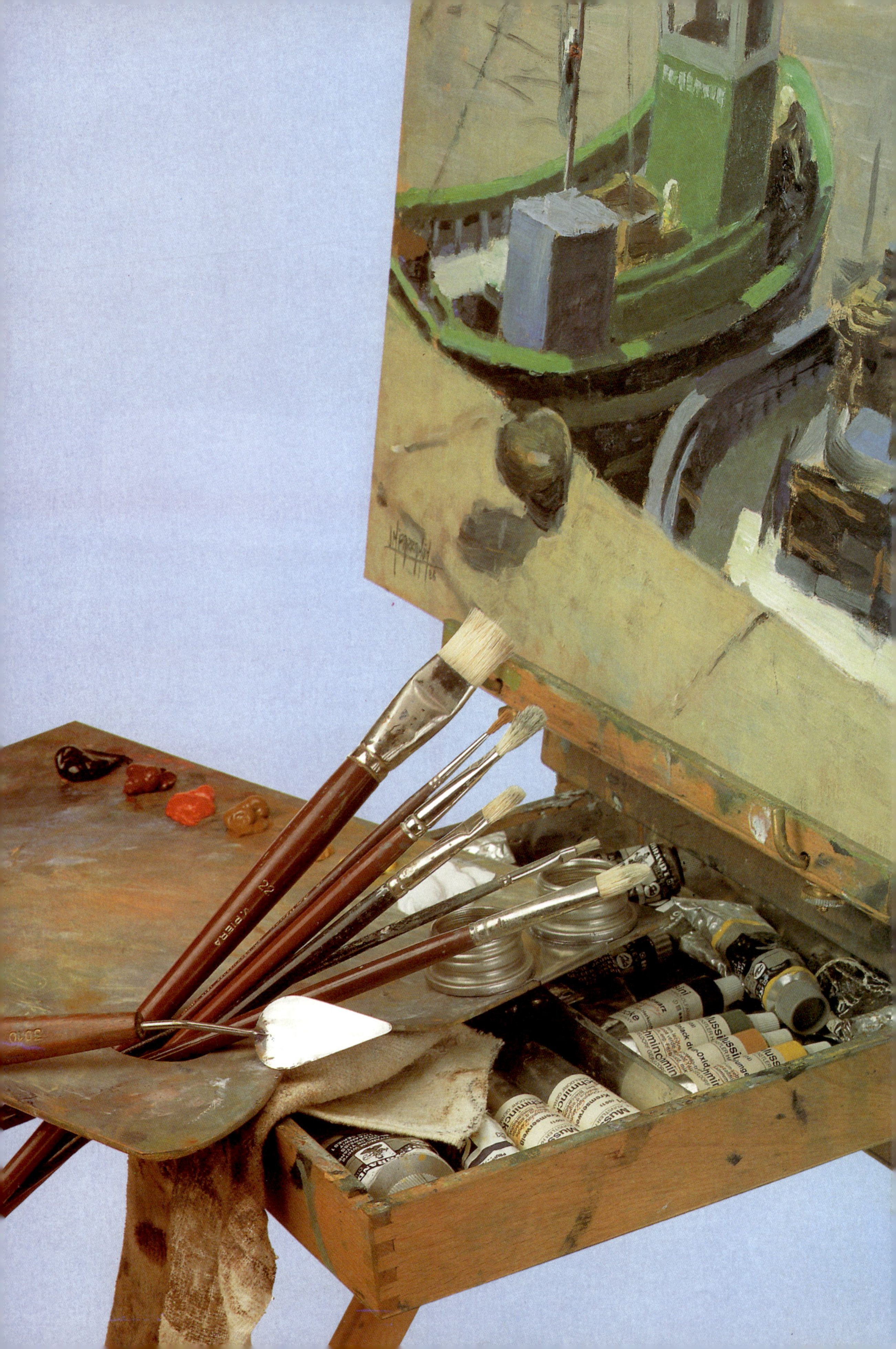

RICHTIG MALEN MIT
ÖLFARBEN

von José M. Parramón

Die Geschichte der Ölmalerei,
Material und Zubehör,
Farbenlehre und Harmonisierung der Farben,
erste Übungen mit zwei und drei Farben,
die Praxis mit allen Farben

EDITION
MICHAEL FISCHER

Titel der Originalausgabe: „Cómo pintar al óleo“
Aus dem Spanischen übertragen von Christa L. Cordes

5. Auflage 1999

Illustrationen: Jordi Seguí Paséo

Herstellung und Satz:
Verlagsservice Henninger GmbH, Würzburg

Printed in Spain

ISBN 3-924433-02-X

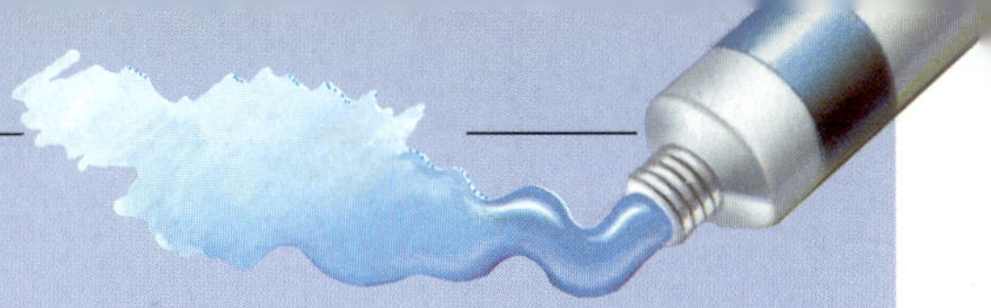

Inhalt

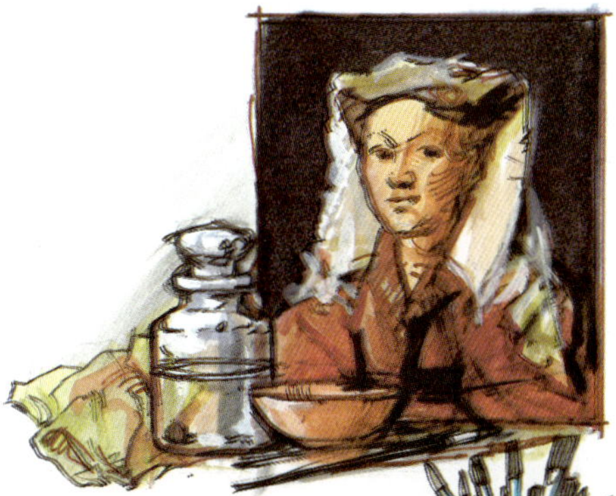
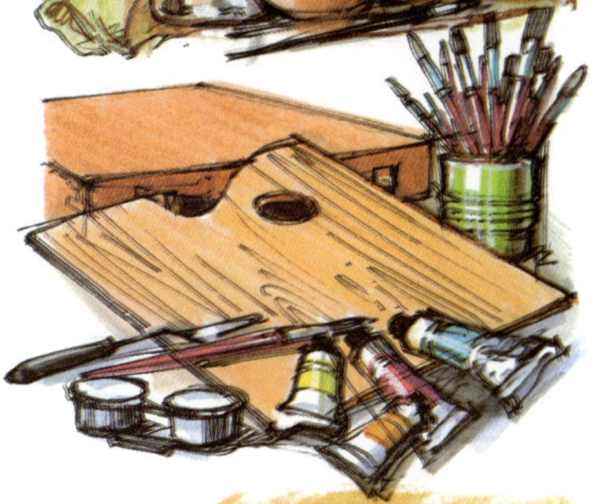
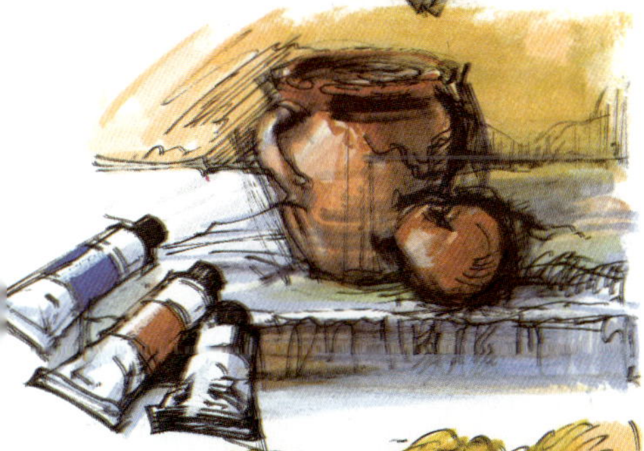
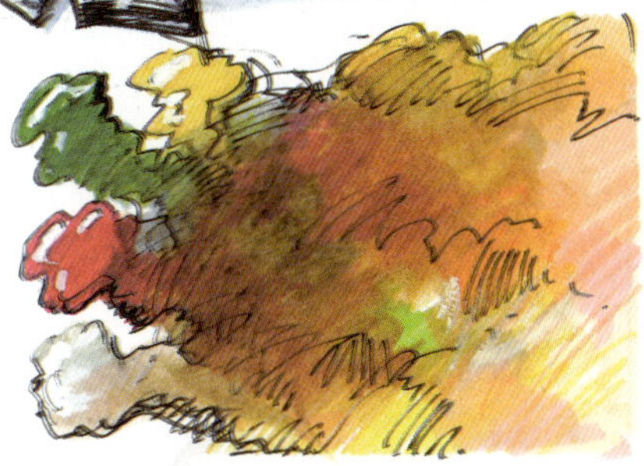
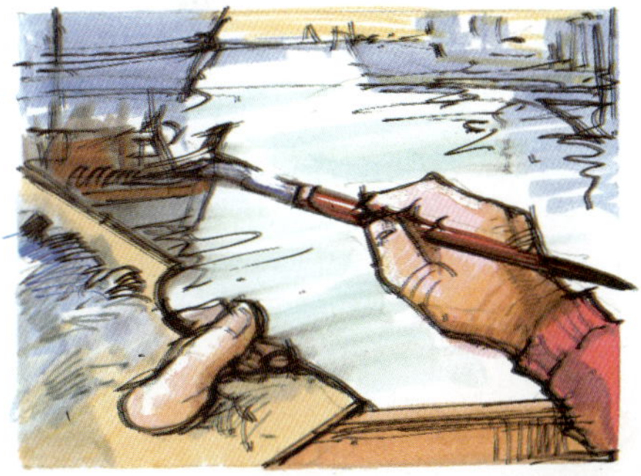

Einführung

1

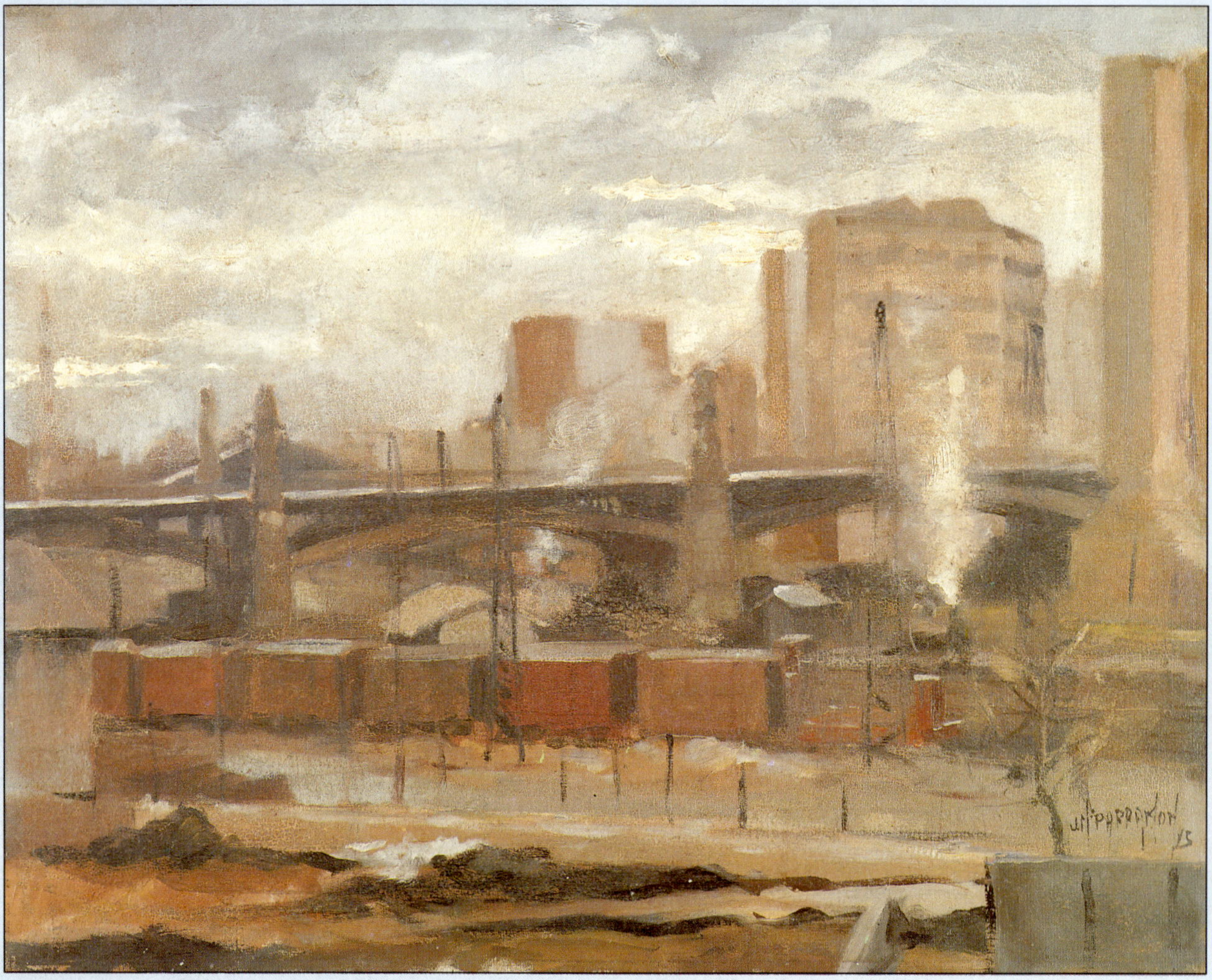

Abb. 1: José M. Parramón, *Die Brücke der Calle Marina,* Privatsammlung, Barcelona.

Mit zwölf Jahren fertigte ich in einer Gasse hinter der Kathedrale von Barcelona meine erste Zeichnung nach der Natur an. Mit achtzehn Jahren begann ich, mit Ölfarben zu malen. Mit zweiundzwanzig hatte ich meine erste Ausstellung mit Ölgemälden, und mit vierundzwanzig nahm ich am „Ersten Salon der Jugend" teil, an dem sich alle Künstler unter fünfundzwanzig Jahren beteiligen durften. Von den insgesamt dreiundsiebzig Teilnehmern erhielt ich den ersten Preis für eine Stadtlandschaft in Öl. Jahre später unterrichtete ich Zeichnen und Malen an Kunstschulen und Akademien der schönen Künste und machte meine Studenten und Studentinnen natürlich mit den Möglichkeiten aller künstlerischen Medien bekannt. Trotzdem behielt ich immer eine besondere Vorliebe für die Ölmalerei bei. Als ich schließlich meine Erkenntnisse und Erfahrungen in zahlreichen Büchern zum Zeichnen und Malen niedergeschrieben hatte, stellte sich heraus, daß sich mehr Titel mit dem Thema Ölmalerei befaßten als alle übrigen über die sonstigen Medien zusammen.
Für mich bleibt die Ölmalerei die Krönung. Deshalb ist es nicht verwunderlich, daß von den mehr als dreißig Büchern, die ich bis heute geschrieben und illustriert habe, mir dieses besonders am Herzen liegt. Und es braucht niemanden zu erstaunen, daß ich wesentlich mehr Stunden mit dem Studium des Lehrstoffes, der Regeln und Übungen verbracht habe, als Sie als Leser oder Leserin für die Lektüre dieses Textes und die Durchführung der Übungen benötigen werden, bis Sie wirklich mit Ölfarben malen können. Denn es ist zu lernen, das werden Sie bald merken. Im Anschluß an diese Einführung finden Sie eine kurze Zusammenfassung der Geschichte der Ölmalerei, in der Sie etwas über die Entwicklung und die Techniken der großen Meister dieser Kunst erfahren.
Anschließend geben wir Ihnen eine Beschreibung des Materials und Zubehörs – mit Dutzenden von Illustrationen –, das der Künstler zum Malen mit Ölfarben benötigt. Es reicht vom Malgrund über Pinsel, Palette und Farben bis zu den unterschiedlichen Staffeleien, den Malkästen und Spezialmöbeln.
Es folgen eine Reihe von praktischen Übungen zunächst mit einer Farbe, dann mit zwei und drei Farben. Im Kapitel über die Farbentheorie erfahren Sie, daß sich sämtliche Naturfarben aus den drei Grundfarben mischen lassen. Dies werden Sie in der Praxis bei einer der wichtigsten Übungen überhaupt selbst nachprüfen und dazu verschiedene Farbenskalen ausschließlich mit Gelb, Blau und Purpur malen.
Sie werden komponieren, interpretieren und die gebräuchlichsten Techniken der Ölmalerei kennenlernen: die Primatechnik und die Schichtenmalerei. Sie erfahren, was Simultankontraste und Komplementärkontraste sind, und beenden Ihr Studium mit einer Übung, in der alles Erlernte noch einmal zusammengefaßt wird: ein Stilleben, das Sie selbst als Ausdruck Ihrer Kreativität komponieren, interpretieren und mit Ölfarben malen. Aber bis dahin bleibt noch viel zu tun. Wie Matisse zu seinen Schülern sagte: „Man muß schuften wie ein Arbeiter. Jeder Künstler, der etwas von Wert geschaffen hat, hat derart gearbeitet. Mein Leben lang habe ich es jeden heiligen Tag so getan."

José M. Parramón

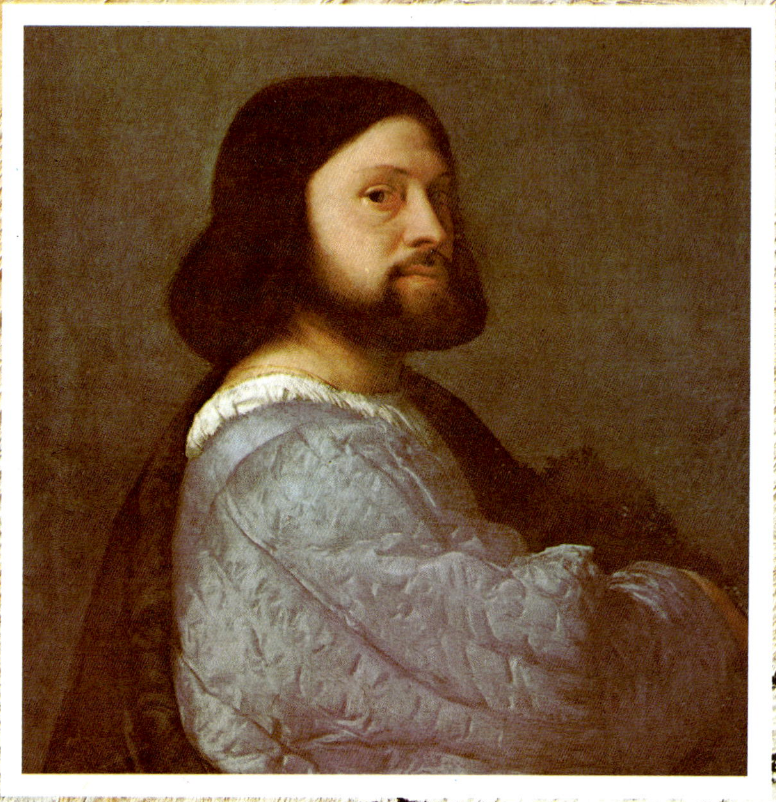

2

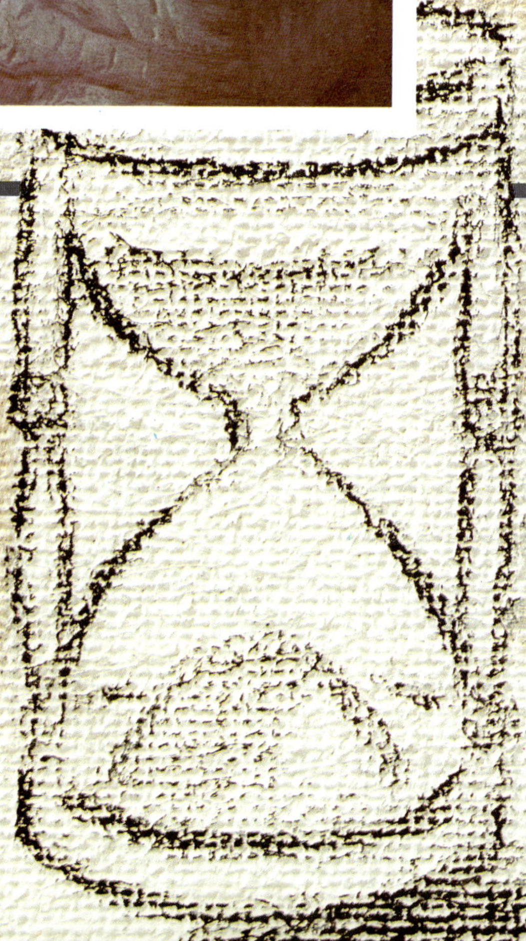

Seit den ersten Jahren des 15. Jahrhunderts finden die Künstler in den Ölfarben ein unübertroffenes Medium zum Malen ihrer Bilder.
Mit nie nachlassendem Eifer haben sie all die Jahre und durch alle Stilrichtungen hindurch mit Ölfarben gemalt und sich weiterentwickelt, stets auf der Suche nach der größtmöglichen Ausdruckskraft.
Im Verlauf dieser Entwicklung sind wunderbare Meisterwerke entstanden, die die neuen Ausdrucksmöglichkeiten und Techniken unter Beweis stellten.
Die Geschichte der Ölmalerei ist zugleich die Geschichte dieser Entwicklung, und wie jede Geschichte besitzt sie ihre charakteristischsten Vertreter. Für das folgende Kapitel haben wir jene Maler ausgewählt, deren Werke beispielhaft für diese geschichtliche Entwicklung sind.

GESCHICHTLICHE ENTWICKLUNG DER ÖLMALEREI

Jan van Eyck (ca. 1390 –1441)

Jan van Eyck galt lange Zeit als der Erfinder der Ölfarben. Heute weiß man, daß es die Ölfarben schon vor diesem großen Meister gab. Zweifellos hat Jan van Eyck das Verfahren jedoch zu außerordentlicher Perfektion gebracht.
Jan van Eyck war der bedeutendste Maler der ersten Epoche der Flämischen Schule. Von 1422 bis 1424 arbeitete er in Den Haag und wurde 1425 zum Hofmaler des Herzogs von Burgund ernannt. Ab diesem Jahr hielt er sich in Brügge auf, wo er 1441 starb. Die Legende erzählt, daß der junge van Eyck eines Tages entsetzt beobachtete, wie ein Bild, das er mit Temperafarben gemalt und mit Leinöl behandelt hatte, beim Trocknen in der Sonne rissig wurde. In den folgenden Monaten setzte er alles daran, ein Öl zu finden, das im Schatten trocknete. Nach zahlreichen Versuchen hatte er Erfolg: eine Mischung aus Leinöl und „Brüsseler Weißlack" (wie man das Balsamterpentin damals nannte). Der Künstler band seine Farbpigmente mit dieser Mischung und erhielt eine Farbe, deren Konsistenz er genau bestimmen konnte und die so langsam trocknete, daß sich noch Retuschen anbringen ließen.
Doch van Eyck verbesserte die Ölfarben nicht nur, er erreichte damit auch eine außerordentliche Feinheit und Genauigkeit. Das gegenüber abgebildete Werk (Abb. 4) malte Jan van Eyck im Jahre 1434, also vor mehr als fünfhundert Jahren. Obwohl es sich um eine gute Reproduktion handelt, wird sie dem Original nicht gerecht. Das Gemälde ist hervorragend erhalten. Die Farben scheinen erst vor kurzem gemalt worden zu sein, alle Details besitzen die Frische und Brillanz eines kürzlich entstandenen Werkes.
Van Eycks Gemälde ist ein Paradestück der Technik und der Virtuosität. Das Spiel des Lichts auf den Formen ist präzise wiedergegeben. Kleidung, Möbel, Fliesenboden, Pflanzen etc. sind bis in die winzigsten Details dargestellt. Das Bild, das den Titel „Arnolfini mit seiner Ehefrau" trägt, ist eines der besten Porträts von van Eyck.
Neben der Signatur des Künstlers befindet sich eine lateinische Inschrift, die besagt: „Das Beste, was ich konnte."
Gemeinsam mit Meister Flemalle und Roger van der Weiden – den beiden weiteren großen flämischen Meistern jener Zeit – trat Jan van Eyck an die Spitze der neuen realistischen Sichtweise der nordischen Renaissance. Er vertrat die Ansicht, daß „Männer und Frauen, Bäume und Felsen so gemalt werden müssen, wie sie wirklich sind."
Aus dieser realistischen Auffassung entwickelte sich die große Tradition der flämischen und holländischen Schule, zu deren Vertreter so große Maler wie Memling, Bouts, Hieronymus Bosch, Breughel d.Ä., Rubens, van Dyck und Rembrandt gehören.
Der Einfluß der berühmten Flämischen Schule blieb nicht auf diese Region beschränkt. Er macht sich sowohl in der Malerei der Renaissance Norditaliens als auch zu einem nicht unerheblichen Teil in der spanischen Renaissance bemerkbar. Einige Kunsthistoriker schließen die Möglichkeit nicht aus, daß Velazquez etliche flämische Werke kannte, darunter einige von van Eyck, zu denen er leicht Zugang besaß, weil sie sich in spanischen Sammlungen befanden. Ob es zutrifft oder nicht: alle großen Maler der Kunstgeschichte bewunderten Jan van Eycks Werke.

Abb. 2 (S. 8): Tizian (1511–1576), *Porträt eines Mannes*, National Gallery, London.

Abb. 3: Schule des Quintin Massys, *Der Hl. Lukas, die Jungfrau und das Kind malend*, National Gallery, London. Dieses Gemälde ist ein informatives Dokument über den Maler und sein Atelier am Endes des 15. Jahrhunderts. Der gezeigte Maler arbeitet mit Sicherheit mit Ölfarben. Das Material hat sich im wesentlichen bis heute nicht verändert.

Abb. 4: Jan van Eyck (ca. 1390–1441), *G. Arnolfini mit seiner Ehefrau*, National Gallery, London. Van Eyck vervollkommnete die Ölmalerei und erreichte einen erstaunlichen Grad an Feinheit. Das Gemälde ist ein Beispiel für die bewundernswerte Fähigkeit des Malers in der exakten Wiedergabe aller Einzelheiten und Details der Gestalten und Elemente.

3

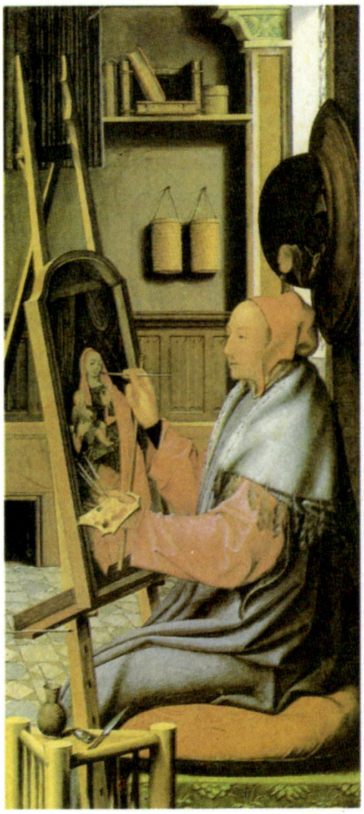

4

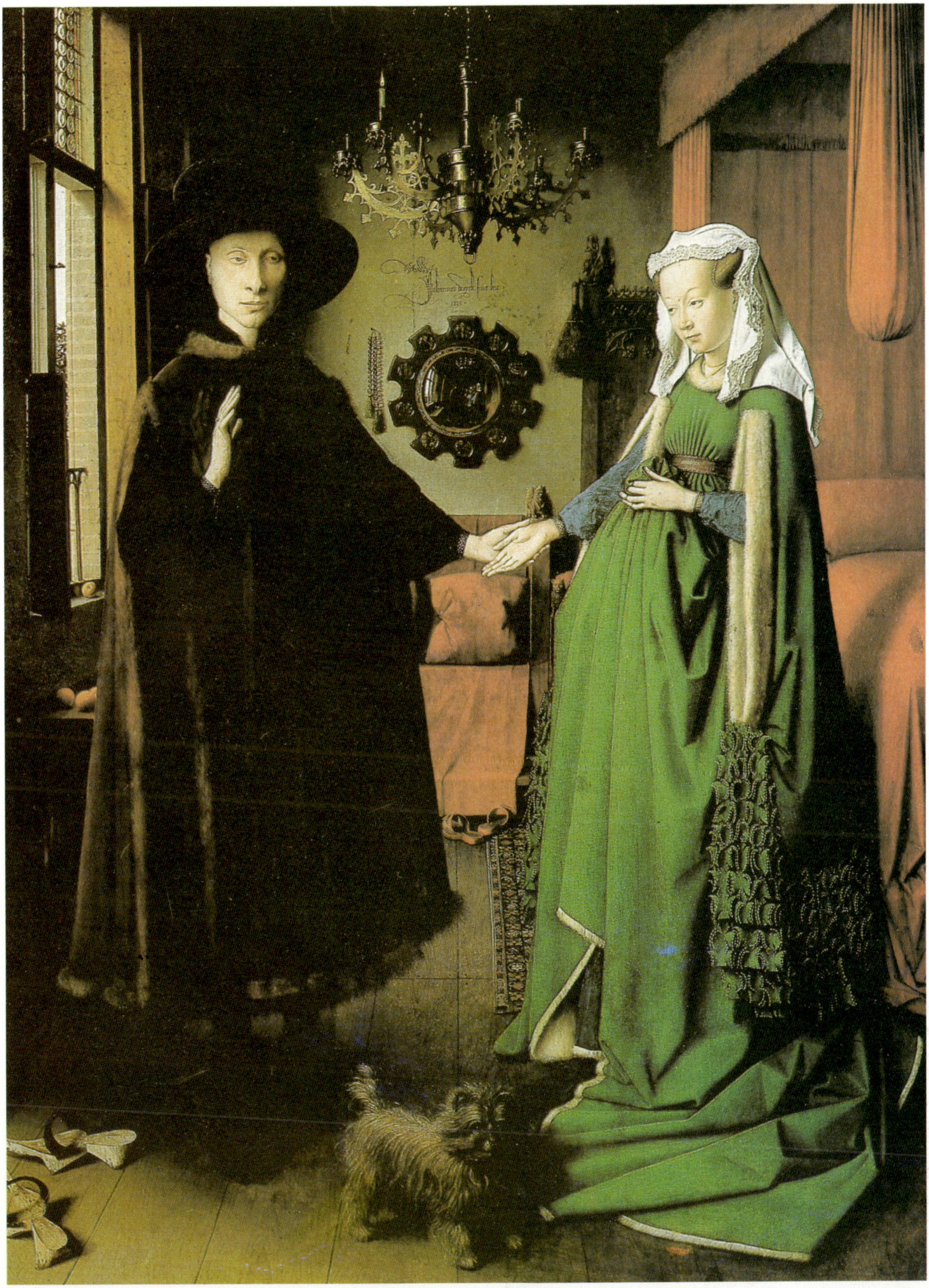

Leonardo da Vinci (1452 –1519)

In Italien wurde die Ölmalerei durch den flämischen Maler Justus von Gent eingeführt. Zu den Künstlern, die diese neue Technik aufgriffen, gehörte auch Leonardo da Vinci. Leonardo da Vinci wurde 1452 in dem kleinen Ort Vinci im Tal des Arno geboren. Seine künstlerische Ausbildung erhielt er in Florenz im Atelier von Andrea Verrochio.

Leonardo gilt als eines der Universalgenies der Renaissance, denn er interessierte sich für die Architektur, die Musik, die Hydraulik, die Geologie, die Botanik, die Anatomie und selbstverständlich auch für die Malerei. Zu diesem Thema veröffentlichte er seinen äußerst berühmt gewordenen „Traktat über die Malerei". Das Werk ist gleichzeitig eine theoretische Abhandlung, ein technisches Nachschlagewerk und eine Verteidigungsschrift für den freien Beruf des Malers, denn zu jener Zeit wurde die Malerei noch als „mechanische Kunst" betrachtet.

An einer Stelle des „Traktats über die Malerei" heißt es: „Achte darauf, daß Licht und Schatten nicht durch Striche verbunden werden, sondern durch so etwas wie eine Rauchwolke." Diese Worte beschreiben eine der umwälzendsten Techniken in der Geschichte der Malerei: das *Sfumato*, also das Verschmelzen der Umrisse der Gestalten und Elemente mit der Atmosphäre des Bildes.

In Leonardos Werken ist dieses Gefühl von Luft zwischen den Elementen und das Verschwimmen der Gegenstände auf den entfernten Ebenen einer Landschaft (Luftperspektive) erstmals festzustellen. Um jene Wirkung zu erzielen, benutzte der große Künstler eine außerordentlich aufwendige Technik, die darin bestand, mit äußerst feinen Farbschichten zu arbeiten, eine Lasur auf die andere zu tragen und die Details bis an die Grenze des Erkennbaren zu verwischen.

Abb. 5: Leonardo da Vinci (1452–1519), *Die Felsenmadonna*, Louvre, Paris. Die Darstellung der Pflanzen und Felsen beruht auf einem sorgfältigen Studium der Natur. Sowohl die Gestalten als auch die Landschaft unterliegen einer Atmosphäre, einem Licht.

Abb. 6: Leonardo da Vinci (1452–1519), *Mona Lisa*, Louvre, Paris. Die Formen und Volumen der Gestalt sind leicht nach rechts gedreht und mit dem Hintergrund verschmolzen. Auch die Landschaft weist eine Neuerung auf: die Luftperspektive, also die verwischten Konturen aufgrund der Tiefe des zur Leinwand gebrachten Motivs.

6

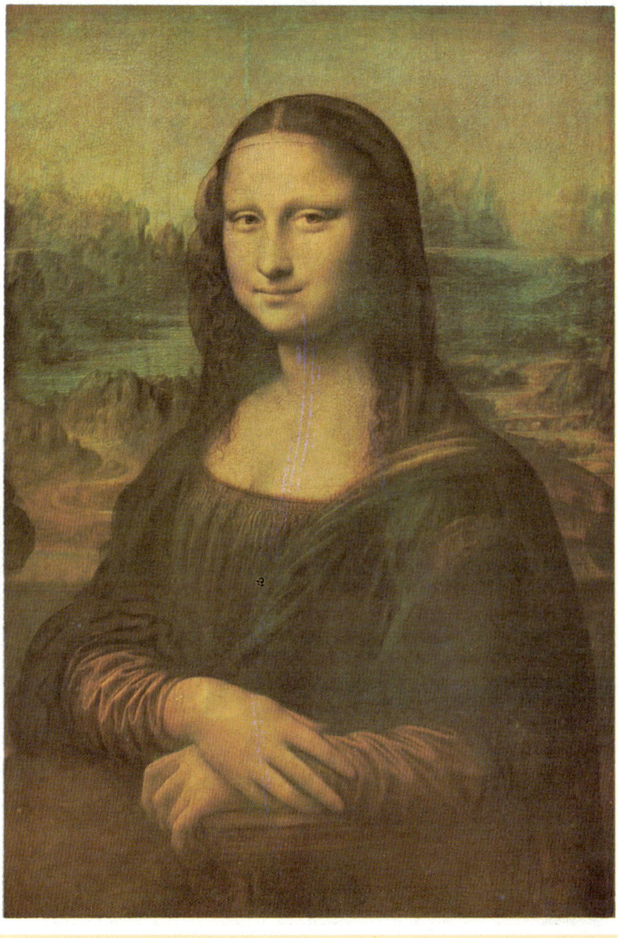

5

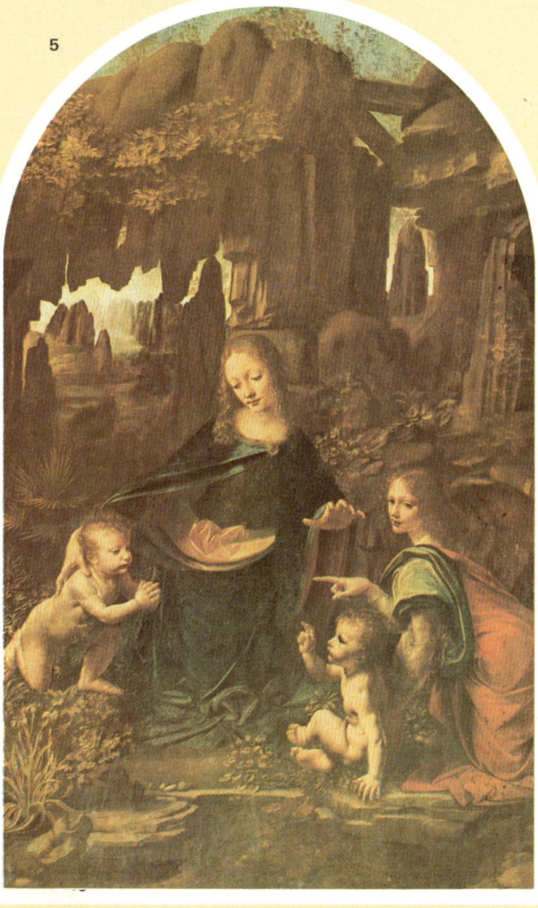

Raffael (1483 –1520)
Michelangelo (1475 –1564)

Abb. 7: Raffael Sanzio (1483–1520), *Die Vermählung Marias* (Ausschnitt), Pinakothek von Brera, Mailand. Raffael malte seine Werke normalerweise auf Holz und verwendete eine Technik, die sich von der Malweise der flämischen Meister ableitete. Sie basierte auf der Überlagerung von Lasuren auf grüngrauem Grund.

Abb. 8 und 9: Michelangelo Buonarroti (1475–1564), *Heilige Famile mit St. Johannes als Knabe (Tondo Doni)* und Ausschnitt, National Gallery, London. Als guter Bildhauer stützte Michelangelo seine Malerei auf die energische Darstellung kraftvoller Volumen. Ebenso wie Raffael arbeitete er mit der Überlagerung von transparenten Farbschichten. Er zerlegte sein Werk beim Malen in Abschnitte, als handelte es sich um ein Fresko.

Raffael starb 1520 im Alter von 37 Jahren in Rom. Mit einundzwanzig Jahren malte er bereits so berühmte Bilder wie „Die Vermählung Marias", von der wir unten einen Ausschnitt abgebildet haben (Abb. 7). Mit sechsundzwanzig war er ebenso berühmt wie Leonardo. Zu diesem Zeitpunkt rief Papst Julius II. ihn nach Rom und beauftragte ihn mit der Ausschmückung der „Stanzen" im Vatikanspalast, wo Michelangelo gerade die Sixtinische Kapelle ausmalte.

Raffael und Michelangelo arbeiteten in einer sehr ähnlichen Technik. Von Michelangelo sind einige unvollendete Werke erhalten, nach denen man seine Arbeitsweise ziemlich genau rekonstruieren kann. Michelangelo stellte zunächst eine Gipsgrundierung her, auf der er mit einem feinen Pinsel und grauer Farbe die Vorzeichnung anfertigte. Anschließend trug er das *Verdaccio* für die Gesichter und die Fleischfarben auf (eine seit der Gotik traditionell verwendete grünliche Farbe). Darauf modellierte er mit rötlichen Lasuren die Körper und stellte mit Hilfe von Transparenzen die Kleidungsstücke dar. Die undurchsichtigen Gewänder scheinen mit der gesättigteren dunkleren Lokalfarbe für die Schatten begonnen worden zu sein, die der Maler anschließend mit Hilfe von Weiß in der Mischung aufhellte. Wie die Künstler der Flämischen Schule zerlegte Michelangelo seine Werke beim Malen. Er arbeitete eine Stelle völlig aus und ließ das übrige inzwischen skizzenhaft angedeutet.

8

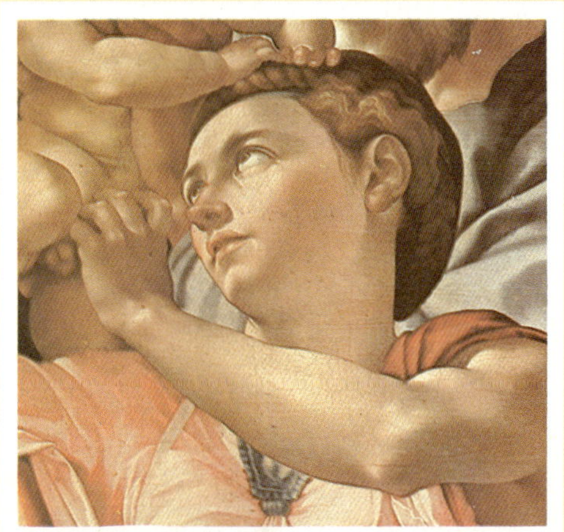

7

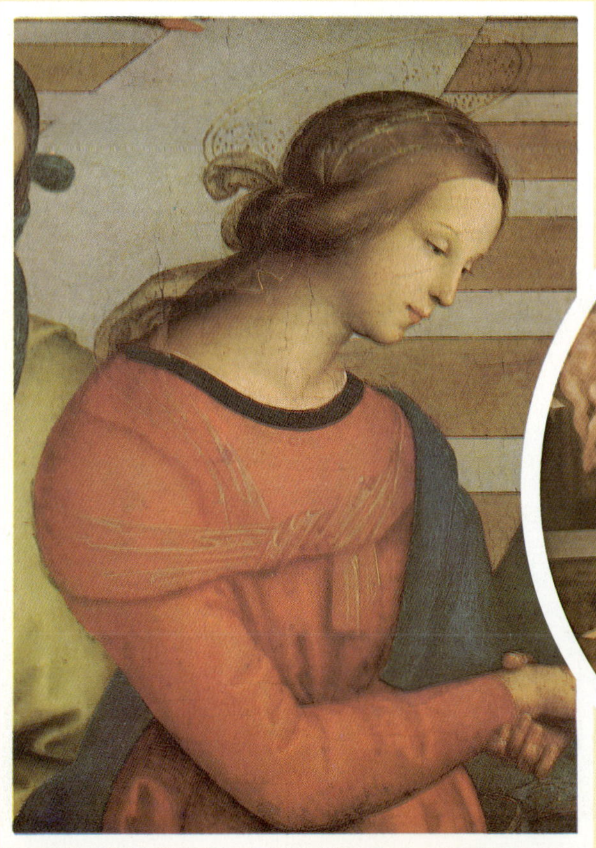

9

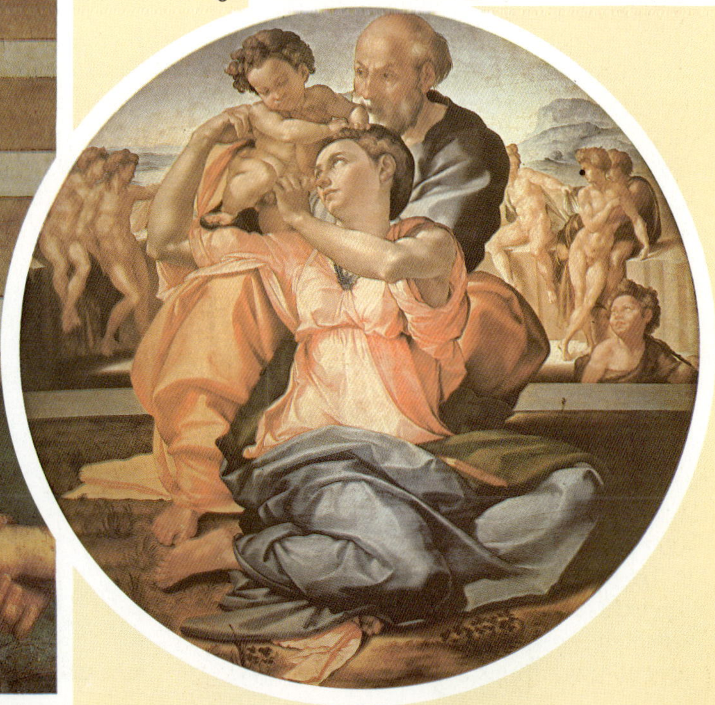

Tizian (1489/90 –1576)

Der Venezianer Giovanni Bellini befaßte sich als einer der ersten mit der Ölmalerei. Er stand unter dem Einfluß von Antonello da Massina, der die neue Maltechnik in Brügge erlernte. Bellinis Kunst veränderte die traditionelle venezianische Malschule. Er führte ein vibrierendes Licht in seine Werke ein, das die Formen vereinte und die Umrisse weicher erscheinen ließ. Dieses Merkmal bestimmt auch die Werke von Giorgione, einem weiteren Venezianer, von dem der Kunsthistoriker Vasari schrieb: „Giorgione malte unmittelbar, denn er glaubte, daß die bessere und eigentliche Malerei darin bestand, ohne Zuhilfenahme einer Vorzeichnung zu arbeiten." Seine Werke besitzen eine solche Farbenharmonie und bestehen aus so sanften Formen, daß man der Legende Glauben schenken möchte, nach der Giorgione „sein Leben zwischen der Liebe und der Musik teilte".
Tizian war ein Schüler von Giorgione. Im Laufe seines Lebens wurde er zu einer anerkannten Autorität, die den großen Meistern der Renaissance durchaus ebenbürtig war. Von Tizian erzählt man, daß Kaiser Karl V. ihm die Ehre erwies, einen heruntergefallenen Pinsel aufzuheben. Tizian brachte die von Bellini eingeführte und von Giorgione aufgegriffene koloristische Malweise auf ihren Höhepunkt. Obwohl seine Kunst zeitweise dem Einfluß von Michelangelos Zeichnung unterlag, stützt sie sich grundsätzlich auf die Farbe. Die Farbe baut die Formen auf, sie suggeriert Weite und nuanciert die Atmosphäre. Deshalb revolutionierte Tizian die Malerei. Man könnte die gesamte Malerei in die Werke vor Tizian mit ihren strengen Formen und emaillierten Farben und die Werke nach Tizian mit ihren weichen Formen und „schmutzigen", harmonischeren Mischfarben einteilen. Die harmonischeren Farben machen sich insbesondere in Tizians letzter Schaffensperiode bemerkbar, in der die Werke an Präzision verlieren, dafür aber erheblich an Einheit und chromatischer Harmonie gewinnen.
Die Technik dieser Periode ist durch einen energischen Pinselstrich und eine erstaunlich „verkürzte", vereinfachte Malweise gekennzeichnet. Tizian trug zunächst eine gleichförmige Schicht Venezianischrot auf die Leinwand. Auf dieser Grundierung zeichnete und malte er gleichzeitig mit drei Farben, nämlich Gelb, Rot und Schwarz entsprechend den hellen, mittleren bzw. dunklen Flächen. In den folgenden Sitzungen arbeitete er die Formen mit Hilfe etlicher hellerer Lasuren aus, deren Farben sich nach dem zugrundeliegenden Ton richteten (Rosa auf Rot, Gelb auf den Fleischfarben etc.). Schließlich stellte er mit Hilfe sehr lockerer schabender Pinselstriche und Impastos die hellsten Stellen dar, die sogenannten *Frottis.* Diesen Impastos und dünnen Farbaufträgen verdanken Tizians berühmteste Werke ihre atmosphärische Einheit und Leuchtkraft, zum Beispiel das Gefühl von Vibration des warmen goldenen Lichts einer Abenddämmerung.

Abb. 12: Tizian (1489/1490–1576), *Porträt eines Mannes*, National Gallery, London. Tizian war ein genialer Kolorist. Doch er hielt sich weder an die flämischen Meister noch an die der Renaissance. Seine Farben sind von der Natur, also von der Wirklichkeit bestimmt. Die bewundernswerte Farbwirkung dieses Werkes ergibt sich aus dem Kontrast des dominierenden Blaus mit den warmen Farben des Kopfes.

10

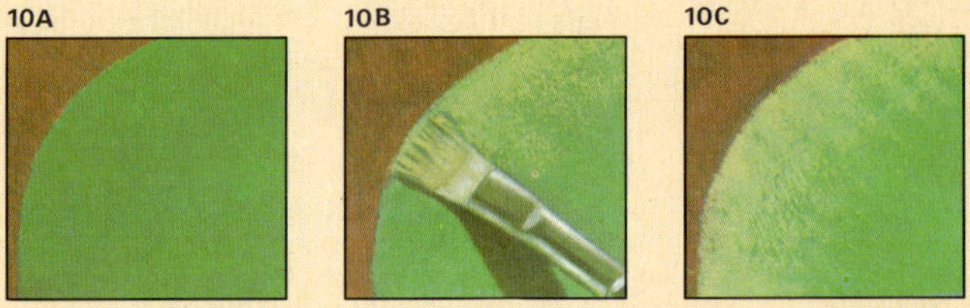

Tizians Technik der Frottis oder des dünnen Farbauftrags. Das Wort *Frottis* stammt aus dem Französischen (frotter = reiben). In der Ölmalerei versteht man darunter eine Technik, bei der man mit dem nur leicht mit dicker Farbe gefüllten Pinsel über eine bereits gemalte Fläche streicht und somit trocken oder beinahe trocken malt. Die überlagerte Farbe muß heller als die Grundfarbe sein, so daß diese sichtbar bleibt und einen Übergang von Licht und Schatten, Spitzlichter oder Abstufungen erzeugt. Die Abbildungen 10 A, 10 B und 10 C zeigen das Verfahren. Auf eine dunkelgrüne Fläche wird ein hellerer Ton gelegt. Das Ergebnis ist eine Abstufung, bei der die Töne sich nicht mischen, sondern gegenseitig bereichern. Diese chromatische Bereicherung erhielt bei Tizian ihren höchsten Ausdruck, denn er setzte die *Frottis* für die beleuchteten Stellen seiner Bilder ein, um die Brillanz der Farben zu verstärken und deren Ausdruckskraft zu intensivieren (Abb. 11).

11

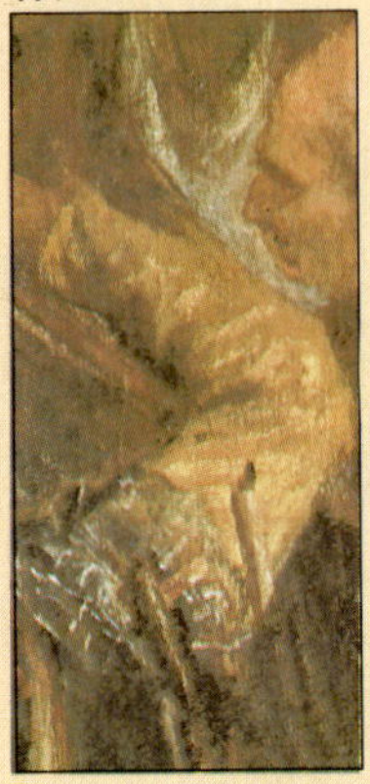

12

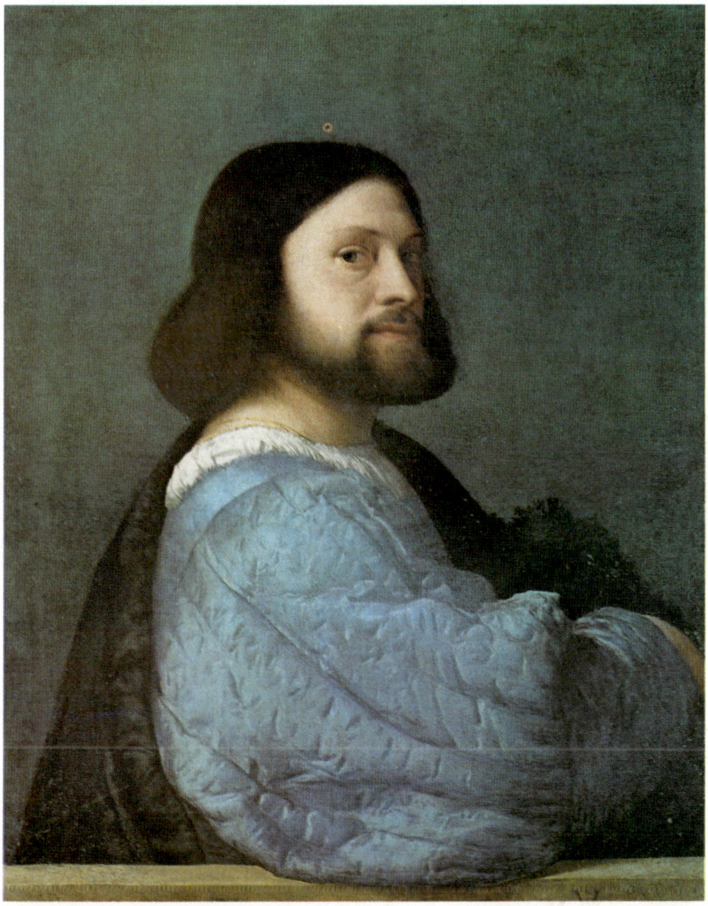

Betrachtet man Tizians letzte Gemälde aus der Nähe, erkennt man nur Farbflecken und Impastos. Das ganze Werk erschließt sich dem Betrachter erst, wenn er zurücktritt und es aus einem gewissen Abstand anschaut. Der unmittelbare, beinahe gewaltsame Auftrag der Ölfarben bedeutete einen erheblichen Bruch mit der traditionellen Technik, die sich auf homogene Farbflächen und weiche Übergänge von Licht und Schatten stützte. Außerdem sind Tizians Farben nicht grell wie bei den Künstlern vor ihm, es herrscht vielmehr eine allgemeine Farbenharmonie innerhalb einer bestimmten Skala vor. Damit nahm Tizian bereits die moderne Ölmalerei vorweg.

Abb. 13 und 14: Tizian (1489/1490–1576), *Die Dornenkrönung* (und ein Ausschnitt), Alte Pinakothek, München. Tizians letzte Werke sind von einer raschen, energischen Ausführung gekennzeichnet. Der Künstler trug die Farben unmittelbar auf und mischte sie auf der Leinwand. Auf diese Weise erhielt er eine äußerst reiche Skala gebrochener „schmutziger" Nuancen, die für eine allgemeine Harmonie sorgen.

13

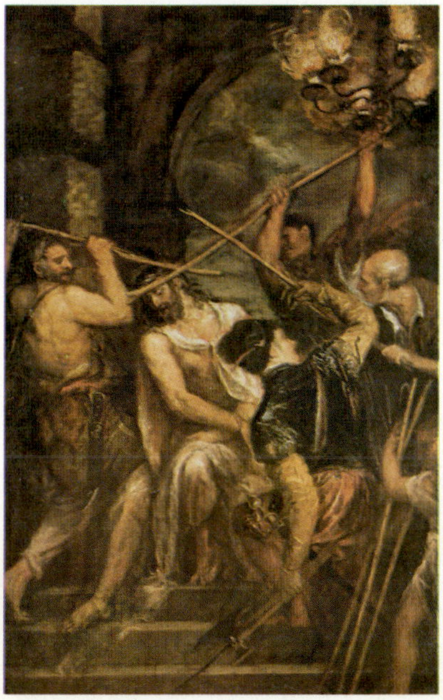

14

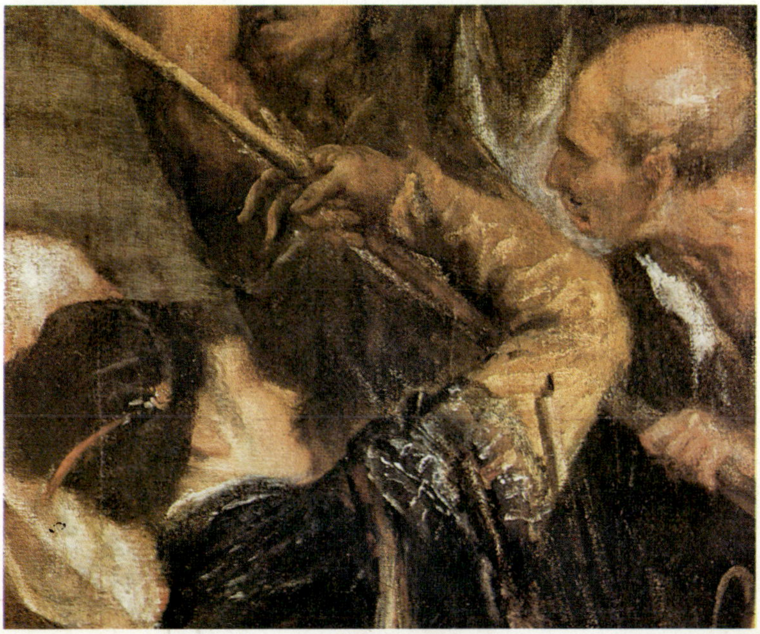

Caravaggio (1571–1610)

Michelangelo Mersi, genannt Caravaggio, war eine unzugängliche, etwas streitsüchtige Persönlichkeit. Sein Leben lang hatte er Schwierigkeiten sowohl mit dem Geld als auch mit der Polizei. Er verabscheute die manieristische Malweise. Ihm gefielen weder die herkömmlichen Themen noch die allegorischen oder mythologischen Fantasien. Er verlangte eine wahre, realistische Malerei.

Caravaggio lag weder an der Schönheit und Attraktivität der Farben noch an der Eleganz der Zeichnung oder der Qualität der Atmosphäre. Vielmehr ging es ihm um den Realismus der Elemente, deren Volumen und Gewicht. Sein großer Beitrag zur Kunstgeschichte ist die Wiedergabe der Formen mit Hilfe beinahe brutaler Kontraste von Licht und Schatten, die man als *Tenebrismus* bezeichnet. Bis zu Caravaggio malte man „lyrisch"; man poesierte die Wirklichkeit. Caravaggio arbeitete als erster „in der Prosa" und stellte seine Themen objektiv dar. Er besaß einen gewaltigen Einfluß. Von ihm leitete sich die naturalistische Schule des Barock ab. Der Tenebrismus beeinflußte Rembrandt, Rubens, La Tour, Zurbarán und Velazquez.

15

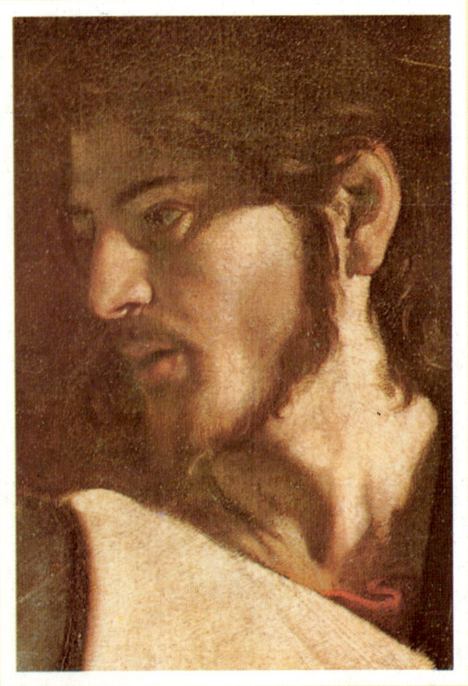

16

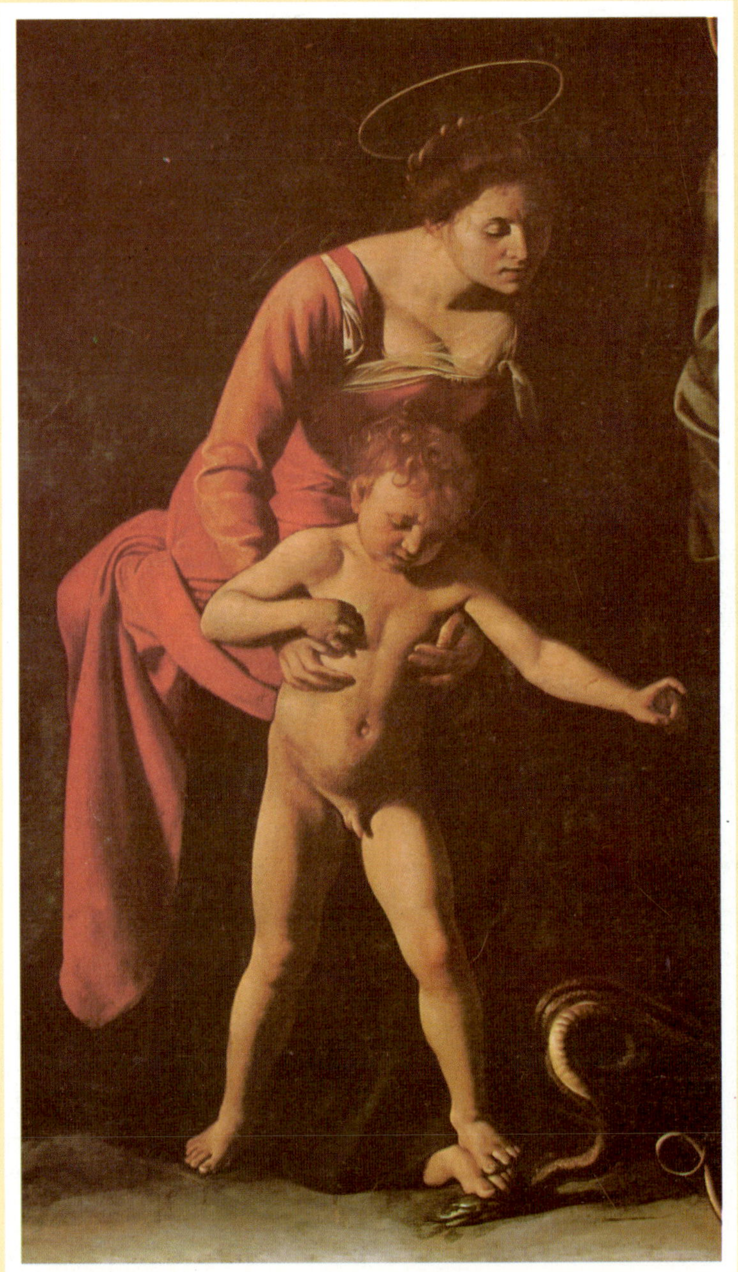

Abb. 15: Caravaggio (1571–1610), *Die Berufung des heiligen Matthäus* (Ausschnitt), St. Ludwigskirche der Franzosen, Rom. Caravaggios große Erneuerung bestand im Tenebrismus mit seinen maximalen Helldunkelkontrasten. Die Abbildung zeigt die dramatische Ausdruckskraft dieses Stils.

Abb. 16: Caravaggio (1571–1610), *Die Madonna der Reitknechte*, Galeria Borghese, Rom. Caravaggio ließ den Hintergrund seiner Bilder restlos im Halbschatten, um das Volumen und die Körper seiner Figuren und Elemente maximal zu betonen. Aus diesem Grund gab er die physischen Aspekte der visuellen Wirklichkeit genauestens wieder.

Rubens (1577–1640) Rembrandt (1605 –1669)

Peter Paul Rubens beherrschte fünf Sprachen sowie Griechisch und Latein. Er übernahm wichtige diplomatische Aufträge für die Regierungen der Niederlande, die ihn mit den bedeutendsten Königen und Fürsten Europas in Kontakt brachten. Neben dieser Tätigkeit fand Rubens Zeit, mehr als 2 500 Bilder zu malen. Der große Künstler besaß ein Atelier, in dem seine Helfer und Schüler arbeiteten (u.a. van Dyck, Jordaens, Snyders und Teniers). Trotzdem ist sein Werk von einer erstaunlichen stilistischen Einheit.

Diese Einheit gelang Rubens aufgrund einer äußerst sicheren, systematischen Technik, die folgendermaßen aussah: Auf eine silbergraue Grundierung legte der Künstler nicht nur Lasuren, sondern auch Impastos, also deckende Schichten, die er während des Malens auf der Leinwand mischte.

Im Gegensatz zu Rubens verließ Rembrandt seine Heimat nie. Seiner Ansicht nach gab es in Holland genügend italienische Werke zu sehen, so daß er nicht zu reisen brauchte. Er besaß eine bedeutende Sammlung von Gemälden und Stichen, die er am Ende verkaufen mußte, weil er bankrott war.

Rembrandt war ein großer Meister des Helldunkel. In seinen Kompositionen ist das Interessenszentrum stets von ausgerichtetem Licht beleuchtet, während der Rest des Bildes im Schatten bleibt. Die beleuchteten Stellen bestehen aus sehr dichten Impastos; im Schatten ist die Farbe dagegen wesentlich glatter.

17

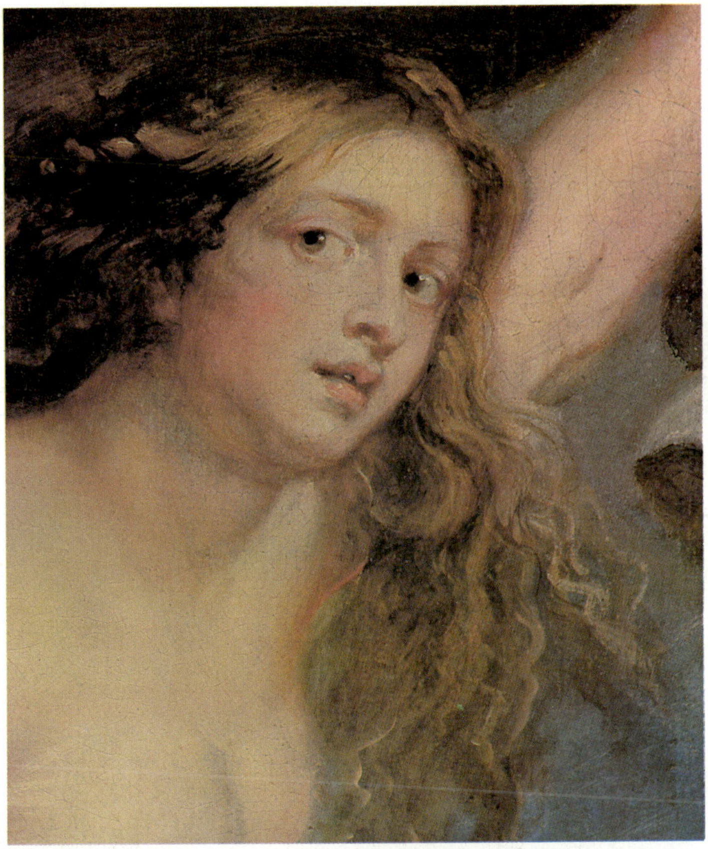

18

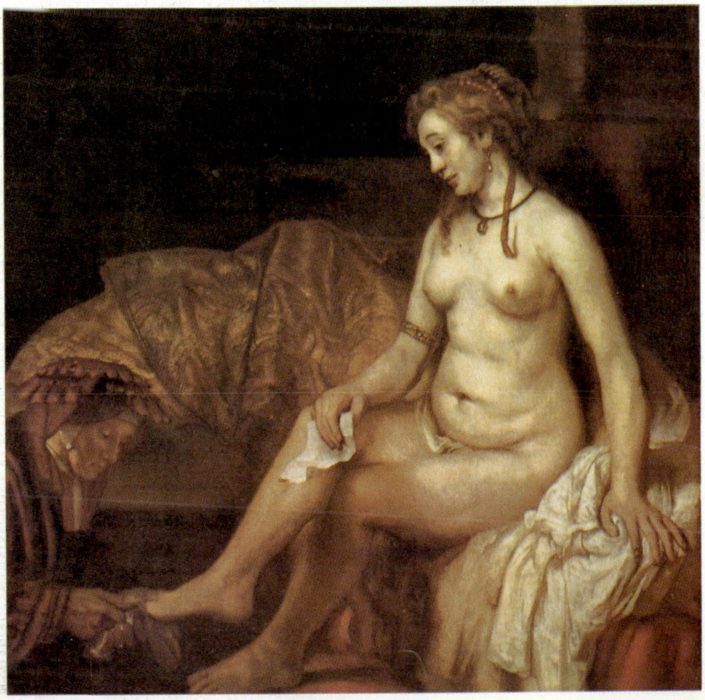

Abb. 17: Peter Paul Rubens (1577–1640), *Fortuna* (Ausschnitt), Prado, Madrid. Rubens arbeitete in einer Technik der Ölmalerei, bei der er Lasuren und direkte Malweise kombinierte.

Abb. 18: Rembrandt van Rijn (1605–1669), *Bathseba im Bade*, Louvre, Paris. Eines der charakteristischsten Merkmale von Rembrandts Malerei ist die Ansammlung von Farbeklumpen und Verdickungen.

Velazquez (1590 –1660)

Der Stil des jungen Velazquez ist vom Tenebrismus Caravaggios bestimmt, den der Maler durch die Nachahmer des italienischen Künstlers kennenlernte. In den ersten Jahren des 17. Jahrhunderts lebte Velazquez in Sevilla und malte in einem strikt realistischen Stil, der sich jedoch erheblich vom damals verbreiteten Manierismus entfernte. Als er 24 Jahre alt war, drang sein Ruhm bis nach Madrid, und König Philipp IV. ernannte ihn zum Hofmaler. In Madrid konnte Velazquez die Werke der königlichen Sammlung betrachten, und er lernte auch Rubens kennen. Auf Rubens' Fürsprache durfte er nach Rom reisen und die Bilder der großen italienischen Meister studieren. Die venezianischen Maler, insbesondere Tizian und Rubens, übten den größten Einfluß auf Velazquez aus. Er entwickelte einen malerischen Stil, für den er nach den Worten des großen Kunsthistorikers Ernst Gombrich „so fantastische Pinselstriche anlegte, wie sie die Welt bisher noch nicht gesehen hatte."

Wie Tizian malte auch Velazquez auf einer Grundierung in Venezianischrot. Er begann seine Bilder mit einer wenig ausgearbeiteten Pinselzeichnung. Anschließend deckte er die Leinwand mit bestimmten Grautönen ab, die die Tonwerte von Licht und Schatten wiedergaben. Zum Abschluß präzisierte er die Formen und die Farbkontraste. Dabei ging er wie ein Impressionist vor: Er legte kleine weiche Farbtupfer an, die aus der Nähe betrachtet unzusammenhängend wirken, aus einem gewissen Abstand jedoch ein erstaunlich realistisches Ganzes ergeben. So malte er auch sein berühmtestes und vermutlich bedeutendstes Meisterwerk: *Las Meninas*. Als der große romantische Schriftsteller Téophile Gautier dieses Gemälde zum erstenmal sah, rief er: „Aber wo ist denn das Bild?" Er hielt das Werk für Realität.

Abb. 19: Diego Velazquez (1590–1660), *Reiterporträt von Philipp IV.* (Ausschnitt), Prado, Madrid. Im Stil des reifen Velazquez verbinden sich der Einfluß der venezianischen Malerei, genauer gesagt der Tizians, mit dem Kolorismus und dem Reichtum der Fleischfarben von Rubens.

Abb. 20: Diego Velazquez (1590–1660), *Die Schmiede des Vulkans* (Ausschnitt), Prado, Madrid. Velazquez' Realismus entstand unter dem Einfluß von Caravaggios Malerei. Die Darstellung der menschlichen Anatomie ist absolut korrekt.

19

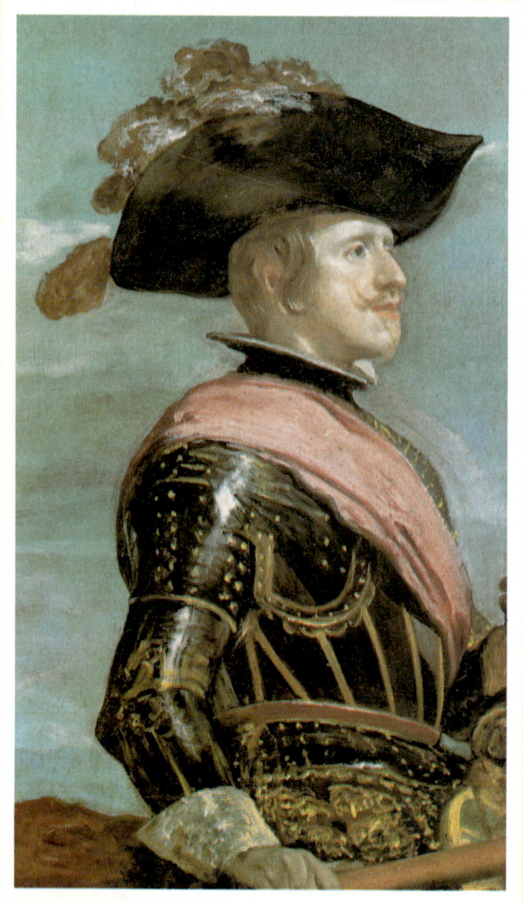

20

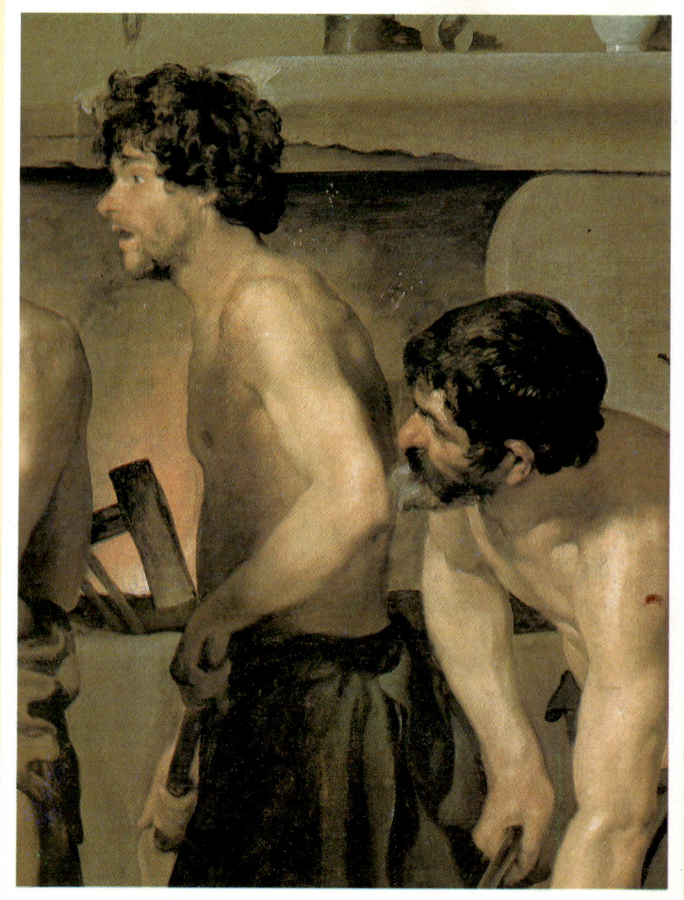

21

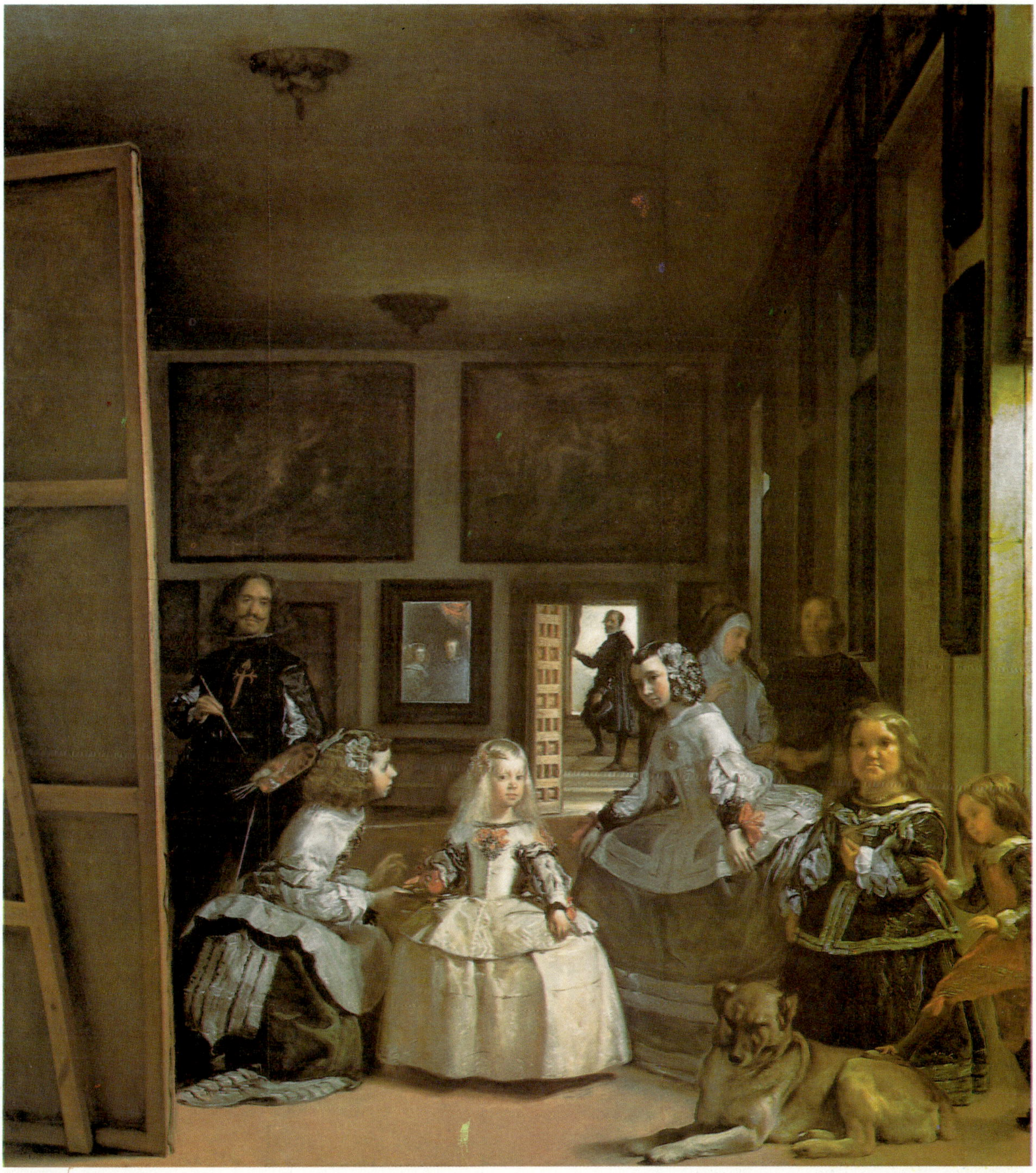

Abb. 21: Diego Velazquez (1590–1660), *Die Infantin Margarita* (Las Meninas), Prado, Madrid. Dieses Bild gilt als eines der bedeutendsten Werke der Kunstgeschichte. Es verbindet in harmonischer Weise den schärfsten Realismus mit der Farbenpracht des Kolorismus. Die Ausführung ist locker und flüssig. Impastos sind kaum vorhanden.

Goya (1746 –1828) Turner (1755 –1851)

Francisco de Goya erklärte bei einem bestimmten Anlaß: „Ich habe nur drei Meister: die Natur, Velazquez und Rembrandt." Es gibt in der Tat einige Stiche von Goya, auf denen er Velazquez' Porträts kopiert hat. Bei seinen letzten Gemälden ist dagegen der Einfluß Rembrandts unverkennbar. Was die Natur betrifft, gehört Goyas Malerei zu den genauesten und lebhaftesten Darstellungen der Kunstgeschichte. Goyas Bilder bestehen aus reinen Farben und weisen kaum ein Helldunkel auf. Die Darstellung scheint dem kürzesten Weg zur Form zu folgen. Doch bis zum Impressionismus erkannten nur wenige Maler, was dies für die Kunst bedeutete.
William Turner war ein weiterer revolutionärer Maler. Wegen der gewagten Anwendung der Impastos und der üppigen Darstellung des Lichts verstand man seine Malerei erst wirklich, als die Impressionisten diese Kunst für sich beanspruchten.

22

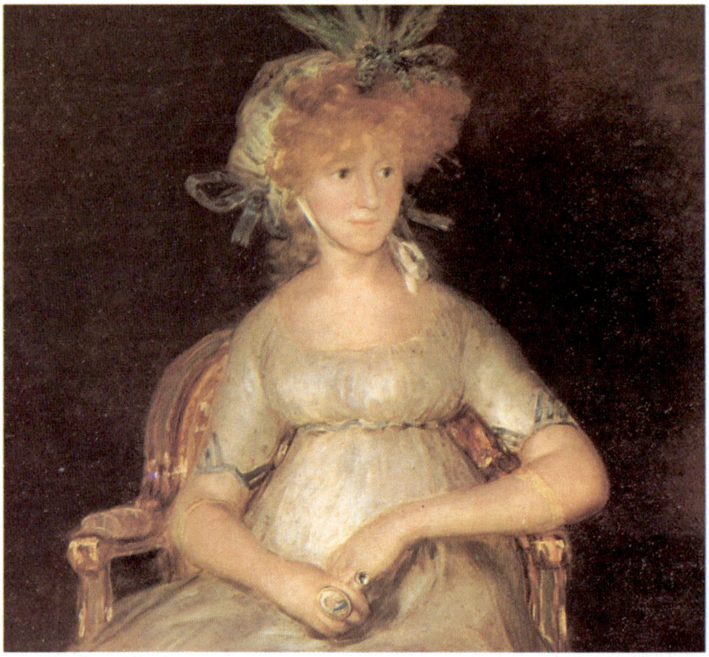

23

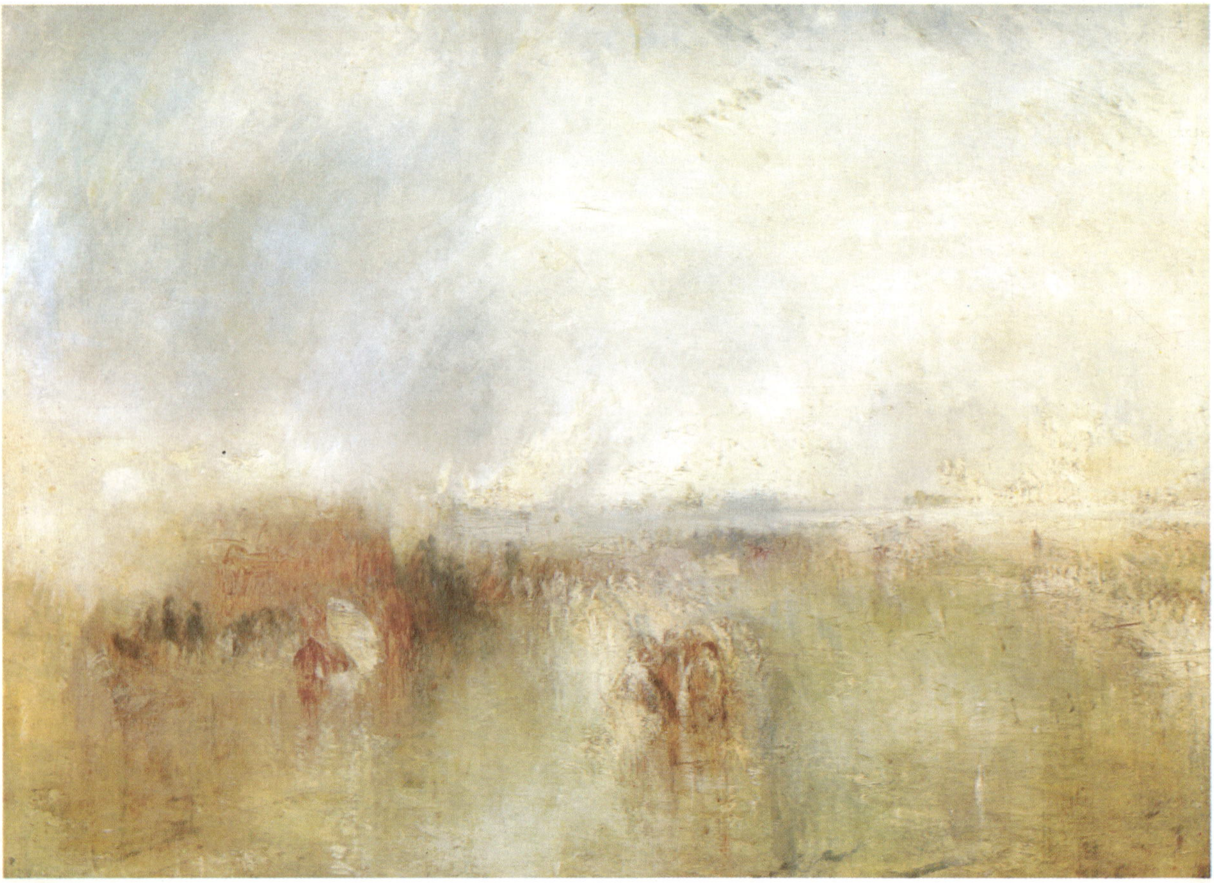

Ingres (1780 –1867) Delacroix (1798 –1863)

In der ersten Hälfte des 19. Jahrhunderts beherrschten zwei einflußreiche, jedoch völlig gegensätzliche Maler die Kunstszene: Ingres und Delacroix. Ingres war der Vertreter der korrekten akademischen Zeichnung, der perfekten Klarheit der Form. Delacroix beanspruchte dagegen die Farbe für sich. Beide Maler arbeiteten also in Techniken, die wenig oder nichts gemeinsam hatten. Ingres malte mit Lasuren, die er mit leichten Impastos kombinierte. Er modellierte die Formen äußerst gewissenhaft („Man muß die Formen vollkommen ausmalen", erklärte er). Seine Farben sind makellos rein und wirken wie emailliert. Ingres sprach von dem „heiligen Raffael" und versuchte Zeit seines Lebens, der Perfektion und dem klassischen Gleichgewicht dieses großen italienischen Meisters nachzueifern.

Delacroix baute die Formen dagegen mit Farben auf und strebte energische Kontraste an. Für ihn bestand die Zeichnung im wesentlichen aus dem Ausdruck der Bewegung. Er behauptete: „Derjenige ist ein guter Zeichner, dem es gelingt, eine Skizze von einer Gestalt anzufertigen, die aus dem oberen Stockwerk stürzt." Delacroix' Bilder weisen starke Kontraste, Frottis und direkte Pinselstriche auf. Die Zeichnung ist nur ein Kompositionsgerüst, und die Umrisse tauchen ständig auf und verschwinden wieder. Dieses Gefühl von Bewegung übernahm Delacroix von Rubens, dem großen Meister der dynamischen Komposition.

Ingres und Delacroix bekämpften sich unablässig. Nach dem Tod der beiden Künstler und mit dem Aufkommen des Impressionismus senkte sich die Waage zugunsten von Delacroix. Die Farbe setzte sich endgültig durch.

24

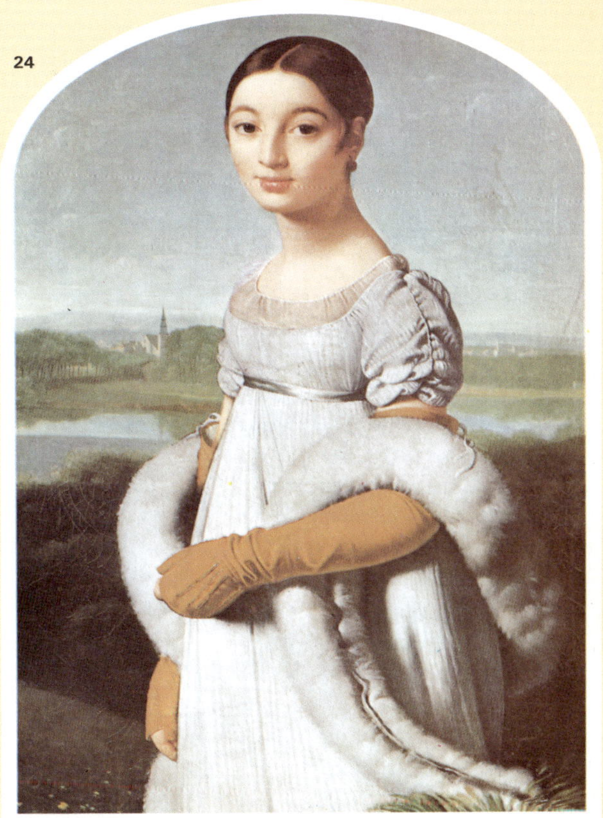

25

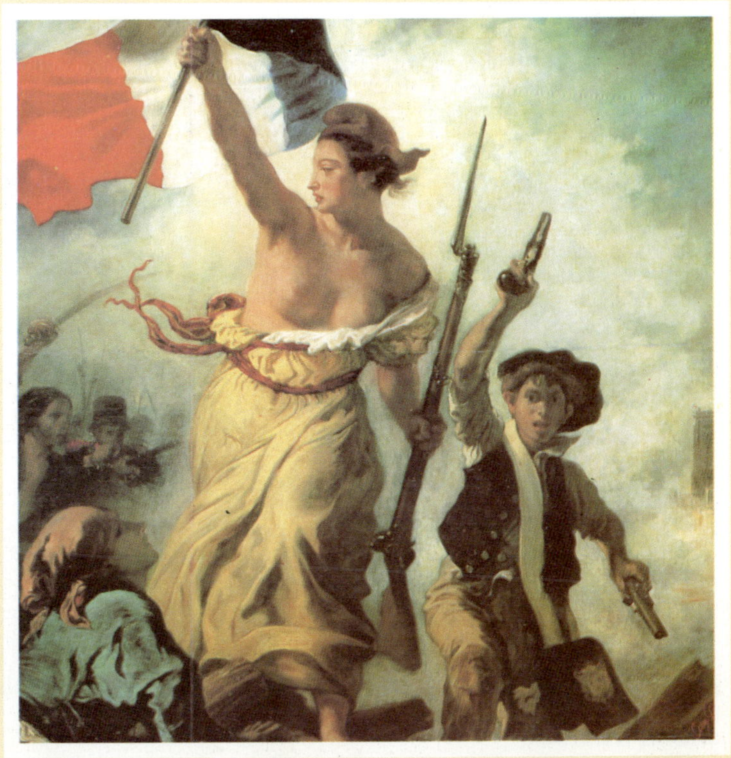

Abb. 22: Francisco de Goya (1746–1828), *Porträt der Gräfin von Chinchón*, Sammlung des Herzogs von Sueca, Madrid.

Abb. 23: Joseph Maillord William Turner (1755–1851), *Blick auf Venedig*, Tate Gallery, London.

Abb. 24: Auguste Dominique Ingres (1780–1867), *Porträt von Mademoiselle Rivière*, Louvre, Paris.

Abb. 25: Eugène Delacroix (1798–1863), *Die Freiheit führt das Volk (Ausschnitt)*, Louvre, Paris.

Manet (1832 –1883) Monet (1840 –1926)

Eines der bedeutendsten gesellschaftlichen Ereignisse für das Paris des 19. Jahrhunderts war die jährliche Kunstausstellung, der sogenannte „Salon". In diesen Salons stellten Tausende von Künstlern aus, die bekannt werden wollten. Eine akademische Jury entschied darüber, welche Werke gezeigt werden durften und welche nicht. Für den Salon des Jahres 1863 wies die Jury rund zweitausend Bilder und tausend Skulpturen zurück. Der Skandal, den dies hervorrief, führte zur Organisation einer weiteren Ausstellung, dem „Salon der Refüsierten". In diesem Salon sah das Publikum zum erstenmal Bilder von Monet, Pissarro, Renoir, Cézanne etc., die später als impressionistische Meisterwerke betrachtet werden sollten. Zu jener Zeit wies allerdings noch nichts darauf hin. Edouard Manet und Claude Monet stießen häufig auf Verachtung und Unverständnis. Manet stellte die Formen ausschließlich mit Farben dar und inspirierte sich an Velazquez und Goya. Doch außer denen der letzten Epoche, entstanden seine Werke noch im Atelier. Monet malte seine Landschaften dagegen nach der Natur. Eine wahre Revolution angesichts der übermächtigen akademischen Malerei.

26

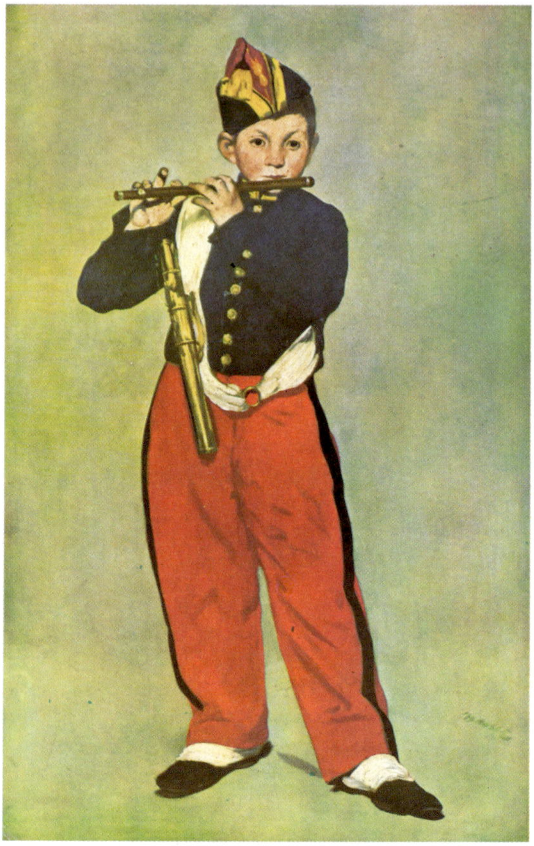

27

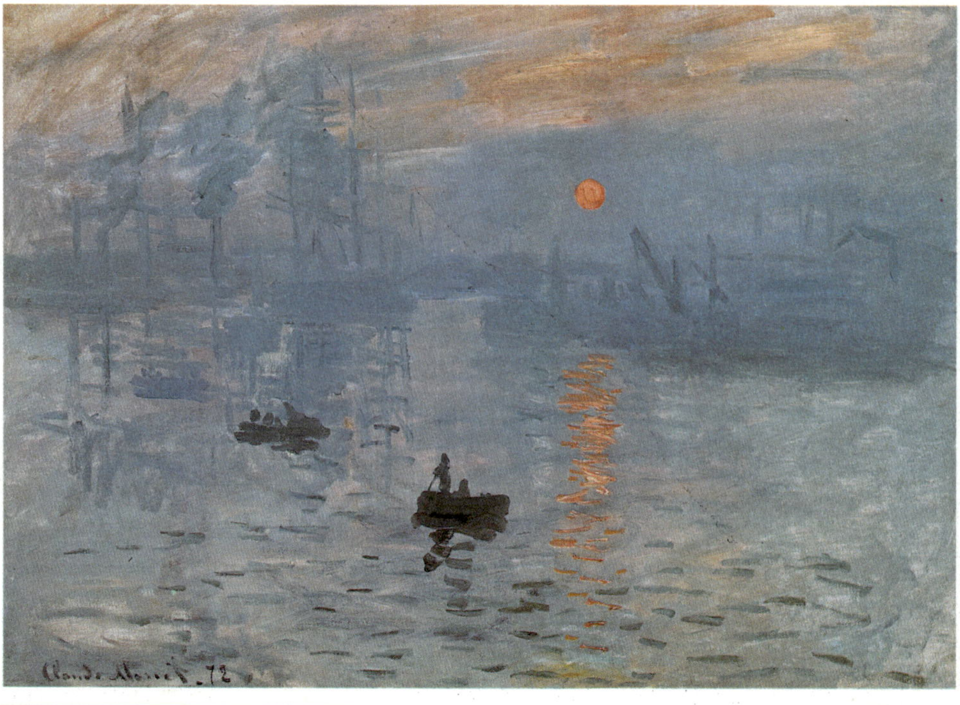

Abb. 26: Edouard Manet, *Der Pfeifer,* Musée d'Orsay, Paris. Manet bemühte sich sehr um das malerische Wissen, das in Velazquez und Goyas Werken enthalten ist, und aktualisierte es. Dieses Bild leitet sich unmittelbar von Velazquez ab. Nicht von ungefähr enthält es ausschließlich reine Farben und verzichtet praktisch auf das Spiel von Licht und Schatten.

Abb. 27: Claude Monet (1840-1926), *Impression, Tagesanbruch,* Musée Marmottan, Paris. Diesem Bild verdankt der Impressionismus seinen Namen. Die Impressionisten verzichteten auf die Vorzeichnung und eine detaillierte Ausarbeitung und ließen sich ausschließlich von ihren Empfindungen angesichts der Natur leiten.

Cézanne (1839 –1906) van Gogh (1853 –1896)

28

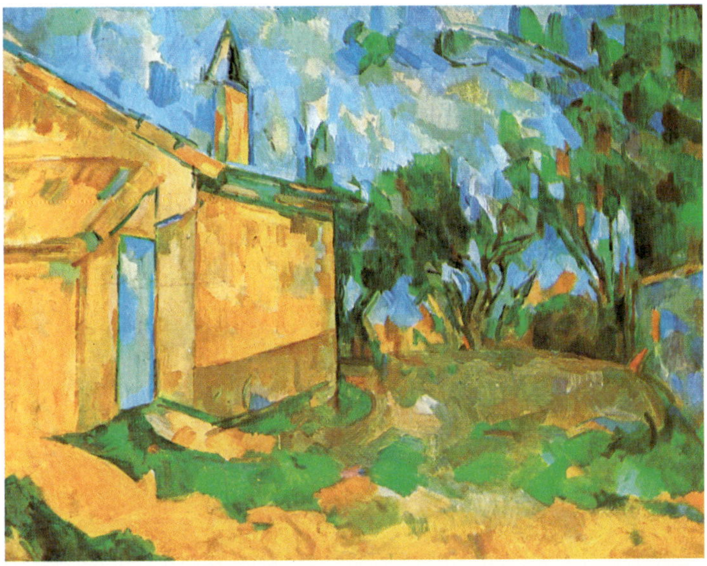

9

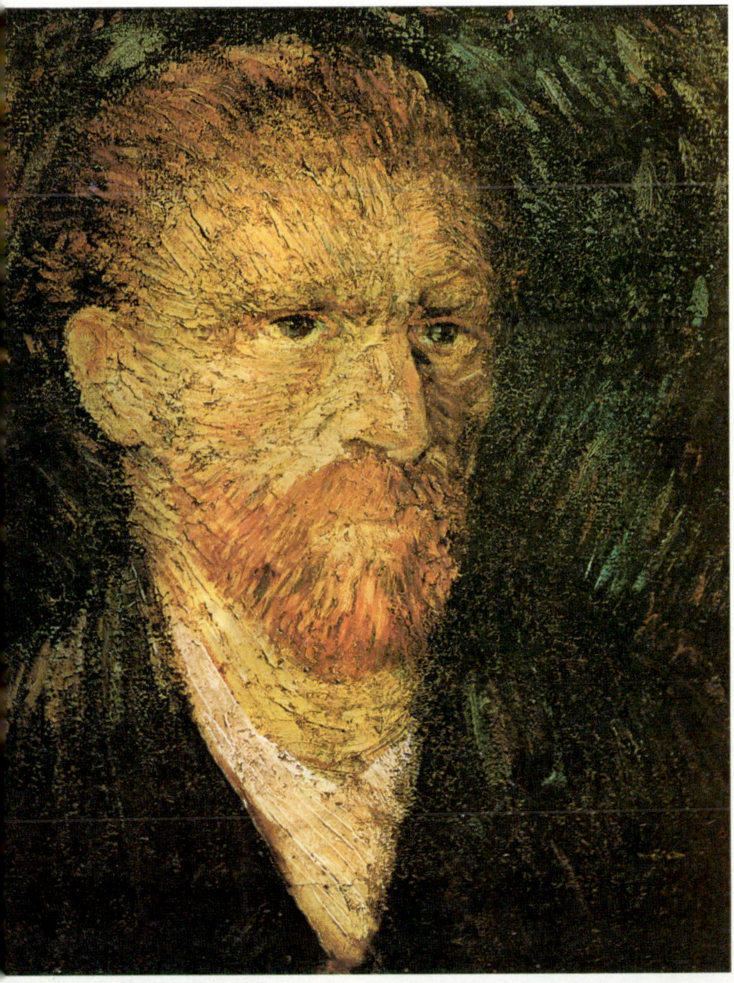

Vincent van Gogh und Paul Cézanne gehören zu den großen Meistern der Malerei, haben jedoch wenig gemeinsam. Lange Zeit ihres Lebens wurden beide als reichlich ungeschickt betrachtet.
Cézanne verzichtete darauf, in Paris auszustellen, denn er war den Spott der Presse und des Publikums leid. Verärgert widmete er sich ausschließlich der Malerei, vervollkommnete sie und machte sie dauerhaft. Nach eigenen Worten wollte er „diesen flüchtigen Eindruck zu etwas Solidem, Beständigem machen, ähnlich der Kunst in den Museen." Das heißt, er wollte den Impressionismus in einen ebenso gültigen Stil verwandeln wie die Malweisen der Vergangenheit.
Vincent van Gogh verkaufte zeit seines Lebens nur ein einziges Bild – „Roter Wein in Arles" –, für das er ganze 400 Franken erhielt. 1990 versteigerte das Auktionshaus Sotheby seine „Schwertlilien" in New York für 53,9 Millionen Dollar (mehr als 90 Millionen DM). Obwohl van Gogh in den letzten Jahren seitens der Kritik eine gewisse Anerkennung erfuhr, bestand sein Leben aus einem ständigen Kampf um die Darstellung seiner ureigenen Sichtweise der Formen und Farben auf der Leinwand.
Mit den Impressionisten, besonders mit Cézanne und van Gogh, ging die klassische Ölmalerei endgültig zu Ende. Es gab keine Vorzeichnung, keine Lasuren und kein graues Farbbett mehr, nur noch direkte Malerei. Van Goghs und Cézannes Kunst beruhen ausschließlich auf der scharfen Beobachtung der Natur und ihrer formalen Vorstellungskraft. Tricks waren nicht gestattet. Ein mißratenes Bild wurde neu begonnen. Die Mehrheit des Publikums und der Kritiker betrachtete diesen Verzicht auf heimliche Tricks als Dummheit. Hundert Jahre später bedeutet er für uns Reinheit und Authentizität.

Abb. 28: Paul Cézanne (1839–1906), *Die Hütte von Jourdan*, Sammlung Ricardo Jucker, Mailand. Cézanne führte eine geometrische Ordnung in seine Werke ein. Seine Farben beschreiben das Motiv und bauen gleichzeitig die Formen auf.

Abb. 29: Vincent van Gogh (1853–1896), *Selbstporträt*, Nationalgalerie, Oslo. Van Goghs dicker, satter Pinselstrich führte zu einem nie zuvor gesehenen Stil. Es ist eine reine, emotionale, äußerst expressive Malweise.

Matisse (1869 –1954)

„Ich wünschte, meine Malerei gliche einem Sessel, in dem der müde Mensch nach einem schweren Tag seine Nerven und seine Muskeln entspannt." Diese Worte stammen von Henri Matisse, einem der größten Maler des 20. Jahrhunderts.
Matisse ging es um eine Malerei, die dekorativ war und deren Formen, Gestalten und Elemente gleichzeitig große Sinnlichkeit ausstrahlten. Anläßlich einer Pariser Ausstellung des Jahres 1905 erstaunten er und seine Mitstreiter Fachwelt und Publikum mit ihren stark übersteigerten Farben und Kompositionen. Die Malergruppe nannte sich die Fauves (die Wilden). Hielten sich die Impressionisten an ihre visuellen Empfindungen, abstrahierten die Fauves die Details und strebten den intensivsten Farbakkord an. Matisse malte Interieurs, in denen eine einzige Farbe das Bild beherrscht (Rot oder Blau). Die Bilder enthalten keinerlei Helldunkel, und die Formen werden durch eine lineare Zeichnung ohne Volumen ausgedrückt. Dennoch wirken sie aufgrund ihrer Harmonie und ihrer Kontraste überzeugend.

30

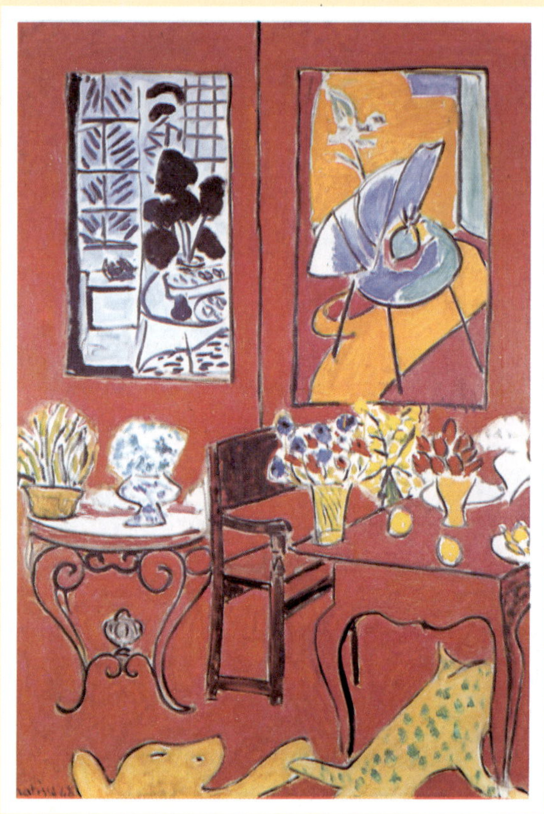

31

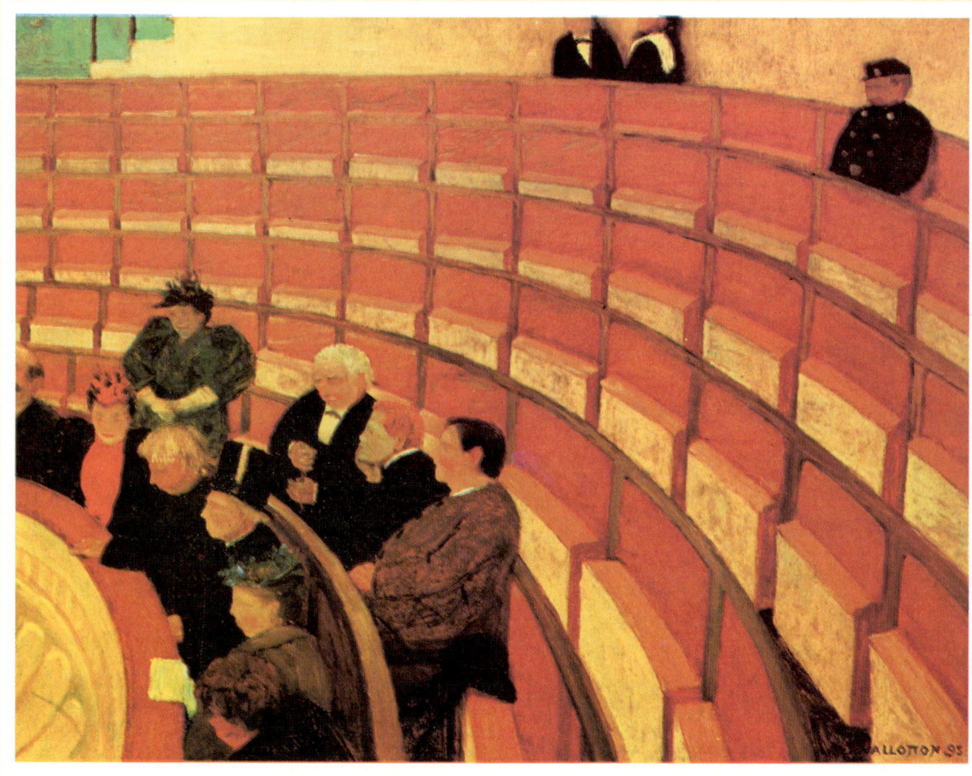

Abb. 30: Henri Matisse (1869–1954), *Großes rotes Interieur*, Centre Georges Pompidou, Paris. Matisses Farben dienen eher der dekorativen Abstraktion als einer realistischen Beschreibung. Trotzdem erzeugen sie einen ausreichenden Zusammenhang, so daß sehr persönliche, überzeugende Darstellungen entstehen.

Abb. 31: Felix Vallotton (1865–1925), Der dritte Rang: *Théatre Châtellet*, Louvre, Paris. Die Malerei der Fauves zeichnet sich durch intensivste nebeneinanderliegende Farben aus, die energische, äußerst dekorative Kontraste ergeben.

Picasso (1881–1973)

32

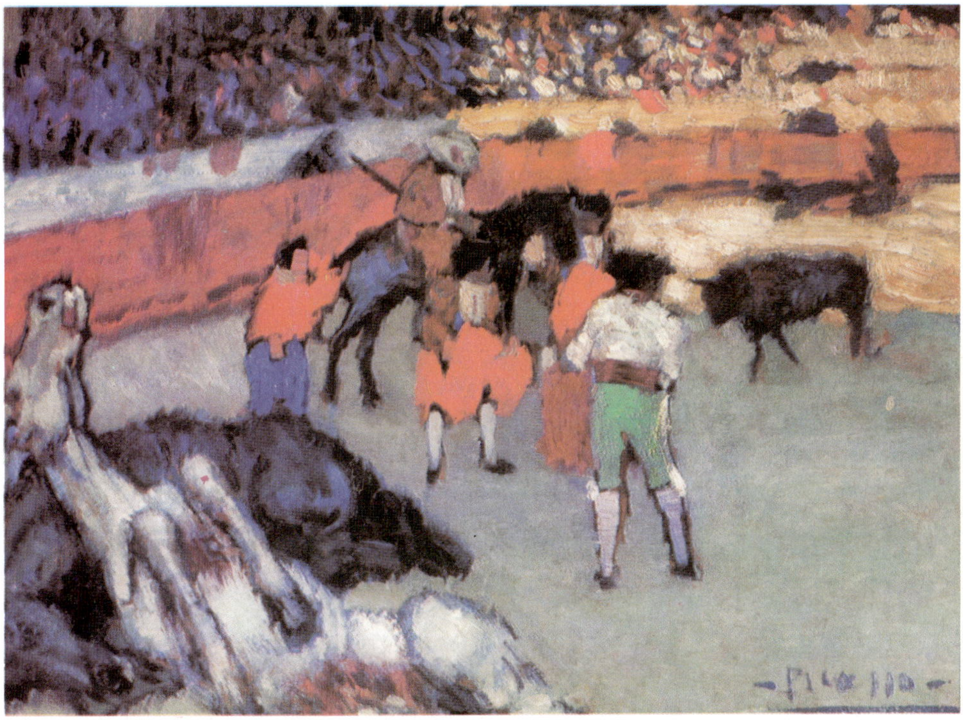

Abb. 32 und 33: Pablo Picasso war der große Revolutionär der zeitgenössischen Malerei. Sein Werk durchläuft sehr unterschiedliche Stile. Übereinstimmend sind jedoch die Intensität und die rasche Ausführung.

33

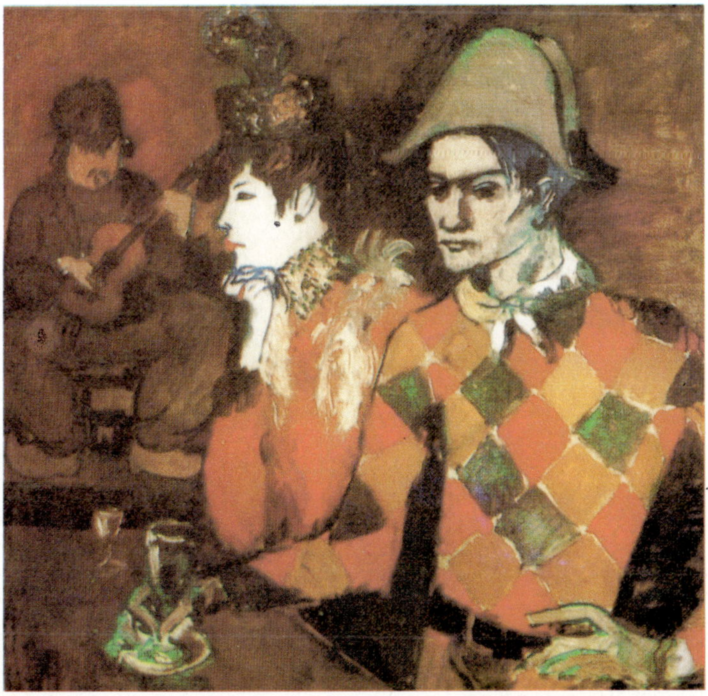

Picasso ist der große Revolutionär der Kunst des 20. Jahrhunderts. Sein Werk hat zahlreiche Etappen durchlaufen, und es ist schwer zu sagen, wie sein Stil aussieht. Neben dem Franzosen Georges Braque begründete Picasso den Kubismus, eine der einflußreichsten Kunstbewegungen unserer Zeit. Doch sein Vorstellungsvermögen war damit nicht erschöpft. Immer neue Formen und Farben entwickelte er während seines langen künstlerischen Lebens.

Picassos Deformation der Formen beruhte nicht auf Unvermögen. Der Beweis dafür sind jene Werke, die vor dem Kubismus während seiner Blauen und Rosa Periode entstanden. Darin entsprechen Zeichnung und Farbe der traditionellen Malweise. Wenn ein Maler keine Regeln gelten ließ, dann Picasso. Seine Malerei erscheint auf den ersten Blick chaotisch. Doch der Künstler folgte nur seinem Malerinstinkt, und der verlangte die höchstmögliche Ausdruckskraft – falls nötig, mit Hilfe einer nachträglichen Korrektur.

34

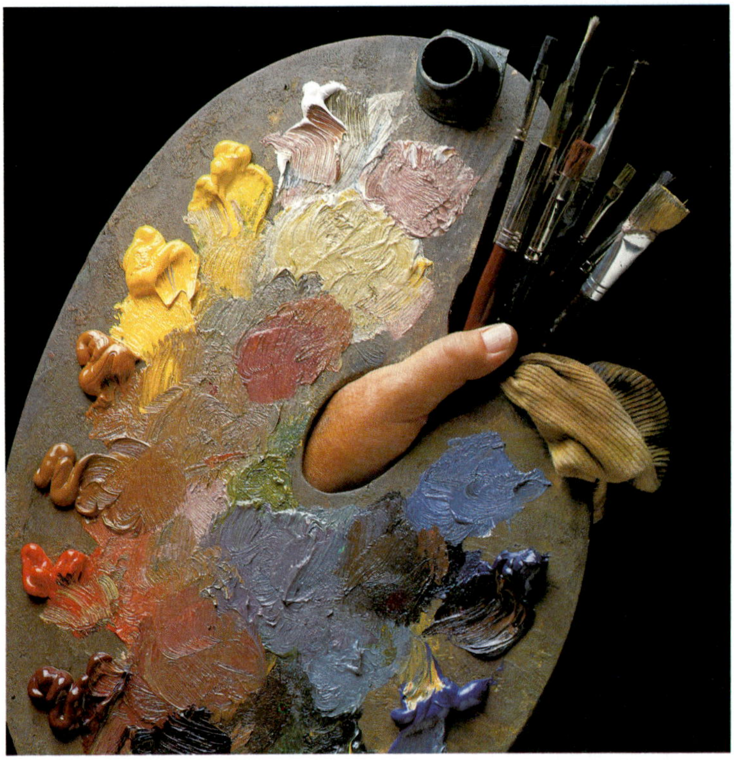

Die Technik und Praxis der Ölmalerei stützt sich auf diverses Material und Zubehör, von dem einiges im Verlauf der Kunstgeschichte beinahe unverändert geblieben ist. Anderes wurde weiterentwickelt und erheblich verbessert. Grundsätzlich haben die Maler jedoch stets mit dem gleichen Material gearbeitet. Aus diesem Grund besitzen wir heute äußerst gesicherte Erkenntnisse über dessen unterschiedliche Qualität und Haltbarkeit.
Dieses Material, das im Fachhandel erhältlich ist, muß man kennen. Im folgenden Kapitel erfahren Sie daher, was Sie unbedingt benötigen und was Sie zusätzlich verwenden können. Wir erklären, wie man das Material einsetzt und wie man es aufbewahrt. Studieren Sie die Hinweise aufmerksam, erwerben Sie wertvolle Kenntnisse, so daß Sie jene Utensilien auswählen können, die Ihren malerischen Interessen am meisten entsprechen.

MATERIAL UND ZUBEHÖR

Die Ölfarben

Können Sie sich vorstellen, daß ein heutiger Hobbykünstler oder Kunstmaler seine Farben selbst herstellt? Die meisten Autoren und Professoren verneinen diese Frage. Trotzdem gibt es noch einige „Ratgeber“ – glücklicherweise nur wenige –, die auf der überholten Auffassung bestehen, daß die im Handel angebotenen Farben keine absolute Qualitätsgarantie bieten. Wer sie benutze, riskiere, daß seine Werke mit der Zeit verderben.
Sprechen Sie jedoch mit erfahrenen Kunstmalern, um sich die Schlußfolgerung aus dieser Behauptung bestätigen zu lassen, werden Sie feststellen, daß kein einziger Künstler seine Farben heute noch selbst herstellt. Alle kaufen ihr Material im Fachgeschäft. Trotzdem lohnt es sich, zu erfahren, wie man das Problem früher löste.
Aus alten Dokumenten und Büchern sowie aufgrund der Recherchen von Maurice Bousset wissen wir, daß zu den Ateliers der früheren Meister von van Eyck über Leonardo da Vinci, Tizian, Raffael, El Greco, Rubens, Rembrandt und Velazquez bis zu Goya ein kleiner Raum gehörte, in dem der Künstler seine Ölfarben selbst mischte. Wir müssen uns darunter eine Art „Küche“ oder Labor mit Regalen vorstellen, auf dem sich zahlreiche runde Dosen mit den Pigmenten und Farbpulvern befanden. Auf ihnen konnte man Namen lesen, die sich heute noch in den Farbenkarten der Hersteller finden: „Neapelgelb“, „Veronesergrün“, „Ultramarinblau“ etc. Daneben standen in Karaffen oder Tonflaschen die Öle und Lacke mit uns ebenso bekannten Bezeichnungen: „Leinöl“, „Nußöl“, „Mastix“, „Bienenwachs“ etc. In einem Winkel ein Herd mit brennendem Feuer, vor den Regalen ein robuster Tisch mit einer Porphyrplatte. Seitlich davon verschiedene Mörser, Stößel, Spachtel, Pinsel und Reagenzgläser mit Meßeinteilung. Auf diesem Tisch mischte der Maler seine Farben mit Hilfe eines Verfahrens, das sich nicht wesentlich von dem unterschied, das der heutige Maler verwenden könnte.
Die Herstellung von Ölfarben ist nicht sonderlich schwierig. Man zermahlt die Farbpigmente (das Farbpulver) mit einem Glasstößel auf einer Marmorplatte und

35

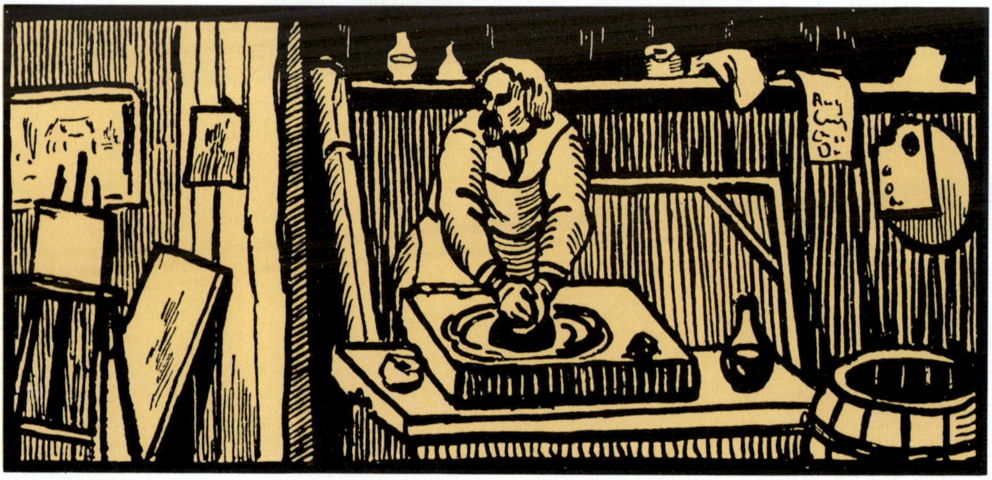

Abb. 34 (S. 26): Ovale Palette mit den bei der Ölmalerei am häufigsten verwendeten Farben.

Abb. 35: Künstler des 17. Jahrhunderts beim Zermahlen seiner Farben. Holzstich nach Ryckaert von Maurice Bousset.

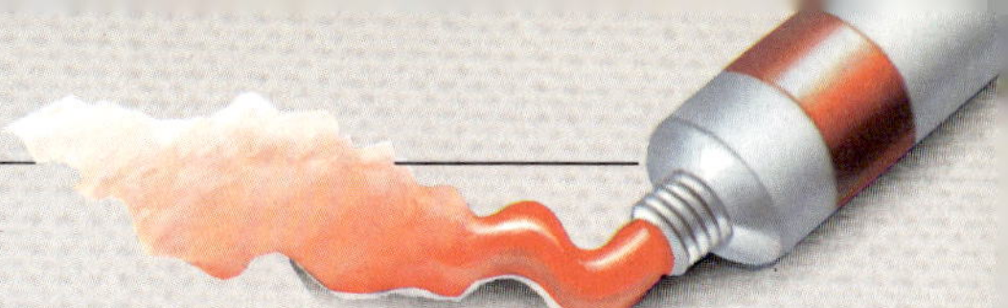

Die Herstellung von Ölfarben

bindet sie mit Leinöl (siehe dazu die Abbildungen unten auf dieser Seite).
Für die alten Meister bestand die Schwierigkeit darin, reine Produkte von guter Qualität zu erhalten und eine Mischung zu finden, die ihrem Stil entsprach und ein Minimum an Sicherheit hinsichtlich des Trocknungsvermögens, der Lichtechtheit, sowie der Festigkeit und der Haltbarkeit der Farben garantierte. Jeder Künstler besaß dazu sein eigenes Rezept. Während Leonardo zahlreiche Versuche mit verschiedenen Ölen machte, verwendete Dürer Walnußöl, das er durch feingesiebte Kohle filterte. Tizian wählte Lavendel- und Mohnöl, das von der Sonne aufgehellt worden war. Rubens malte mit Kopalharz-, Mohn- und Lavendelöl. Jene Präferenzen und zahlreiche weitere (die in den Werken von Maurice Bousset und Max Doerner aufgeführt sind) kennzeichnen die Malweise der alten Meister. Die handwerkliche Arbeit blieb bis zur Mitte des 19. Jahrhunderts praktisch unverändert. Mit der industriellen Revolution tauchten die ersten Farbenfabriken auf, von denen einige entweder aufgrund fehlender Erfahrung oder aus Skrupellosigkeit minderwertige bis unbrauchbare Erzeugnisse lieferten, so daß die katastrophalen Folgen nicht ausblieben. Das ist anhand der Werke einiger Impressionisten – sie malten als erste mit Tubenfarben – zu erkennen, in denen sich heute Flecke, veränderte Farben, vergilbtes Weiß, Blautöne, die eher Grün ähneln, sowie graustichig gewordenes Braun oder Siena etc. finden.
Katastrophen, wie die eben beschriebenen, wären ein ausreichender Grund gewesen, zu den traditionellen handwerklichen Methoden zurückzukehren. Doch trotz und zum Teil gerade wegen der genannten unglücklichen Umstände entwickelten die modernen Farbenfabriken bald Erzeugnisse von einer nie zuvor erreichten Qualität, die bessere Grundsubstanzen enthielten, als sie den alten Meistern zur Verfügung standen.
Die Schwierigkeiten sind also gelöst: Gehen Sie daher in ein Fachgeschäft, verlangen Sie Künstlerfarben eines guten Herstellers, und kümmern Sie sich nur noch um das Malen.

Abb. 36 bis 39: Hier das traditionelle handwerkliche Verfahren zur Herstellung von Ölfarben. Man schüttet das pulverisierte Farbpigment auf eine Marmorplatte (Abb. 36). Darauf gibt man eine geringe Menge Leinöl und rührt und knetet die Masse mit einem Glasstößel (Abb. 37). Die Mischung muß äußerst homogen werden und darf keine Klumpen enthalten (Abb. 38). Die fertige Farbe wird in einem hermetisch verschließbaren Glasgefäß aufbewahrt (Abb. 39).

36

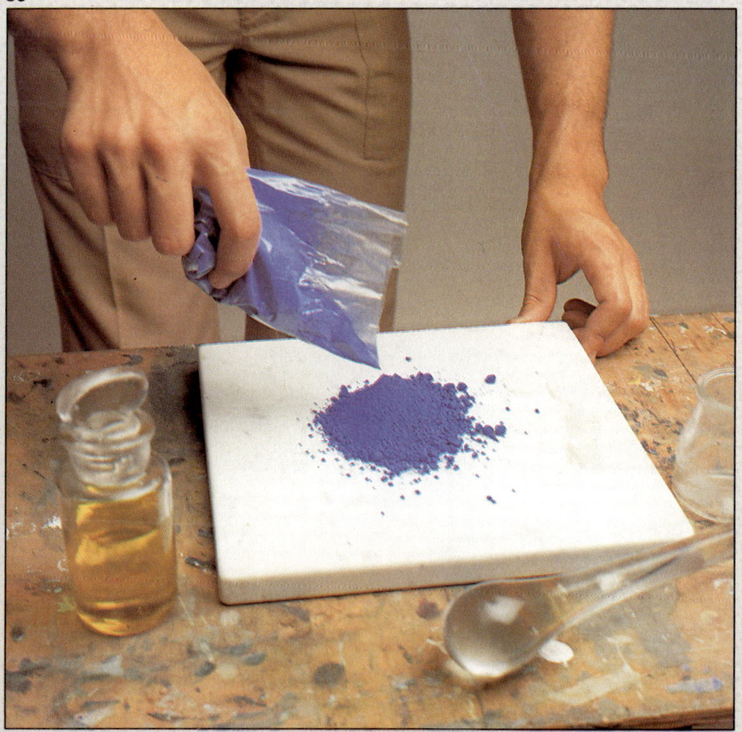

37

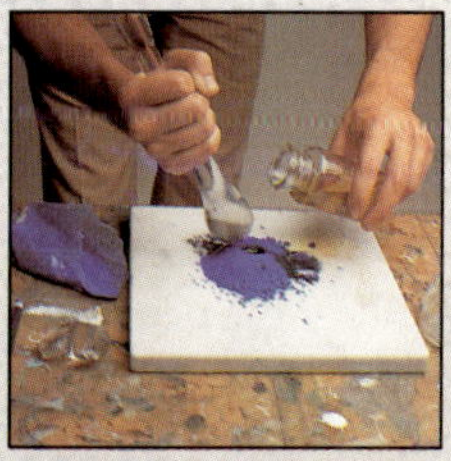

38

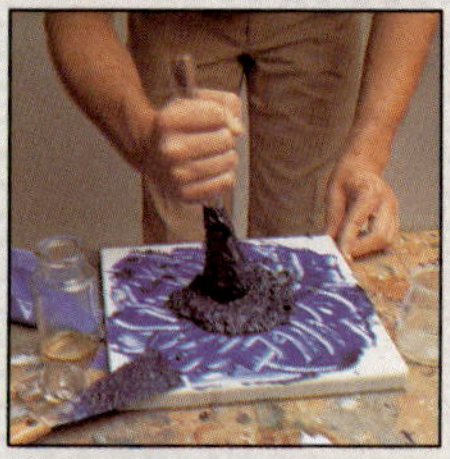

39

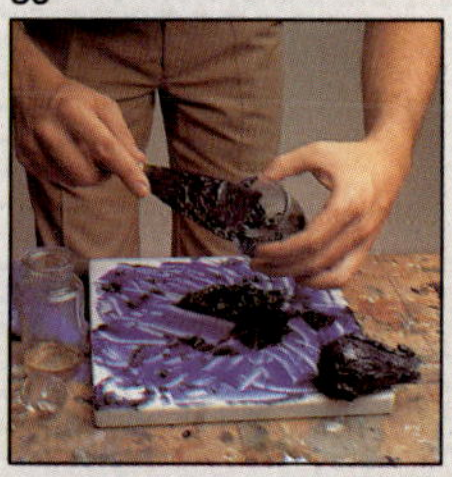

Die Herstellung von Ölfarben

40

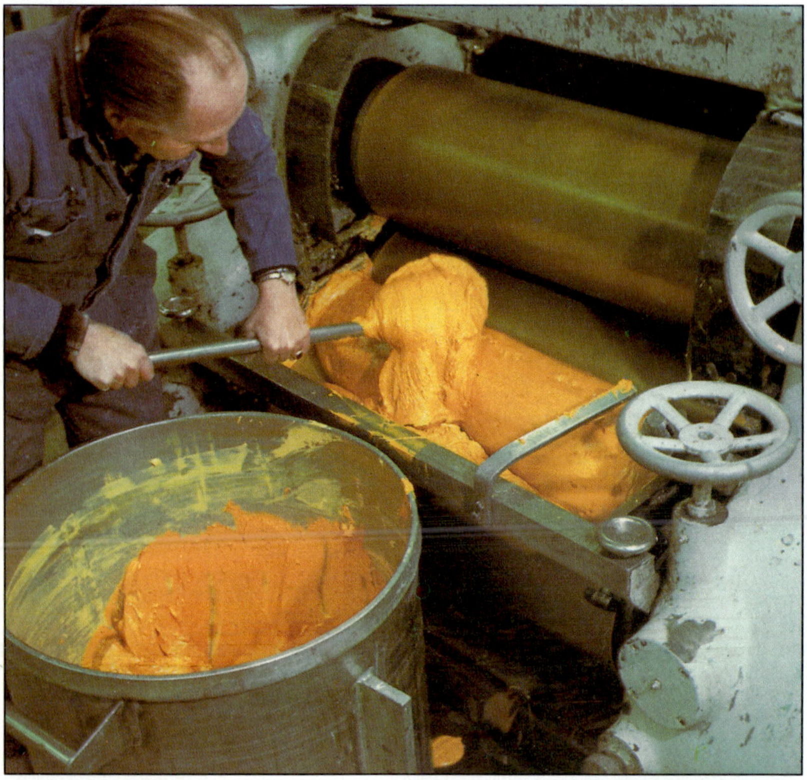

41

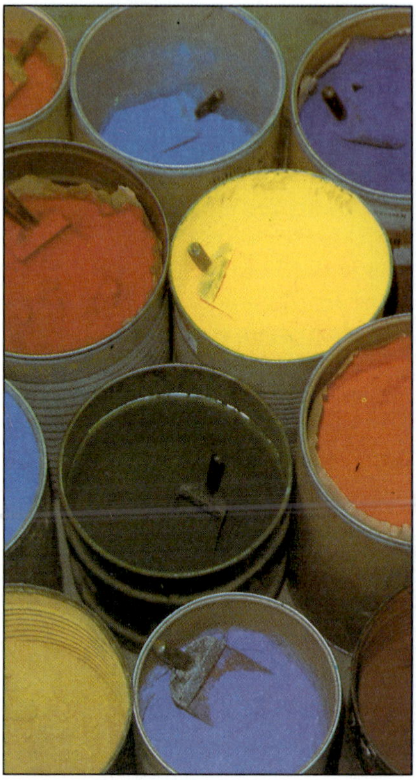

42

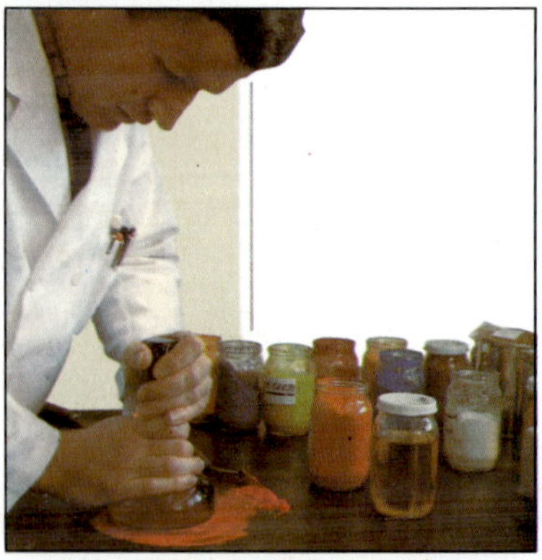

43

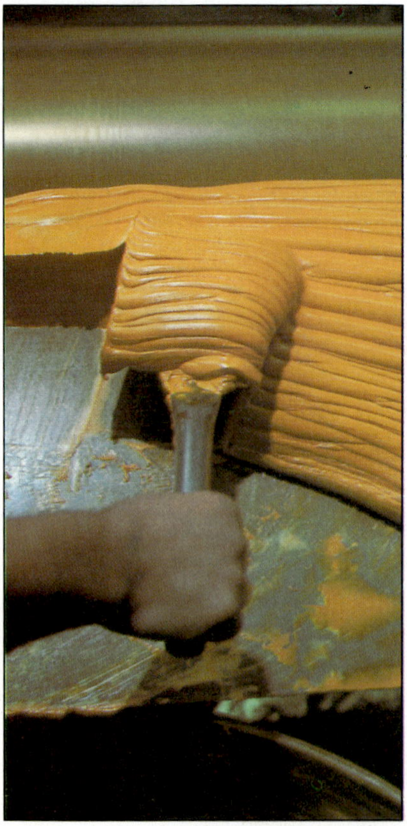

44

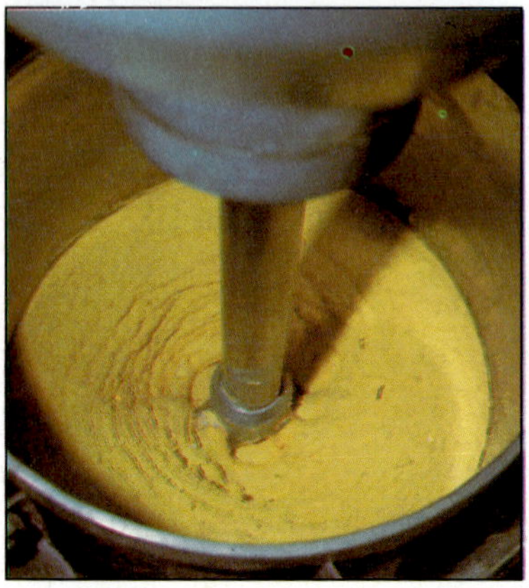

Abb. 40 bis 44: Heutzutage werden Ölfarben industriell hergestellt. Das Verfahren unterscheidet sich nicht wesentlich von der traditionellen Methode: Die pulverisierten Farbpigmente werden mit Leinöl gebunden (und weiteren Bindemitteln, zum Beispiel Bienenwachs), mit Spezialmaschinen homogenisiert und in Zinntuben gefüllt. Die Erfahrung und Professionalität der bekannten Hersteller garantieren eine höhere Qualität der Farben, als der Künstler in seinem Atelier erreichen könnte. (Abbildungen mit freundlicher Genehmigung der Farbenfabrik Talens).

Die gelben Farben

Wichtige Hersteller von Ölfarben wie Schmincke, Windsor & Newton, Lefranc-Burgeois etc. bieten ein äußerst breites Farbensortiment an. Die Karten einiger Fabrikanten enthalten bis zu 90 verschiedene Farben, u.a. zum Beispiel bis zu zehn verschiedene Gelb. Aufgrund dieser Vielfalt stehen dem Künstler auch Nuancen für ganz besondere Anforderungen zur Verfügung. Kein Maler verwendet jedoch alle Töne, sondern er wählt eine Palette von zwölf bis vierzehn Farben aus. Im folgenden erläutern wir die Merkmale des üblichen Farbensortiments für die Ölmalerei.

Titanweiß (Abb. 45). Dieses Weiß hat das traditionelle Silber- und Zinkweiß abgelöst. Es ist stark deckend und färbt kräftig.
Bleiweiß oder **Silberweiß.** Es ist außerordentlich lichtecht und stark deckend. Es trocknet rasch und eignet sich gut für Hintergründe. Bleiweiß ist stark toxisch.
Zinkweiß. Es ist kälter als Bleiweiß, deckt geringer und trocknet langsamer als dieses.
Gelb zitron (Abb. 46): Eine stabile Farbe ohne bemerkenswerte Nachteile.
Neapelgelb: Eine der ältesten Farben. Sie ist deckend und trocknet sehr gut. Die Farbe ist stark toxisch.
Kadmiumgelb (Abb. 47): Eine kräftige, intensive Farbe, die langsam trocknet und mit allen Farben gemischt werden kann außer jenen, die Kupfer enthalten.
Lichter Ocker (Abb. 48): Eine Erdfarbe, die Eisenoxidhydrat enthält. Eine der ältesten Farben überhaupt mit starkem Deckungs- und Farbvermögen.

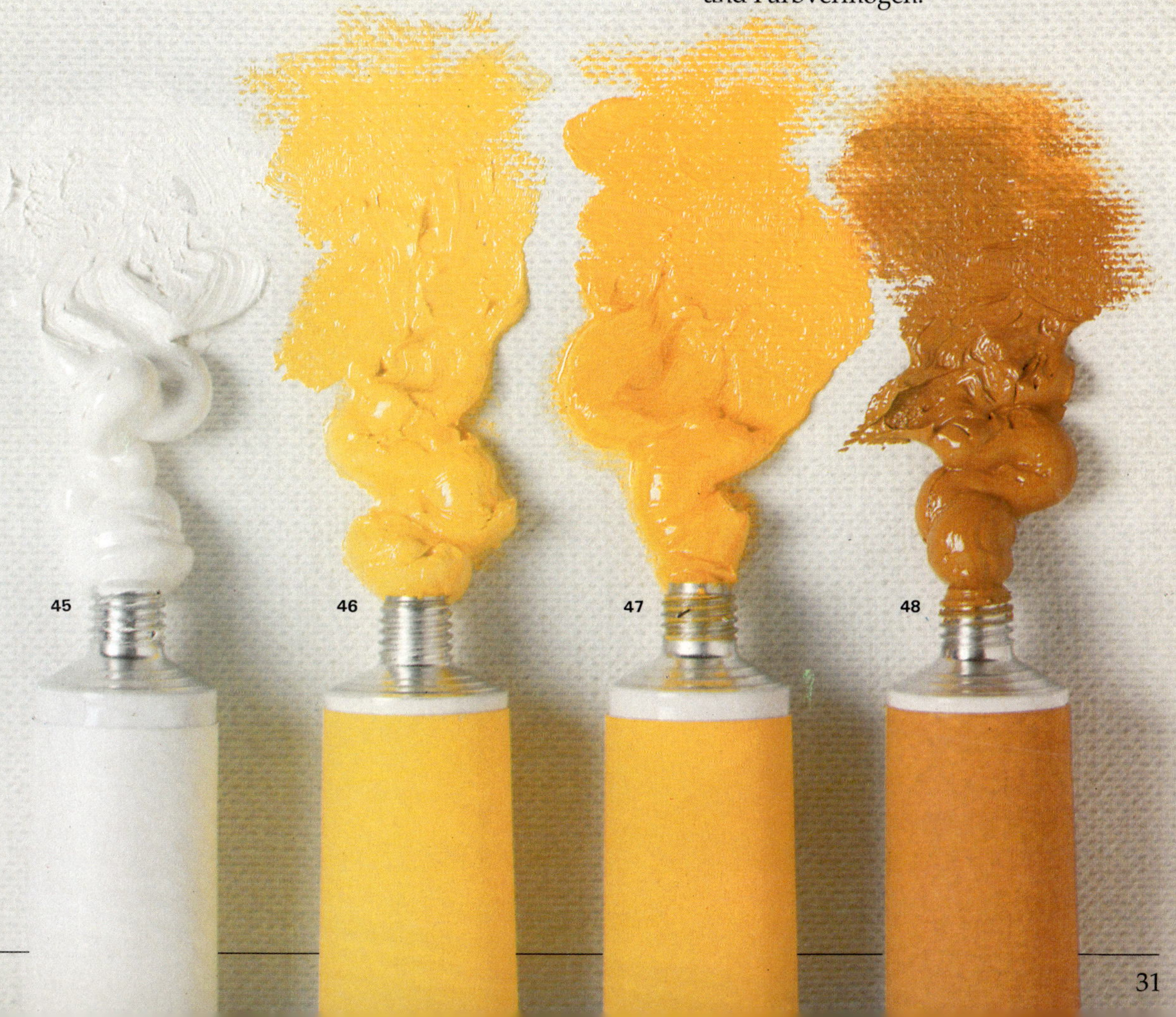

Rottöne

Unter den Rottönen fallen die hellen Erdfarben besonders auf (natur oder gebrannt), die neben Lichter Ocker zu den ältesten Nuancen gehören und während der gesamten Kunstgeschichte verwendet wurden. Am meisten gebraucht werden Siena natur und Siena gebrannt, Kadmiumrot und Krappkarmin.

Siena natur (Abb. 49). Der Name stammt von der italienischen Stadt Siena. Die Erdfarbe enthält Eisenoxidhydrat. Sie besitzt eine große Leuchtkraft und läßt sich ausgezeichnet mischen. Stark mit Öl verdünnt, wird sie graustichig. Deshalb sollte man nicht allzugroße Flächen damit abdecken.

Siena gebrannt (Abb. 50). Man erhält es durch Kalzinieren von Siena natur. Es besitzt ähnliche Merkmale wie dieses, hat jedoch den Vorteil, nicht so leicht graustichig zu werden. Die Farbe wurde viel von den Venezianern verwendet. Nach Auffassung mancher Autoren benutzte Rubens sie für seine brillanten Fleischfarben.

Zinnober. Eine besonders leuchtende Farbe, die gut deckt, aber schlecht trocknet. Länger der Sonne ausgesetzt, wird sie schwarz. Geeignet für alle Mischungen außer denen, die Kupfer enthalten.

Kadmiumrot (Abb. 51). Ein Kadmiumsulfid-Selenid, Kadmiumrot ist eine deckende, leuchtende Farbe, die stark färbt. Sie kann mit allen Farben außer denen auf Kupferbasis gemischt werden. In hellen, mittleren und dunklen Nuancen erhältlich.

Krappkarmin (Abb. 52), auch Alizarinkarmin genannt. Krappkarmin ist eine sehr solide leuchtende, transparente Farbe. Sie trocknet langsam. In Mischungen ergibt sie eine reine Purpur-, Rosa-, Karmin- und Rotskala.

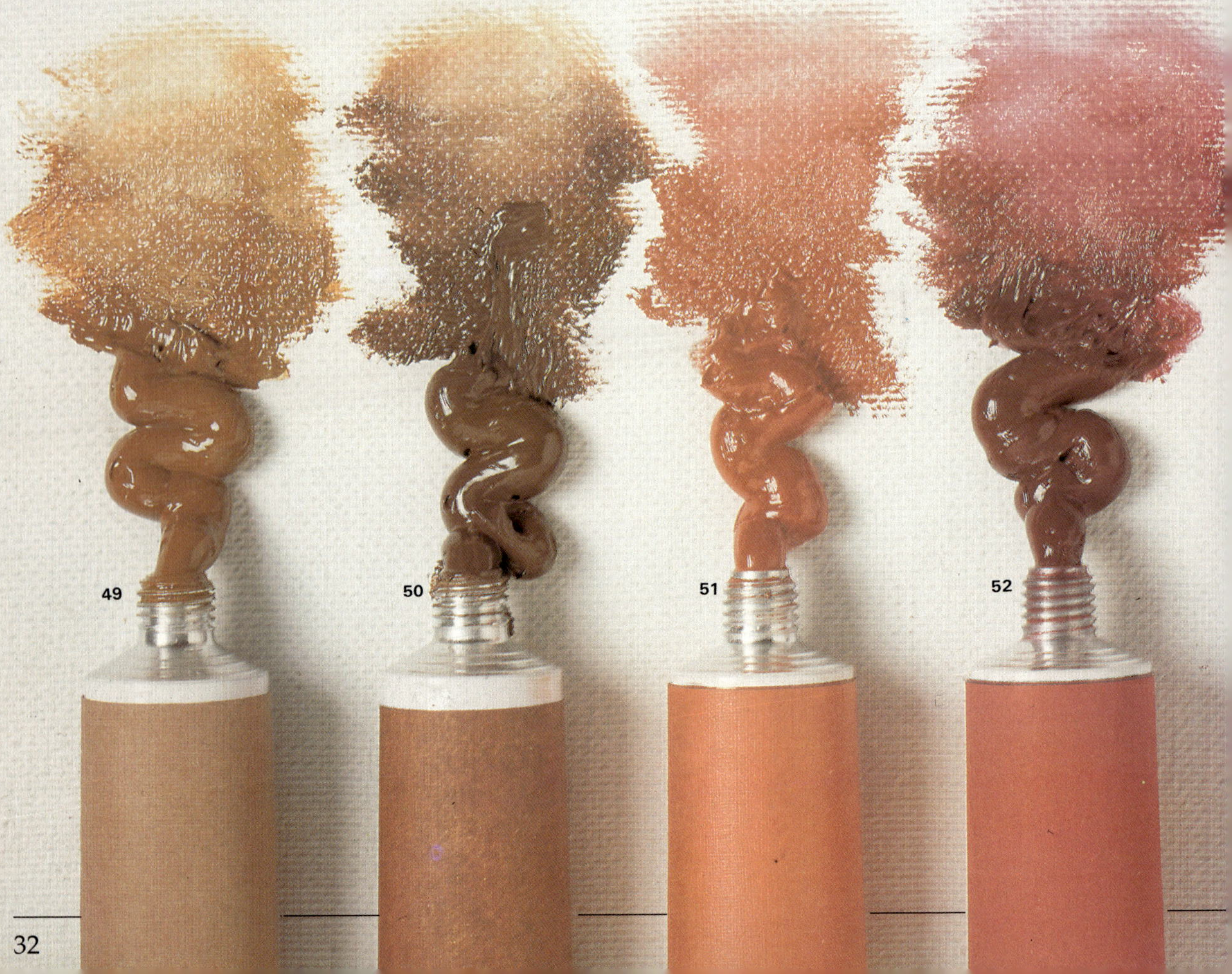

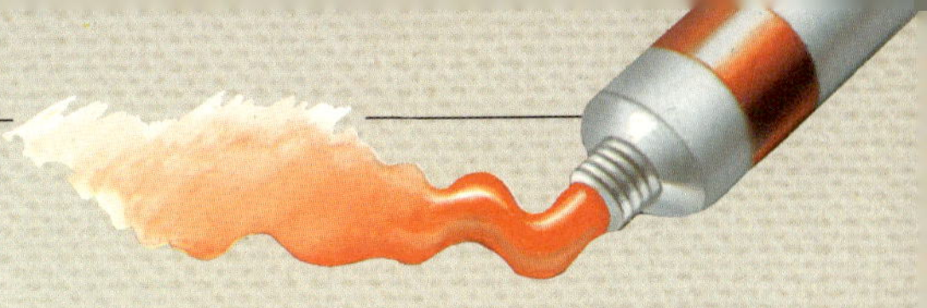

Grün- und Blautöne

Permanentgrün. Die Farbe besteht aus einer Mischung von Chromoxidhydrat und Kadmiumgelb zitron. Sie ist leuchtend und kann uneingeschränkt eingesetzt werden.

Grüne Erde. Ein Derivat vom Ocker, ein bräunliches, khakiartiges Grün. Eine der ältesten bekannten Farben, die weiterhin uneingeschränkt einsetzbar ist.

Chromoxidgrün feurig (Abb. 53). Auch Smaragdgrün genannt. Es besteht aus Chromoxidhydrat, wurde 1838 in Paris entwickelt und kam 1859 in den Handel. Die Farbe gilt wegen ihres tonalen Reichtums, ihrer Stabilität und der Farbenskala, die man mit ihr erzielt, als das beste Grün.

Kobaltblau (Abb. 54). Es besteht aus Kobaltaluminat, wurde 1802 in Frankreich entdeckt und 1870 als Künstlerfarbe in England eingeführt. Ein metallisches Blau, das kaum Beschränkungen erfordert. Es trocknet rasch. Daher sollte man es nicht auf schlecht trocknende Farben auftragen. Sonst könnten Risse entstehen. Die Farbe deckt gut und ist nicht toxisch.

Ultramarinblau (Abb. 55). Ursprünglich war Ultramarinblau das kostbarste Farbpigment. Man erhielt es aus einem Halbedelstein, dem Lapislazuli. In Europa wurde es seit dem 12. Jahrhundert verwendet. Heute wird es künstlich hergestellt und besteht aus Aluminium, Silizium, Soda und Schwefel. Es wurde 1828 entwickelt. Dekkungs- und Trocknungsvermögen sind zufriedenstellend. Erhältlich als helle und dunkle Nuance.

Preußischblau (Abb. 56). Auch unter dem Namen Pariserblau bekannt. Es besteht aus einem Eisen-Zyan-Pigment und färbt ausgezeichnet. Es ist transparent und trocknet gut. Bei Lichteinwirkung verblaßt es und darf weder mit Zinnober noch mit Zinkweiß gemischt werden.

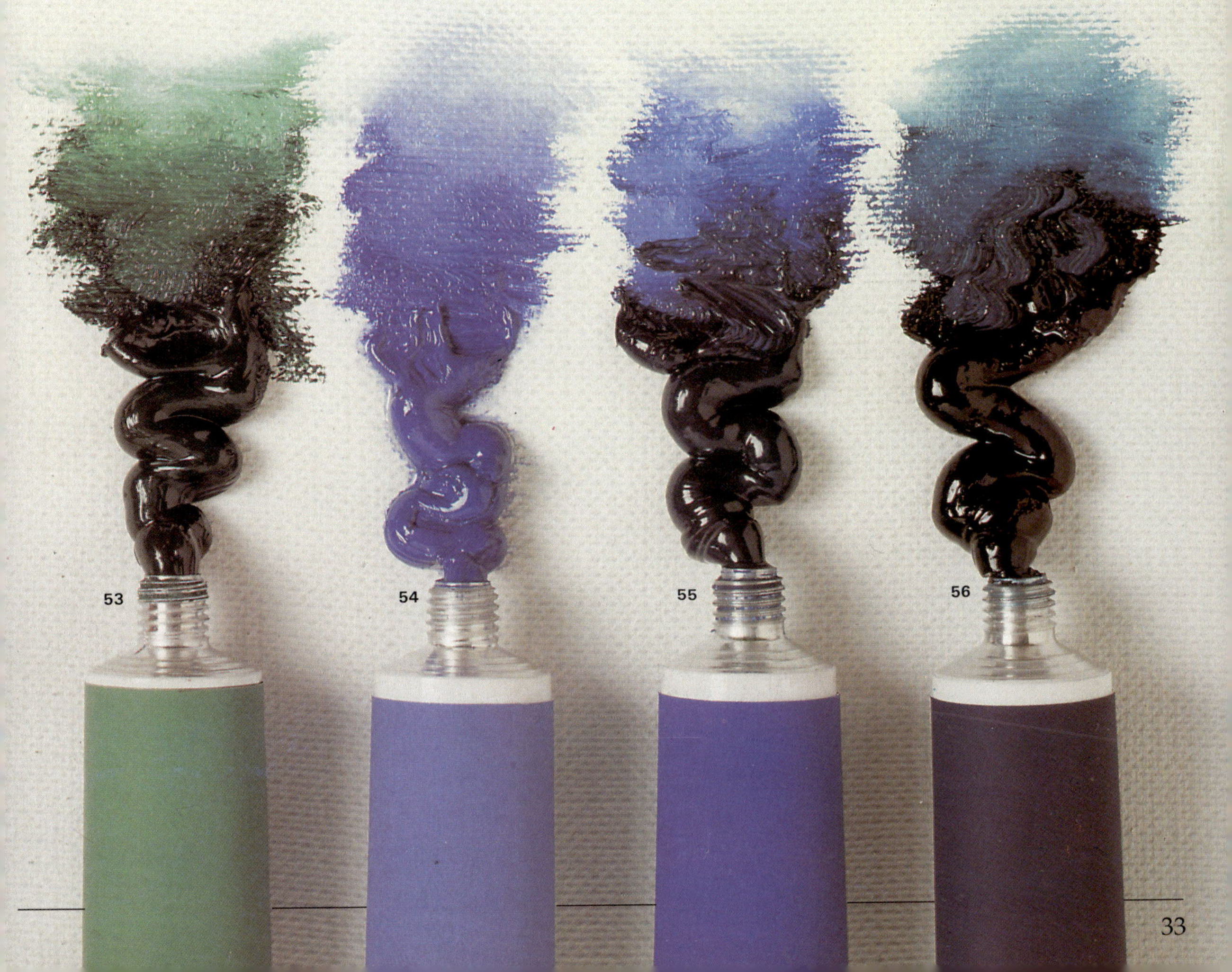

Braun- und Schwarztöne

Umbra natur (Abb. 57). Dies ist wie Siena ebenfalls eine Erdfarbe, enthält jedoch einen größeren Anteil Magnesium. Umbra natur besitzt einen leichten Grünstich und hat keine Nachteile. Es trocknet rasch, deshalb sollte man es nicht als dicke Schichten anlegen. Die Farbe dunkelt mit der Zeit nach.

Umbra gebrannt (Abb. 58). Die Farbe besteht aus kalziniertem Umbra natur. Sie ist erheblich wärmer als die vorige und besitzt einen Rotstich. Sie trocknet ebenfalls rasch und wird mit der Zeit schwarz.

Vandyckbraun und Casslerbraun (Abb. 59). Sie bestehen aus einem teerhaltigen Erdpigment und Ultramarin bzw. gebrannten Erdpigmenten und Eisenoxid Vandyckbraun neigt zu Kastanie. Beide Farben trocknen schlecht. Man sollte sie daher auf Lasuren, Retuschen und kleinere Stellen im Bild beschränken.

Elfenbeinschwarz (Abb. 60). Dieses Schwarz wird am meisten verwendet. Man erhält es durch Kalzinieren von Knochenmehl. Die Farbe ist in mehreren ausgezeichneten Qualitäten erhältlich, die aus Elfenbeinspänen gewonnen werden. Sie ergibt ein tiefes Schwarz, das weder in Mischungen noch beim Trocknen Nachteile aufweist.

Rauchschwarz. Ein kaltes, solides Schwarz, das keinerlei Nachteile in Mischungen ergibt.

Es sei darauf hingewiesen, daß zahlreiche Maler ihr Schwarz aus dunklen Farben wie Preußischblau, Umbra gebrannt, Chromoxidgrün und Krappkarmin selbst herstellen. Die Mischung ist äußerst intensiv und kann sowohl warm als auch kalt ausfallen. In dieser Beziehung gibt es keine festen Regeln: Jeder Künstler muß selbst entscheiden, ob er ein Schwarz aus der Tube oder eine entsprechend seinen Präferenzen und künstlerischen Interessen angefertigte Mischung verwendet.

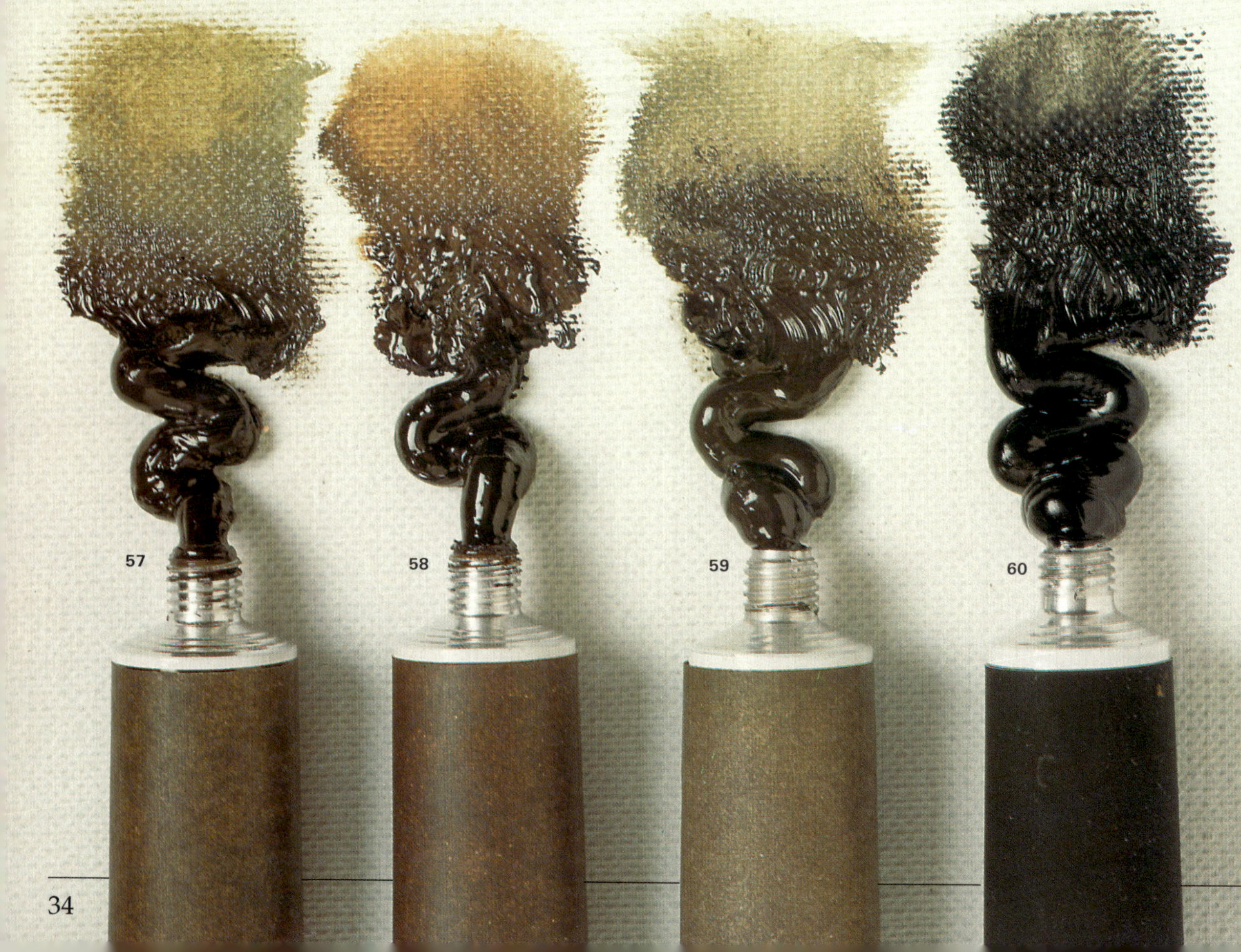

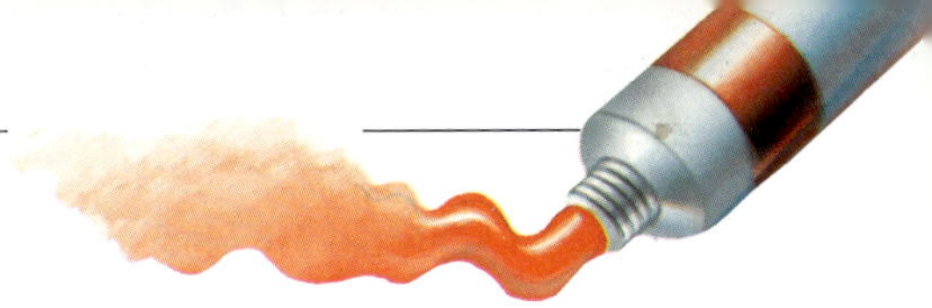

Verdünner und Firnisse

Abb. 61: Im Handel sind zahlreiche Verdünner, Firnisse und Malmittel erhältlich. Unentbehrlich sind jedoch nur Leinöl und rektifiziertes Balsamterpentin sowie eventuell ein Retuschierfirnis sowie ein Schlußfirnis. Allerdings werden Firnisse heutzutage nicht mehr viel verwendet.

Malmittel, Öle und Firnisse verwendet man, um Farben zu verdünnen, Untermalungen anzulegen, zu retuschieren, zu lasieren etc. Nachstehend erläutern wir die Merkmale der einzelnen Erzeugnisse:

Rektifiziertes Balsamterpentin. Ein mageres, leichtes, flüchtiges Öl, das sich am besten zum Verdünnen eignet. Es trocknet durch Verdunstung und beschleunigt das Trocknungsvermögen, so daß man schichtweise arbeiten kann.

Bei starker Verdünnung trocknen die Farben matt auf. Vor übermäßigem Gebrauch ist jedoch zu warnen. Die Farbe könnte ihre erforderliche Dichte verlieren, die sie benötigt, um auf dem Malgrund zu haften. Der preiswertere Terpentinersatz wird zum Entfernen kürzlich gemalter Farben sowie zum Reinigen von Pinseln, Spachteln und Paletten verwendet. Beide sind feuergefährlich. Bei längerem Aussetzen an der Sonne verdicken sie und werden harzig.

Leinöl. Leinöl ist das bekannteste Sikkativ. Es bindet die Farbpigmente, wird jedoch selten allein verwendet, da die Farben zu fett würden und außerordentlich langsam trockneten. Als Verdünner sorgt Leinöl für den klassischen Glanz der Ölgemälde. Dieser Glanz kann jedoch unregelmäßig ausfallen, so daß man das fertige Bild nach dem restlosen Trocknen firnissen sollte. Zahlreiche Künstler verwenden eine Mischung aus Balsamterpentin und Leinöl als Verdünner, wobei die Anteile je nach gewünschtem Endergebnis verschieden ausfallen.

Malmittel. Unter Malmitteln versteht man Verdünner aus synthetischen Harzen, mehr oder weniger rasch wirkende Trocknungsverzögerer sowie Trocknungsbeschleuniger. Sie sind gebrauchsfertig in Flaschen von Markenfabrikanten wie Schmincke erhältlich.

Firnisse. Wir unterscheiden Retuschierfirnisse und Schlußfirnisse. Der Retuschierfirnis besteht aus synthetischem Harz und sich verflüchtenden Verdünnern. Er eignet sich zum Herausholen matt aufgetrockneter Bildstellen und sorgt für einen gleichmäßigen Glanz.

Den Schlußfirnis trägt man zum Schutz auf das fertige, restlos getrocknete matte oder glänzende Bild. Neben der traditionellen Handelsform in Flaschen gibt es diesen Firnis auch als Spray.

61

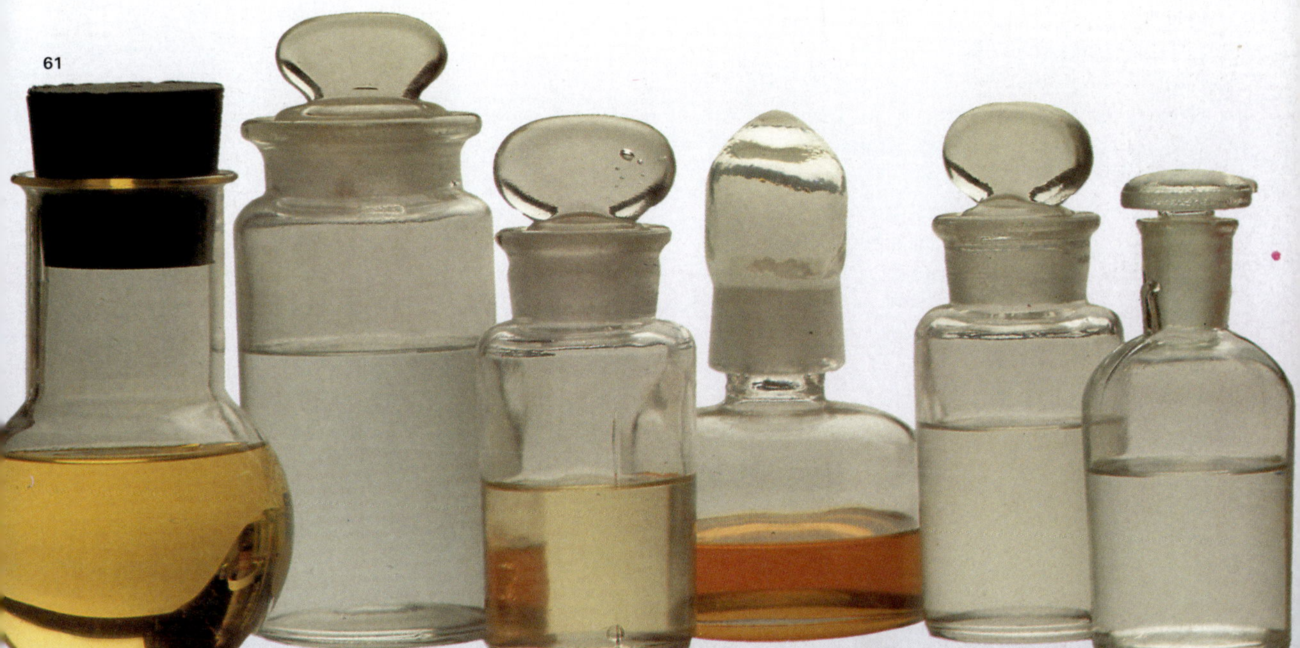

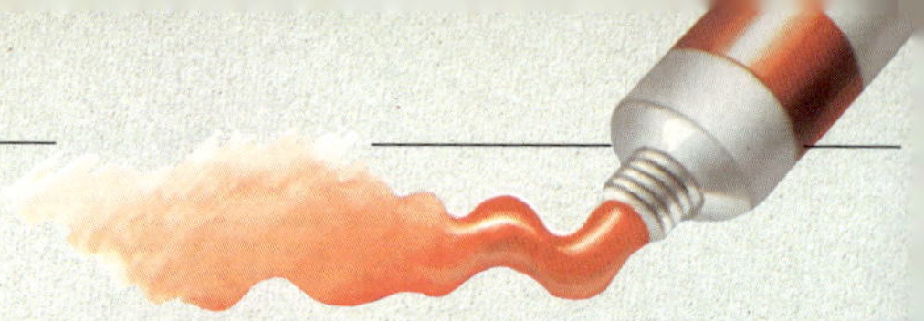

Handelsformen der Ölfarben

62

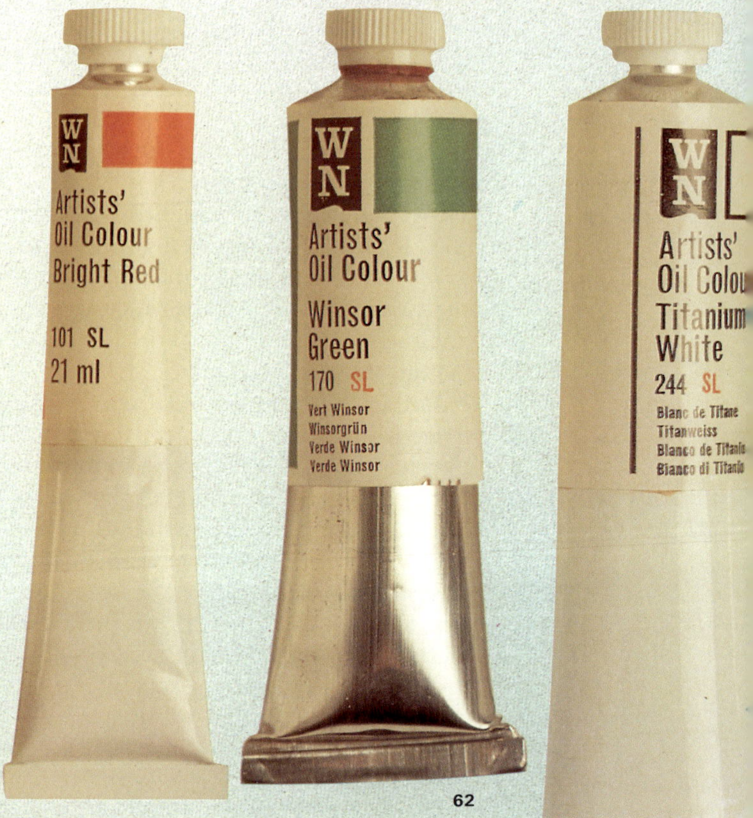

Ölfarben werden in Zinn- oder Kunststofftuben mit Schraubverschluß angeboten. Es gibt sie in vier bis fünf Größen (einige Hersteller bieten darüber hinaus Dosen zu 1 kg an) und zwei Qualitäten: „Studienfarben" und „Künstlerfarben". Die hier aufgeführte Tabelle zeigt die Maße und den Inhalt der Tuben, die im Fachhandel erhältlich sind.

Wählen Sie für alle Farben außer Weiß eine mittlere Größe. Von Weiß benötigen Sie größere Mengen. Die nebenstehende Abbildung zeigt das entsprechende Verhältnis.

Gute Ölfarben sind teuer. Wird die Tube nicht oder schlecht verschlossen, kann die Farbe Schaden nehmen, indem sie zu dick oder sogar trocken und hart wird. Ist dies geschehen, ist die Farbe verdorben. Vergessen Sie daher nicht, die Tuben nach jeder Sitzung sorgfältig zu schließen.

Ein weiterer Rat: Sollte der Verschluß sich nicht öffnen, was häufig vorkommt, wenden Sie bitte keine Gewalt an. Erwärmen Sie die Kappe vielmehr mit einer Kerzen- oder Feuerzeugflamme. Anschließend läßt sie sich ohne weiteres drehen.

Darüber hinaus gibt es noch halbflüssige Farben in kleinen Dosen, die vor allem für die Wandmalerei sowie für Illustrationen verwendet werden. Für die künstlerische Malerei benutzt man sie kaum. Höchstens für ausgesprochen große, gleichförmige Flächen.

Eine Neuheit sind Ölpastellkreiden. Dabei handelt es sich um halbfeste Stäbe, mit denen man über das Papier oder die Leinwand reibt. Sie sind in Balsamterpentin löslich und ergeben dann die gleiche Qualität und Struktur wie Tubenfarben.

62

MASSE UND INHALT VON SCHMINCKE MUSSINI
Künstler-Harz-Ölfarben

Tube	Länge	Inhalt
06	6,5 cm	15 ml
09	7,5 cm	35 ml
10	12,5 cm	55 ml
11	13,5 cm	115 ml

63

GEBRÄUCHLICHE FARBENSKALA DER KUNSTMALER

Titanweiß
* Kadmiumgelb zitron
Kadmiumgelb mittel
Lichter Ocker
* Siena gebrannt
Umbra gebrannt
Zinnober hell
Krappkarmin dunkel
* Permanentgrün
Chromoxidgrün
Kobaltblau dunkel
Ultramarinblau dunkel
Preußischblau
* Elfenbeinschwarz

Dies ist das normale Farbensortiment. Die mit einem Sternchen versehenen Farben können eventuell weggelassen werden.

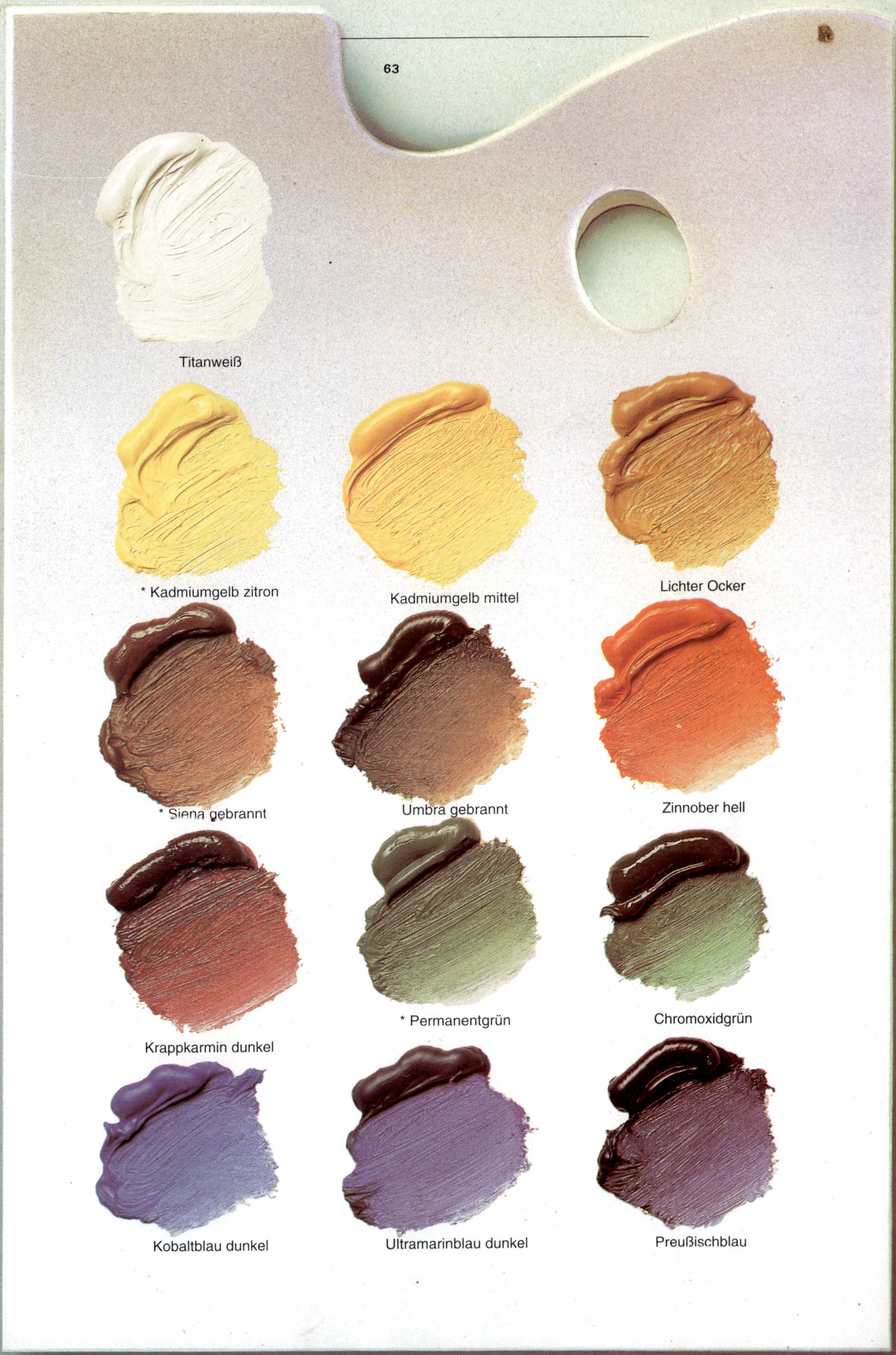
63
Titanweiß
* Kadmiumgelb zitron
Kadmiumgelb mittel
Lichter Ocker
* Siena gebrannt
Umbra gebrannt
Zinnober hell
Krappkarmin dunkel
* Permanentgrün
Chromoxidgrün
Kobaltblau dunkel
Ultramarinblau dunkel
Preußischblau

Pinsel und Spachtel

Normalerweise verwendet man für die Ölmalerei Schweinsborstenpinsel. Schweinsborsten sind hart und fest und sorgen für einen ausdrucksvollen Strich, bei dem die Rillen erkennbar bleiben. Auf Schweinsborstenpinsel kann man nicht verzichten. Für kleinere Details benötigt man zusätzlich auch Rotmarderpinsel. Beide sind in drei verschiedenen Formen erhältlich:

1. Pinsel mit gerundetem Haarkörper
2. Pinsel in der sogenannten Katzenzungenfaçon
3. Pinsel mit flachem Haarkörper.

Pinsel mit gerundetem Haarkörper benutzt man im allgemeinen für Striche und Linien. Pinsel mit flachem Haarkörper – die am meisten verwendet werden – ermöglichen sowohl breite Striche als auch feine Linien, die mit der Kante gezogen werden. Dasselbe läßt sich vom Pinsel in der Katzenzungenfaçon sagen, obwohl dieser sich eher für einen geschmeidigeren Stil eignet. Auch Rotmarderpinsel sollte man mit gerundetem und mit flachem Haarkörper wählen.

Neben den Pinseln werden Spachtel für die Ölmalerei verwendet. Spachtel bestehen aus einem Malmesser mit Holzstiel sowie einer flexiblen Metallklinge ohne Schneide. Es gibt sie in mehreren Formen: mit abgerundeter Spitze, mit dreieckiger Spitze und als Maurerkelle.

Spachtel benutzt man erstens als Pinselersatz beim Malen von Impastos und zweitens zum Abkratzen der noch feuchten Farben von der Leinwand bzw. zum Reinigen der Palette. Zum Malen und Abkratzen von der Leinwand verwendet man am besten einen Spachtel von der Form einer Maurerkelle. Ich rate Ihnen, mindestens die drei hier abgebildeten zu erwerben (Abb. 65). Das vierte Gerät auf der Abbildung ist der traditionelle Malstock, der aus einem dünnen Stab mit einer Kugel am Ende besteht. Beim Malen von kleinen Details stützt man die Hand darauf, um das übrige Bild nicht zu verschmutzen. Das Gerät wird heutzutage nur noch wenig verwendet und ausschließlich von Künstlern, die ein minuziös ausgearbeitetes Werk anfertigen möchten.

64

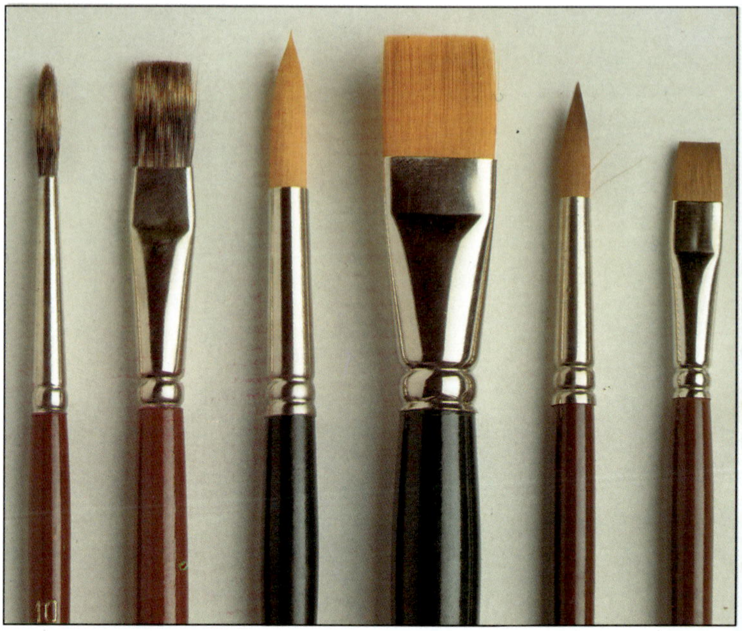

Abb. 64: Unterschiedliche Pinsel zum Malen mit Ölfarben. Von links nach rechts: Runder und flacher Iltispinsel, runder und flacher Kunstfaserpinsel, runder und flacher Rotmarderpinsel.

65

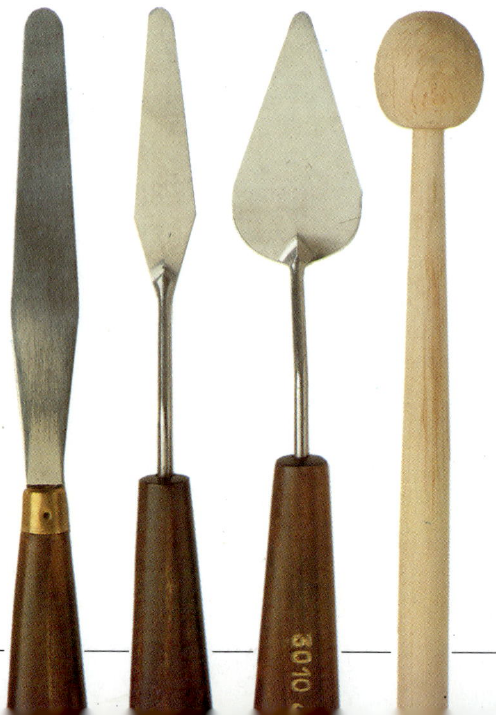

Abb. 65: Drei verschiedene Spachtel. Links ein Palettmesser. Es ist flexibel und eignet sich gut zum Abkratzen der Farbe von der Leinwand. Rechts davon zwei Spachtel in Form einer Maurerkelle, die man sowohl zum Malen als auch zum Reinigen der Palette nach Abschluß jeder Sitzung verwendet. Ganz rechts der obere Teil eines Malstocks.

Abb. 66: Man sollte ein oder mehrere Gefäße mit weitem Rand für die Aufbewahrung der gereinigten Pinsel zur Hand haben. Es versteht sich von selbst, daß die Pinsel unbedingt mit dem Haarkörper nach oben eingestellt werden müssen.

66

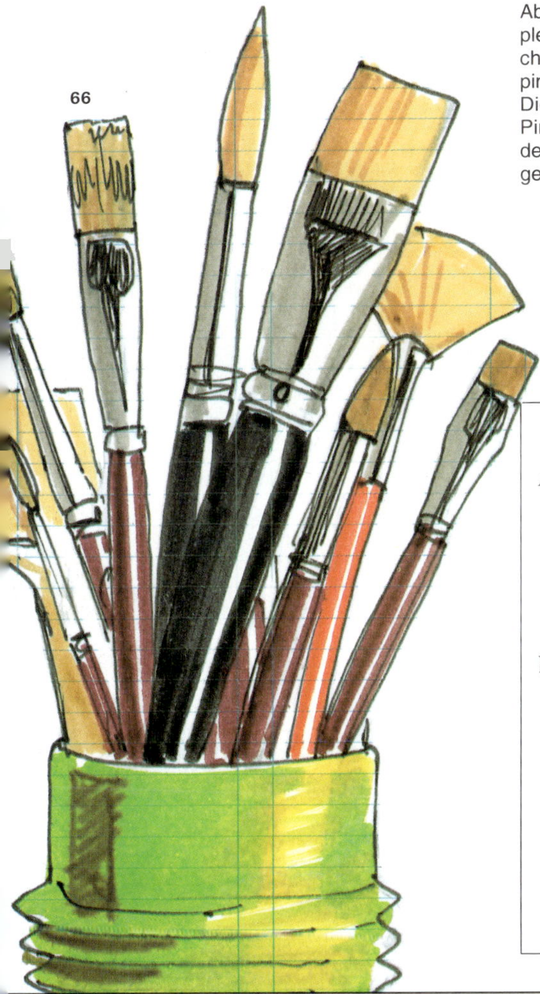

Abb. 67: Hier das komplette Sortiment von flachen Schweinsborstenpinseln der Nr. 0 bis 22. Die Originalgröße der Pinsel entspricht etwa dem Doppelten der hier gezeigten Maße.

Kehren wir noch einmal zu den Ölmalpinseln zurück. Die Stärke des Haarkörpers sowie die Größe des Gesamtpinsels wird mit den Ziffern 0, 1, 2 und weiter im Zweierabstand bis 22 angegeben. Abbildung 67 zeigt ein komplettes Sortiment Flachpinsel. Man benötigt nicht alle, sollte jedoch zwei oder mehr von jeder gewählten Größe besitzen.

PINSELSORTIMENT DES KUNSTMALERS

A. Reduziertes Sortiment:
- 1 Schweinsborstenpinsel rund, Nr. 4
- 1 Rotmarderpinsel rund, Nr. 4
- 1 Schweinsborstenpinsel flach, Nr. 4
- 1 Schweinsborstenpinsel „Katzenzungenfaçon“, Nr. 8
- 1 Schweinsborstenpinsel flach, Nr. 12

B. Erweitertes Sortiment
- 2 Schweinsborstenpinsel rund, Nr. 4
- 2 Rotmarderpinsel rund, Nr. 4
- 1 Rotmarderpinsel rund, Nr. 6
- 2 Schweinsborstenpinsel flach, Nr. 6
- 1 Schweinsborstenpinsel flach, Nr. 8
- 1 Schweinsborstenpinsel „Katzenzungenfaçon“ Nr. 8
- 2 Schweinsborstenpinsel flach, Nr. 12
- 2 Schweinsborstenpinsel flach und „Katzenzungenfaçon“Nr. 14
- 2 Schweinsborstenpinsel flach, Nr. 20

67

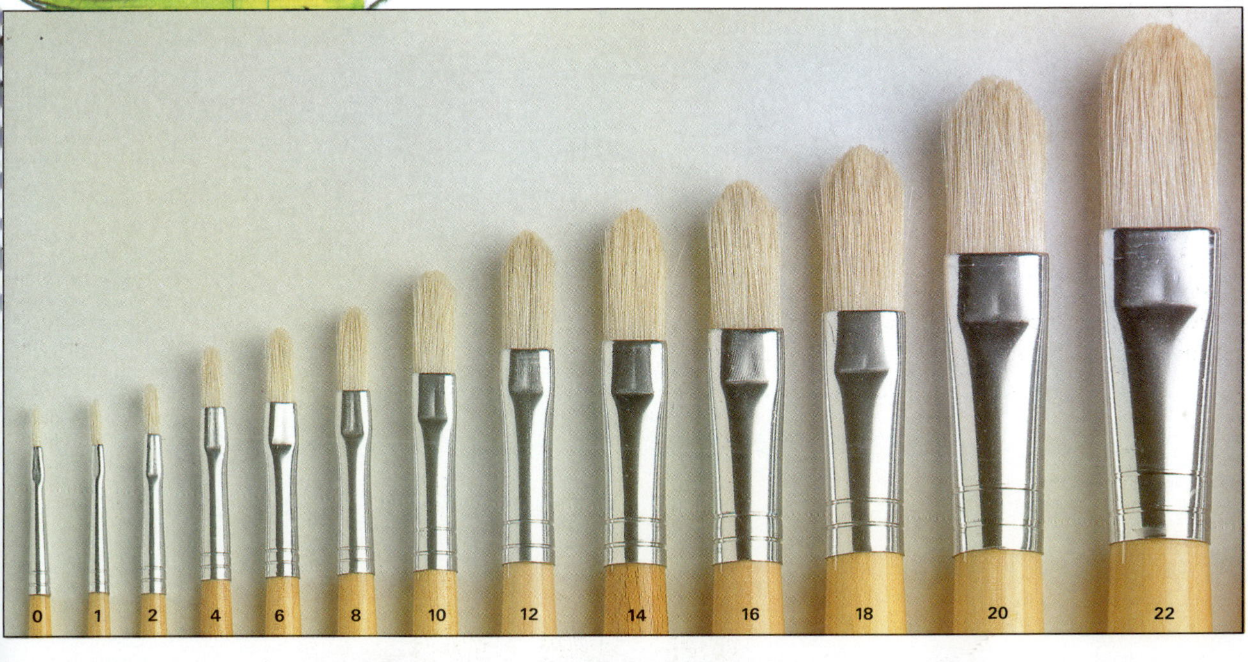

Malgründe für Ölfarben

Der normale Malgrund für Ölfarben ist die Leinwand, die aus Leinen oder Baumwolle besteht und auf einen Keilrahmen gespannt wird. Für Farbstudien und Skizzen verwendet man außerdem Holztafeln sowie grundierte oder mit Leinwand bezogene Pappe, einfache Malpappe oder Papier.
Auf Keilrahmen montierte Leinwand sowie Malpappe sind hinsichtlich ihrer Größe und ihres Formats international standardisiert (Abb. 69). Ihre Einteilung entspricht den drei Themen Gestalt, Landschaft und Seestück, wobei der Keilrahmen für die Gestalt quadratischer ist als der für die beiden anderen Themen. Man braucht also zum Beispiel nur nach einem Keilrahmen „Landschaft Nr. 15" zu fragen. Das bedeutet jedoch nicht, daß der Künstler ausschließlich in diesem Format arbeiten darf. Leinwand ist auch als Meterware in einer Breite von 0,70 bis 1,50 m erhältlich. Damit lassen sich zum Beispiel alte Keilrahmen neu beziehen.

Abb. 73 und 74: Die Grundierung kann mit einem gebrauchsfertigen Erzeugnis aus dem Handel erfolgen, das direkt auf die Leinwand getragen wird.

Abb. 75: Material und Werkzeug zum Bau eines Keilrahmens: A. Holzleisten; B. Heftpistole; C. Klammern; D. Säge (nicht unbedingt erforderlich); E. Spezialzange zum Spannen der Leinwand; F. Holzkeile zum Spannen des Rahmens; G. Hammer.

Abb. 76 bis 82: Das Material zum Bau eines Keilrahmens sowie die Montage der Leinwand und deren Grundierung. Die Bauanleitung finden Sie im Text auf Seite 41.

69

INTERNATIONALE STANDARDMASSE FÜR KEILRAHMEN ZUM MALEN MIT ÖLFARBEN

Nr.	Gestalt	Landschaft	Seestück
1	22 x 16	22 x 14	22 x 12
2	24 x 19	24 x 16	24 x 14
3	27 x 22	27 x 19	27 x 16
4	33 x 24	33 x 22	33 x 19
5	35 x 27	35 x 24	35 x 22
6	41 x 33	41 x 27	41 x 24
8	46 x 38	46 x 33	46 x 27
10	55 x 46	55 x 38	55 x 33
12	61 x 50	61 x 46	61 x 38
15	65 x 54	65 x 50	65 x 46
20	73 x 60	73 x 54	73 x 50
25	81 x 65	81 x 60	81 x 54
30	92 x 73	92 x 65	92 x 60
40	100 x 81	100 x 73	100 x 65
50	116 x 89	116 x 81	116 x 73
60	130 x 97	130 x 89	130 x 81
80	146 x 114	146 x 97	146 x 90
100	162 x 130	162 x 114	162 x 97
120	195 x 130	195 x 114	195 x 97

70

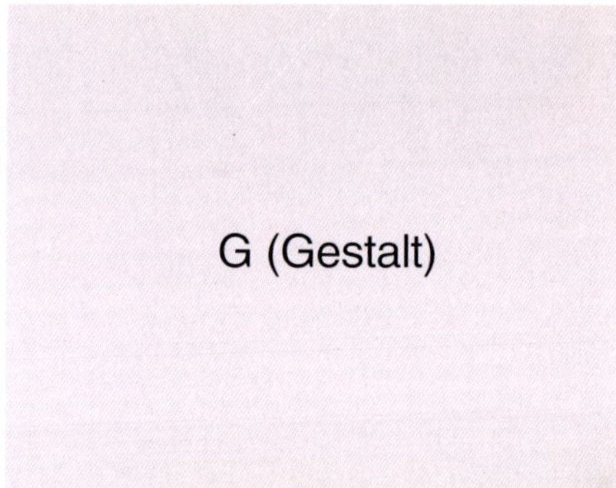

71

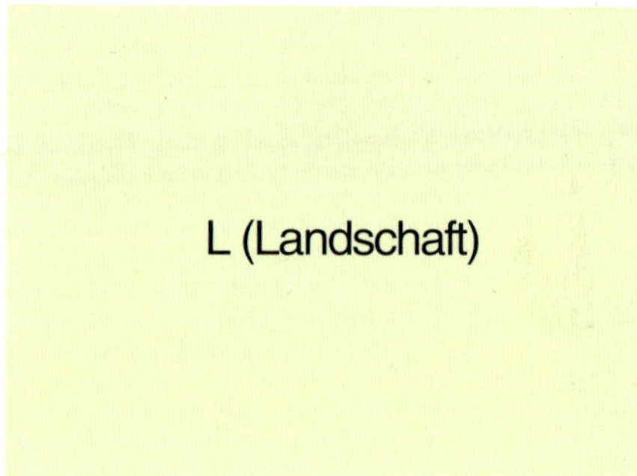

72

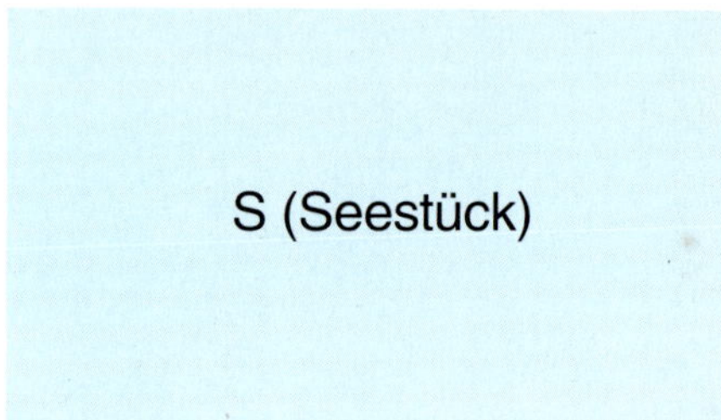

68

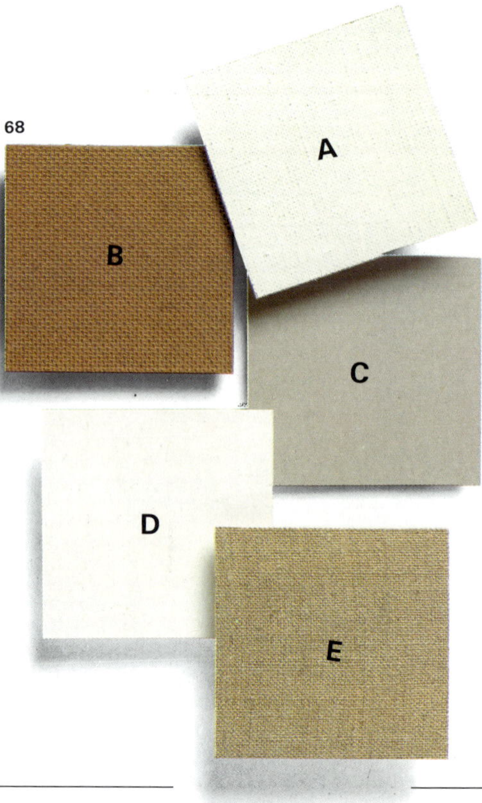

Abb. 68: Einige Malgründe für Ölfarben: grundiertes Baumwolltuch (A); Rückseite einer Holzplatte vom Typ Tablex (B); Dicke graue Pappe, die mit einer Schicht Tischlerleim oder einer sonstigen Grundierung behandelt werden muß (C); Pappe oder Holz mit weißer Grundierung (D) und Leinentuch ohne Grundierung(E).

Abb. 70 bis 72: Die Proportionen der Keilrahmen der drei Formate Gestalt (Abb. 70), Landschaft (Abb. 71) und Seestück (Abb. 72).

Spannen eines Keilrahmens und Grundierung

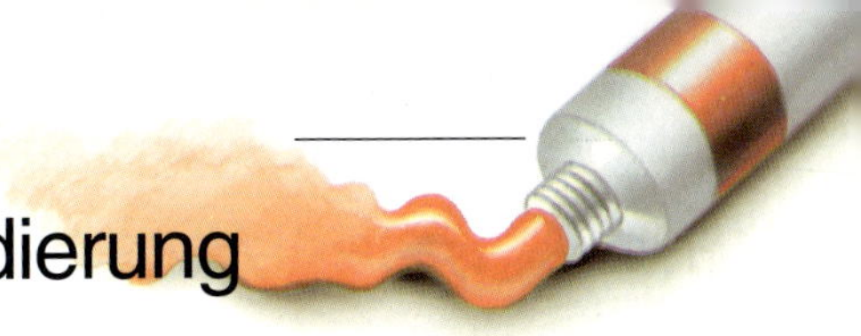

73

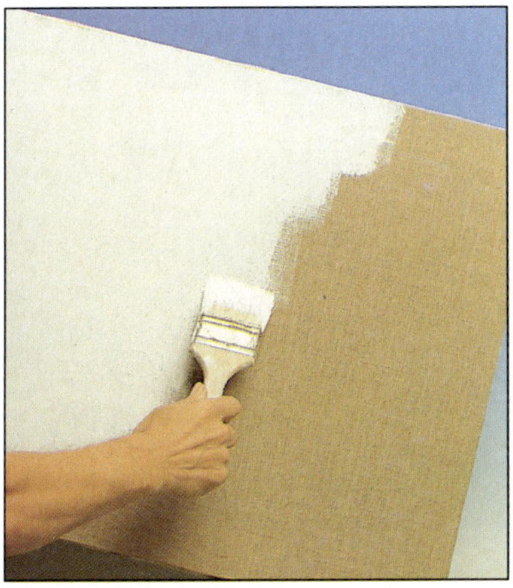

74

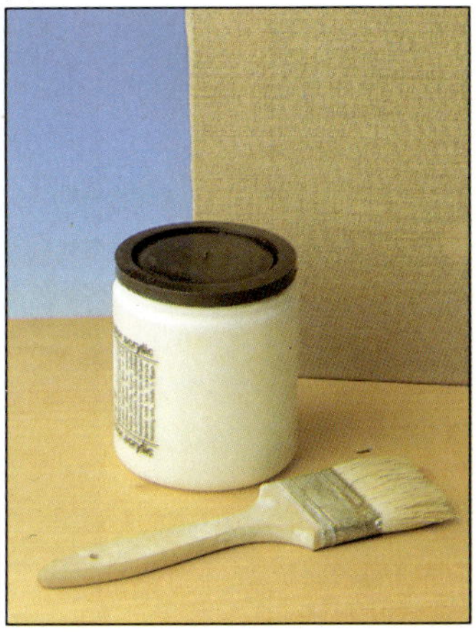

Leinwand muß ebenso wie Holztafeln und Pappe vor dem Bemalen mit Ölfarben grundiert werden, damit die Farben besser haften und die Haltbarkeit des künftigen Ölbildes gewährleistet ist. Die Grundierung besteht aus Tischlerleim, der mit Kasein oder Gips und Zinkoxid gemischt wird. Im Handel sind jedoch auch gebrauchsfertige Grundierungen in Tuben oder Dosen erhältlich, die direkt auf die Leinwand, das Sperrholz oder die Malpappe aufgetragen werden (Abb. 73 und 74).

Für den Fall, daß Sie Ihre Leinwand selbst vorbereiten und anschließend auf einen Keilrahmen spannen möchten, was durchaus möglich ist – alles ist möglich –, und falls Sie diesen Rahmen darüber hinaus noch selbst herstellen wollen, benötigen Sie das Material von Abbildung 75: vier Leisten, einen Tacker für die Dekoration, eine Spannzange, Keile zum Spannen des Rahmens sowie einen Hammer. Die Montage erfolgt so: Fügen Sie die Leisten mit Hilfe der bereits eingeschnittenen Nuten zusammen (Abb. 76 und 77). Schneiden Sie die Leinwand auf das Maß des Keilrahmens, und berücksichtigen Sie dabei einen entsprechenden Rand (Abb. 78). Befestigen Sie die Leinwand mit vier Klammern, und spannen Sie sie dazu mit der Spannzange (Abb. 79). Schlagen Sie jeweils von der Mitte aus im Abstand von 5 oder 7 cm eine Heftklammer in die gleichmäßig gespannte übrige Leinwand. Die Abbildungen 80 und 81 zeigen, wie man die Ecken herstellt. Auf Abbildungen 80 und 81 sehen Sie die fertige Ecke mit dem in die Verfugung eingeschlagenen Keil.

75

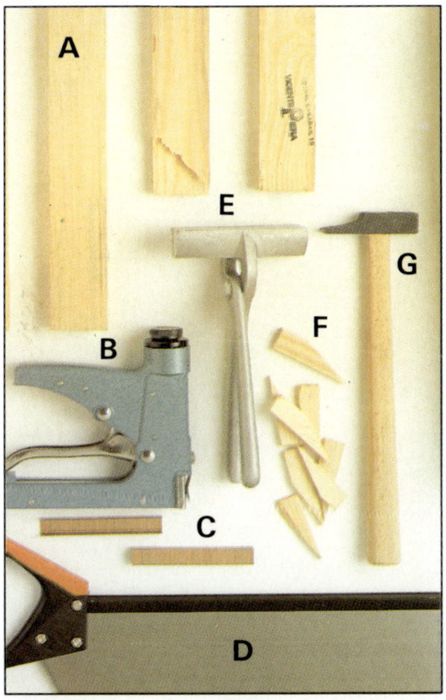

76

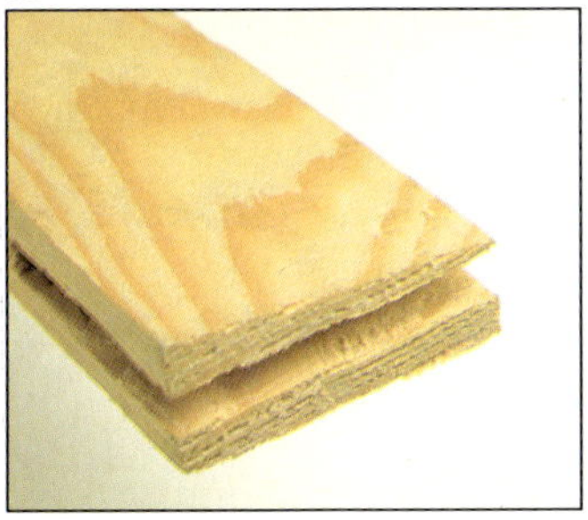

77

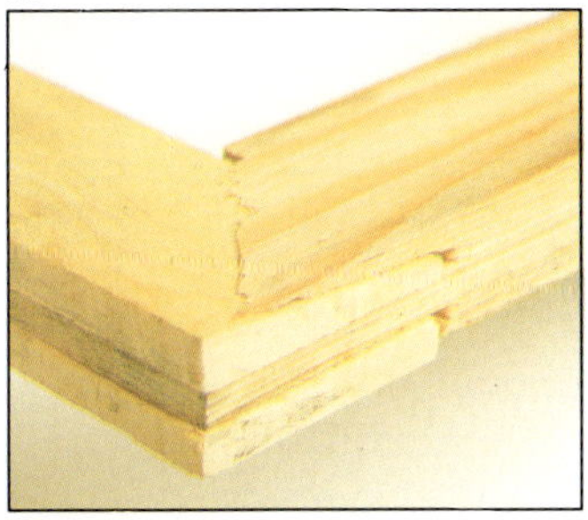

78

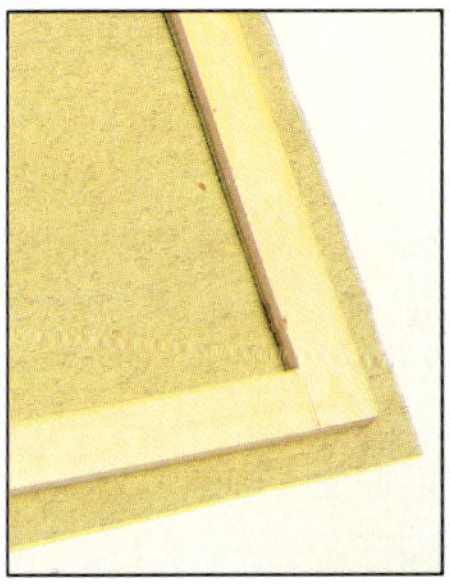

79

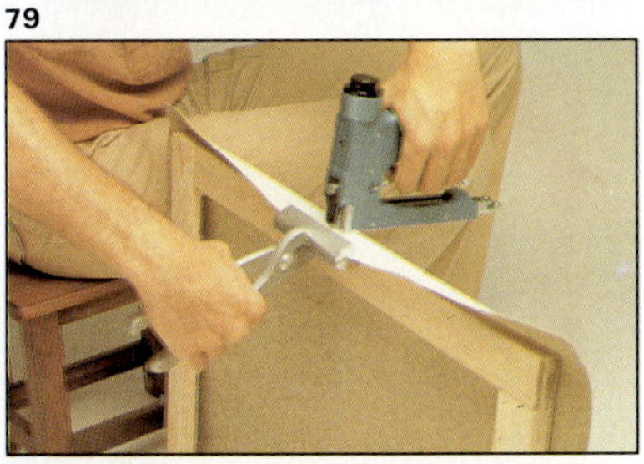

80

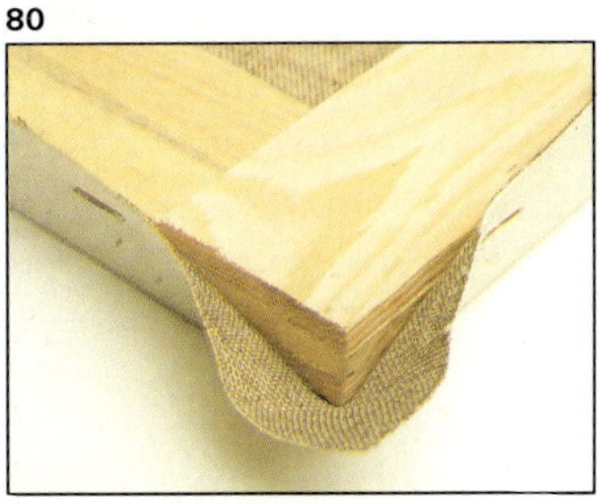

81

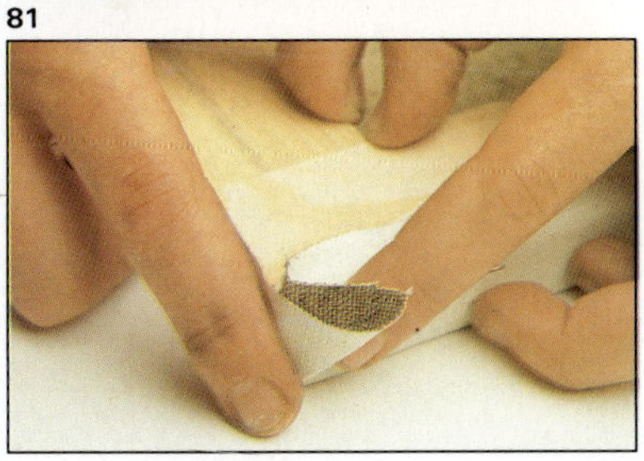

82

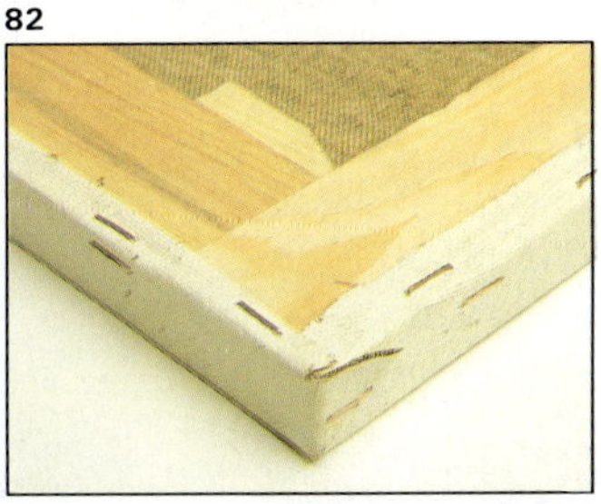

Palette, Palettstecker und Farben

Abb. 83 bis 85: Modelle der gebräuchlichsten Paletten. Von oben nach unten: rechteckige und ovale Holzpalette sowie rechteckige Kunststoffpalette. Kunststoffpaletten haben den Vorteil, daß sie nach jeder Sitzung leicht gereinigt werden können.

Abb. 86: Palettstecker aus Metall für Balsamterpentin oder Leinöl, die man mit einer Klemme an der Palette befestigt.

Picasso benutzte einfach ein Stück Zeitungspapier als Palette. („Manchmal hatte ich es schlecht gerissen, denn es entstand eine fantastische Farbensinfonie darauf.") Seurats Palette bestand fast immer aus einem großen Konservendeckel. Normalerweise malt man mit einer Palette aus Holz, obwohl es auch solche aus Kunststoff und Papier gibt. Letztere sind relativ klein und bestehen aus einem palettförmig zugeschnittenen Block gehämmertes Pergamentpapier mit einer Unterlage aus Pappe. Anstatt die Palette zu reinigen, reißt man das verschmutzte Blatt einfach ab. Man sollte jedoch möglichst mit wenig Farbe arbeiten, um beim Abreißen nicht zuviel davon zu verschwenden.

Die weiße Kunststoffpalette ist sehr leicht zu reinigen und besitzt vielleicht den Vorteil, daß man die Farben auf Weiß sieht (Abb. 85). Persönlich gefallen mir jedoch weder das Papier, das unpraktisch ist, noch der Kunststoff, denn er ist mir zu kalt. Ich arbeite mit einer Holzpalette, und die meisten anderen Künstler tun es ebenfalls – ob rund oder eckig, hängt vom eigenen Geschmack und der Gewohnheit ab. Allerdings verwendet man die eckige Palette normalerweise im Freien und behält die ovale für die Arbeit im Atelier.

Für das Atelier hat der Kunstmaler noch eine weitere Möglichkeit: den Palettisch. Er besteht aus einem großen, meist quadratischen Brett, das auf einen Tisch oder Beistelltisch mit Rollen liegt, in dem man die Farbtuben, die Pinsel, die Spachtel, die Lappen etc. aufbewahrt. Abbildung 87 gegenüber zeigt solch eine Palette des Malers Francesc Crespo. Palettstecker sind kleine Näpfe, die normalerweise aus Metall bestehen und mit einer Klemme versehen sind, mit der man sie an der Palette befestigt. Auf diese Weise hat man das Balsamterpentin und das Leinöl oder den sonstigen gebrauchsfertigen Verdünner stets zur Hand. Es gibt sie auch einzeln für jene, die nur mit einem Verdünner arbeiten.

83

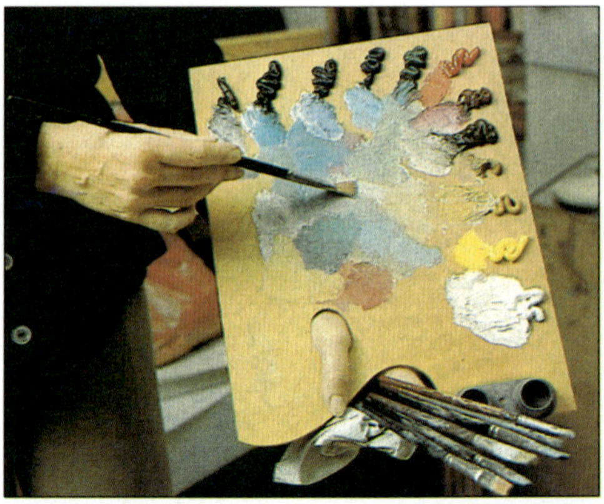

84

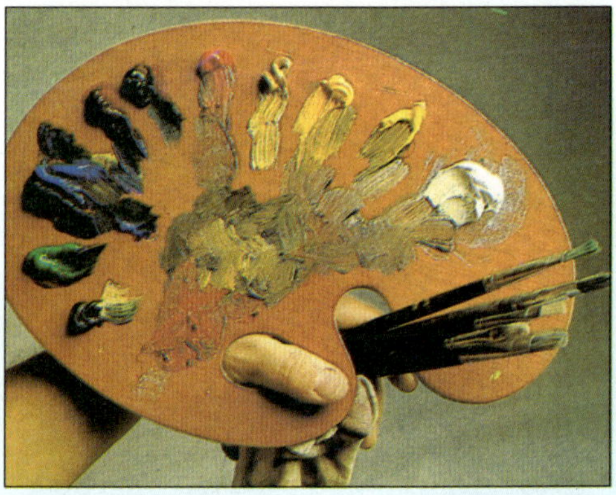

85

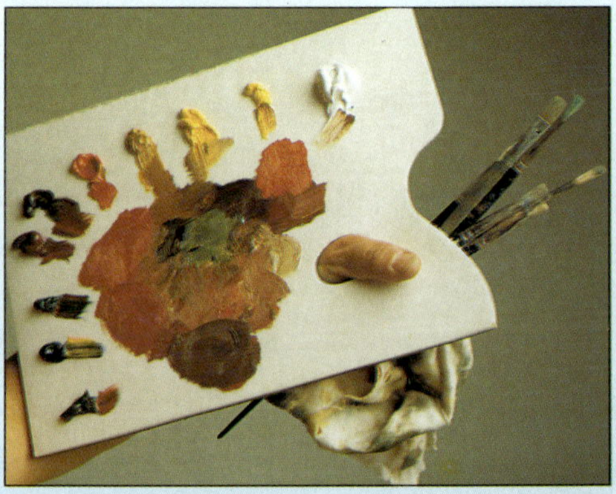

86

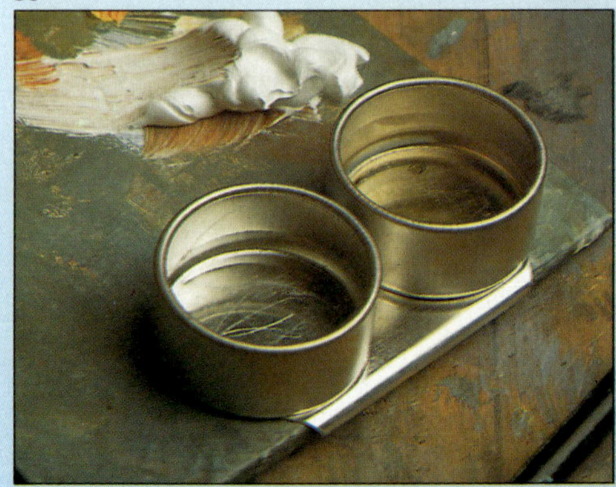

87

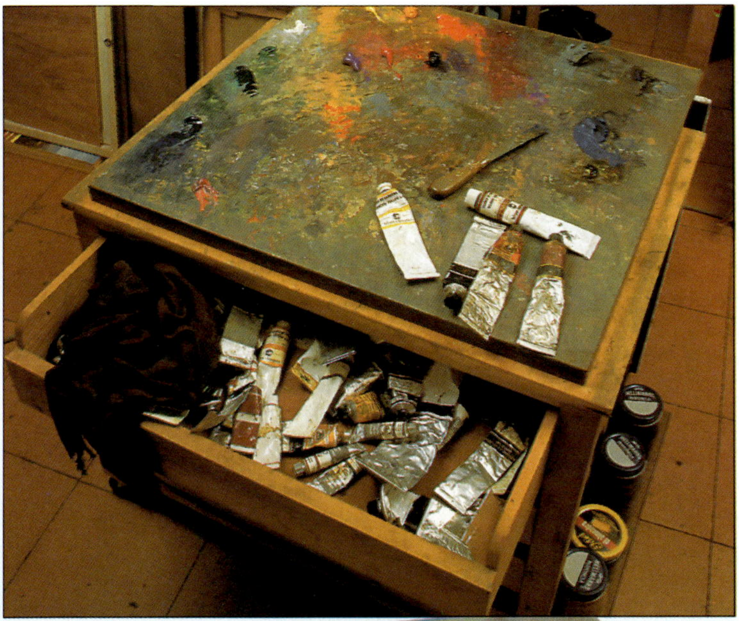

Abbildung 88 zeigt schließlich, wie man die Palette hält. Man stützt sie mit der linken Hand und faßt darin auch die restlichen Pinsel, während man mit der rechten Hand arbeitet. Die Palettstecker befinden sich am nächsten Rand. Beachten Sie, daß die Farben sowohl auf dieser Abbildung als auch auf denen gegenüber in einer bestimmten Anordnung abgesetzt sind: Weiß befindet sich oben rechts. Es folgen nach links: Gelb, Ocker, Rot etc. Diese Anordnung könnte auch anders aussehen. Es empfiehlt sich jedoch, ein bestimmtes System einzuhalten, um die gewünschte Farbe während des Malens schnell zu finden.

88

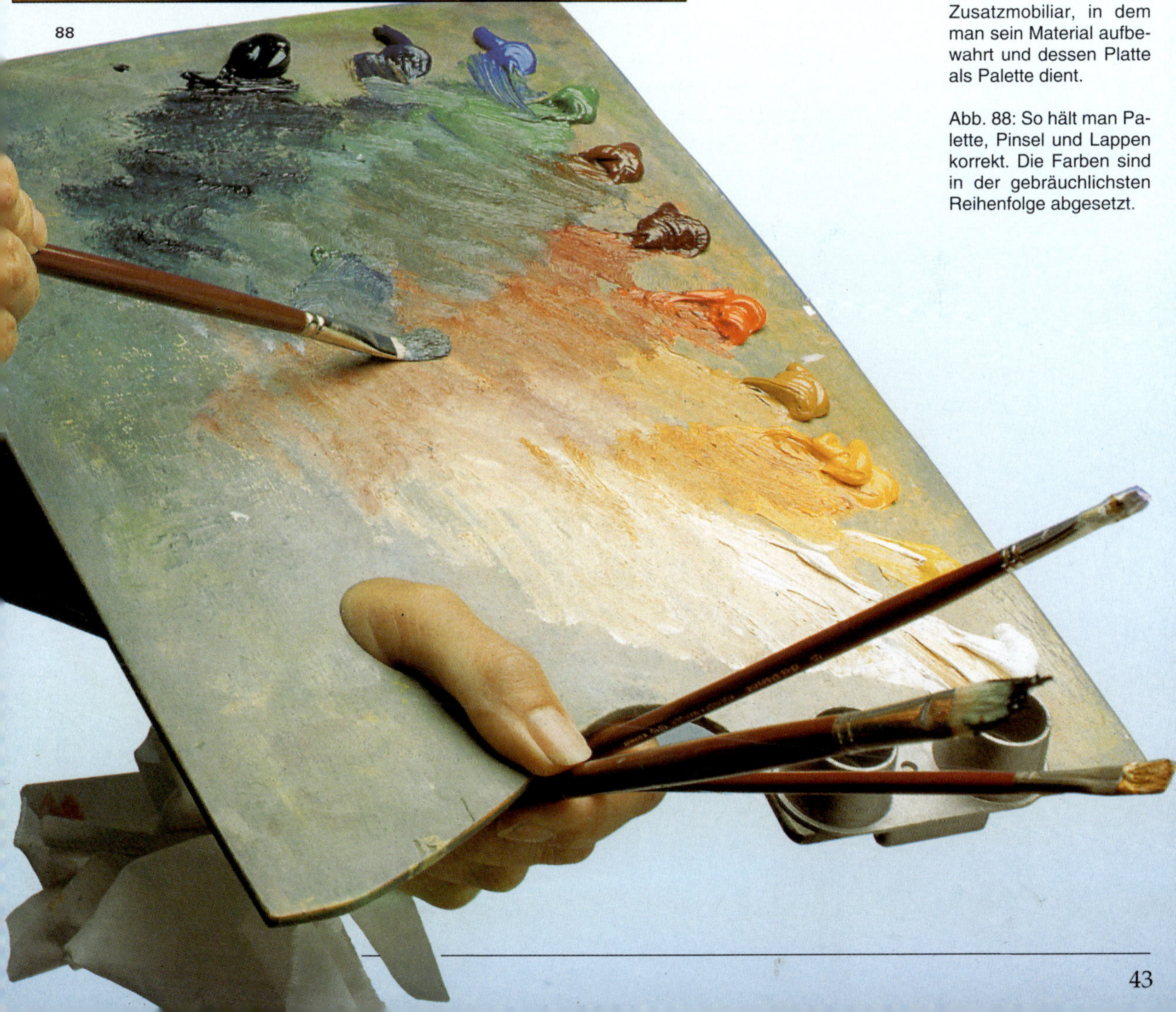

Abb. 87: Palettisch: ein Zusatzmobiliar, in dem man sein Material aufbewahrt und dessen Platte als Palette dient.

Abb. 88: So hält man Palette, Pinsel und Lappen korrekt. Die Farben sind in der gebräuchlichsten Reihenfolge abgesetzt.

Studiostaffeleien und Zusatzmobiliar

Im Atelier oder in der Werkstatt eines Künstlers benötigt man einige Spezialmöbel, zum Beispiel einen Beistelltisch auf Rollen (Abb. 89), einen Drehstuhl (Abb. 94), einen Zeichentisch, einen Bücherschrank oder ein Regal für Kunstbücher und Nachschlagewerke, einen Aktenschrank, Zeichenmappen sowie weitere vielleicht nicht ganz so wichtige, aber dennoch nützliche Dinge wie eine Musikanlage oder ein Spezialgestell zur Aufbewahrung der Bilder. Im Atelier der Künstlerin Marta Durán steht zu diesem Zweck ein Regal mit einer Spezialhalterung aus Holz (A), auf dem zahlreiche Leinwände und Bilder sicher voneinander getrennt aufbewahrt werden können, so daß sie sich nicht gegenseitig beschädigen. Ferner benötigt man eine Staffelei, die auch zusammenlegbar sein kann. Dann handelt es sich um eine Feldstaffelei. Normalerweise arbeitet man jedoch mit einer Studiostaffelei.

Die verbreitetste Staffelei besteht aus einem Dreifuß mit einem Brett zum Aufstellen des Bildes (B) und einer Klemme (A) zur Befestigung des oberen Rands sowie einer Lochschiene (C), an der die Höhe der Leinwand beliebig verstellt werden kann.

Diese Merkmale weisen auch die aufwendigeren Staffeleien auf, die teurer, aber auch haltbarer und funktioneller sind. Bei dem Modell von Abbildung 92 steht die Leinwand senkrecht. Auf das Doppelbrett (A) stützt man nicht nur sein Bild, es dient gleichzeitig als Ablage für die Pinsel, die Farbtuben, die Zeichenkohle, die Lappen etc., so daß das Material immer zur Hand ist. Die Staffelei ist mit Rollen ausgestattet und läßt sich daher leicht zusammen mit dem Bild verschieben. Dieses Modell wird von den Kunstmalern am häufigsten verwendet. Die dritte Staffelei (Abb. 93) ist zweifellos noch besser. Sie ist ziemlich groß und standfest und besitzt zwei Vorteile: Erstens ist die Klemme für den oberen Rand beliebig verstellbar. Bei der vorigen Staffelei (Abb. 92) läßt sie sich nur bis zum oberen Querholm (a') senken, was die Befestigung mittlerer und kleiner Leinwände erschwert. Zweitens kann der Künstler sein Bild nach vorn neigen, um Spiegelungen zu vermeiden.

Abb. 89: Auf einen Beistelltisch wie diesen oder ein ähnliches Modell (der aus einem kleinen Schrank oder einem Nachttisch bestehen kann) sollte man in keinem Maleratelier verzichten. In den Fächern und Schubladen bewahrt man die Palette, die Pinsel, die Farben und das sonstige Material auf. Noch besser ist es, wenn der Tisch Rollen besitzt.

Abb. 90: Regal zum Aufbewahren der Bilder im Atelier der Malerin Marta Durán. Es ist mit einer Spezialeinrichtung aus Holz versehen, die verhindert, daß sich die Bilder gegenseitig verschmutzen.

89

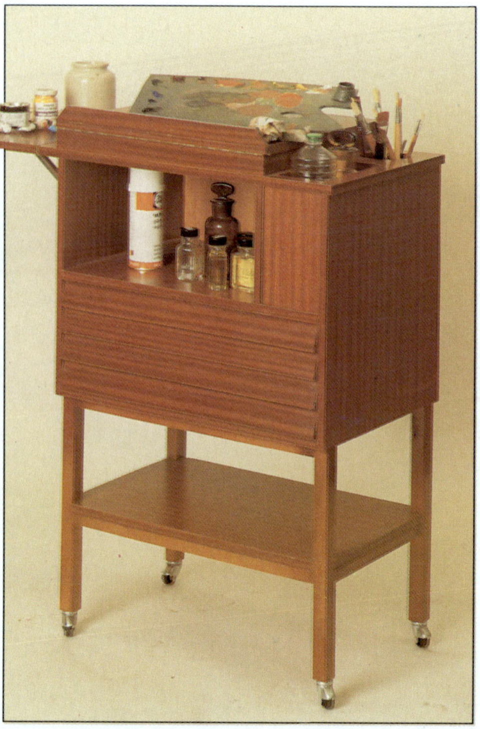

90

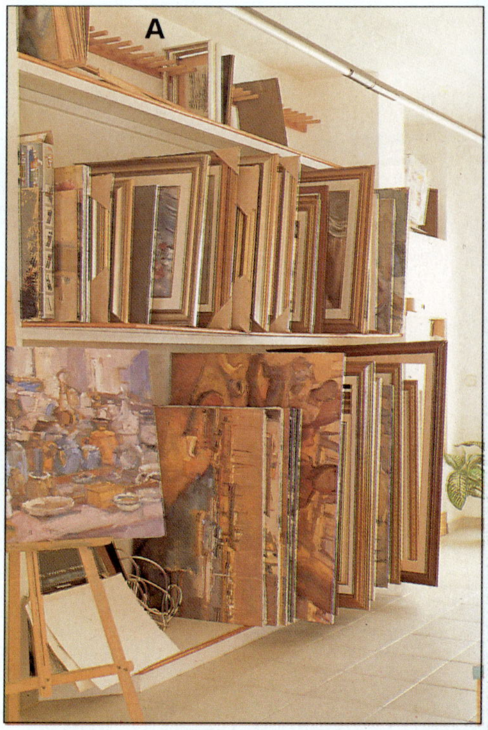

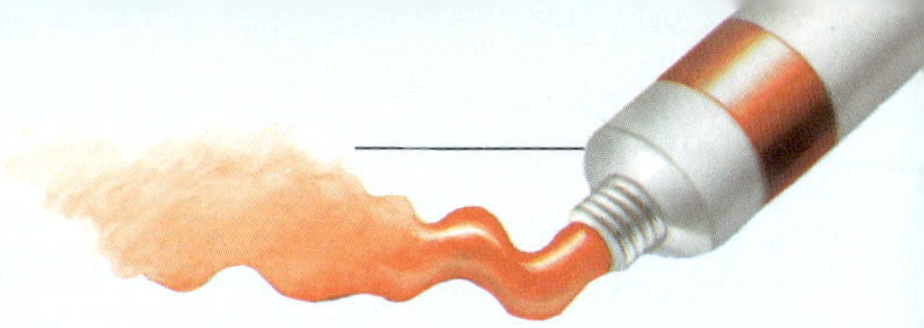

91

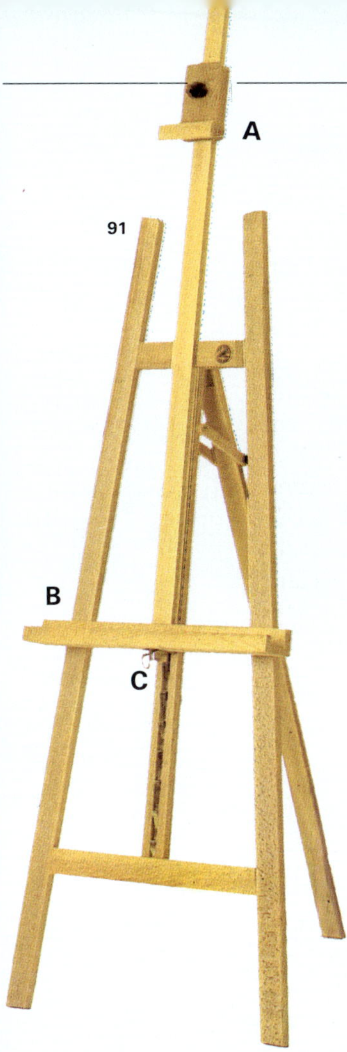

Abb. 91: Klassische dreibeinige Studiostaffelei. Mit Hilfe der Klemme A und der Leiste B wird die leicht geneigte Leinwand gehalten. Durch Verschieben der Ablageleiste B an der Lochschiene C läßt sich die Höhe verstellen.

92

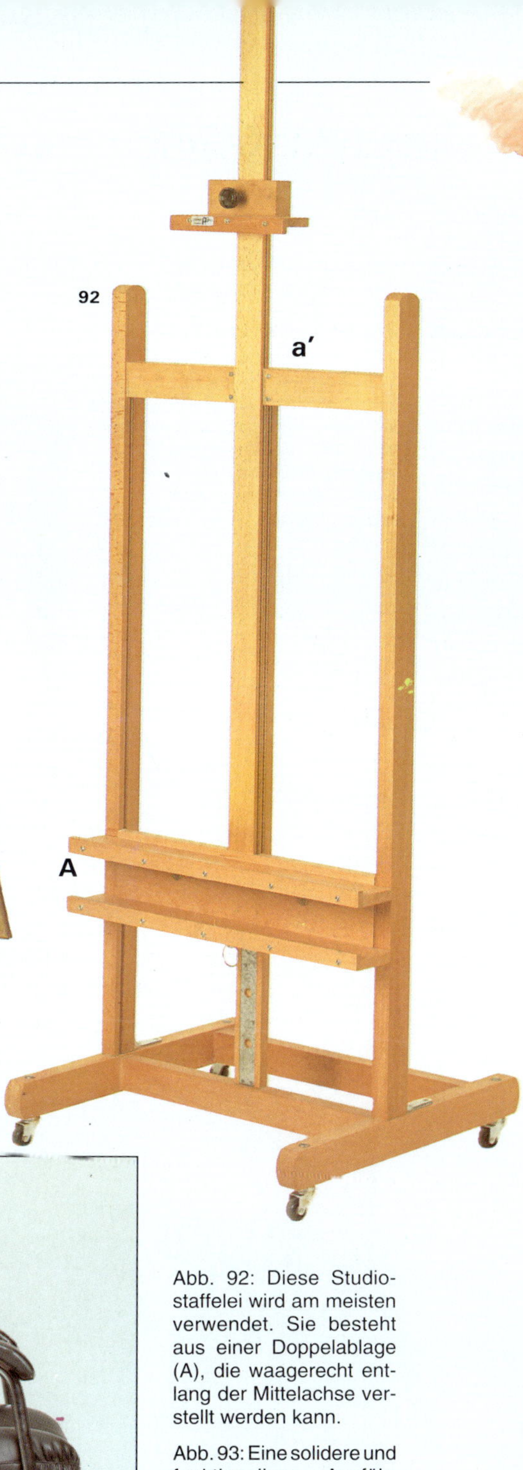

93

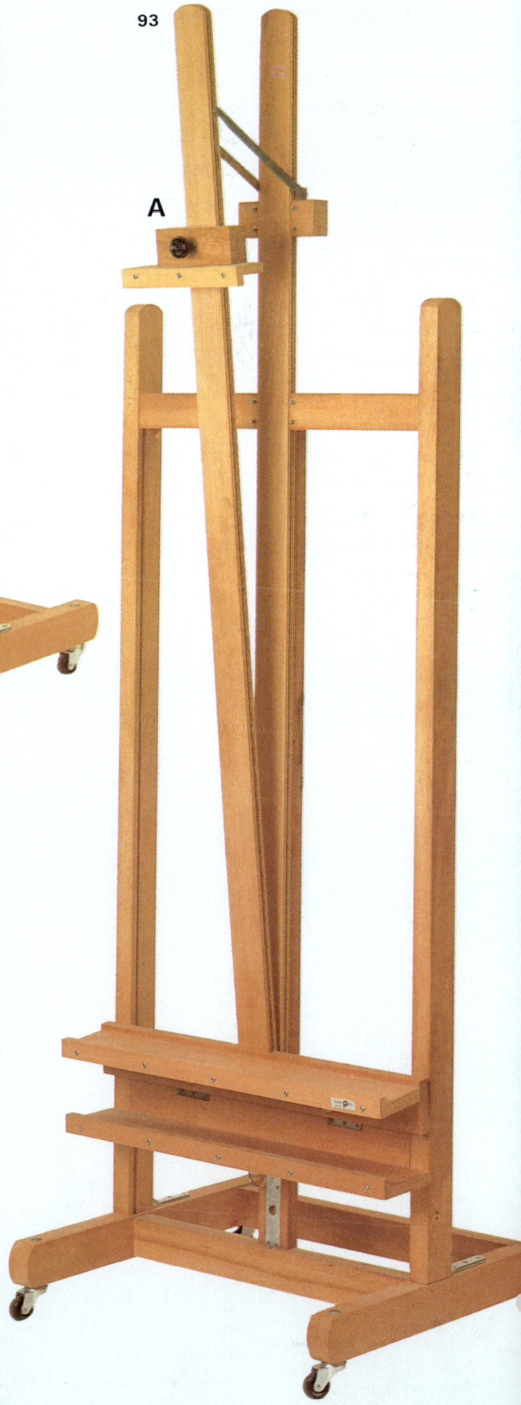

94

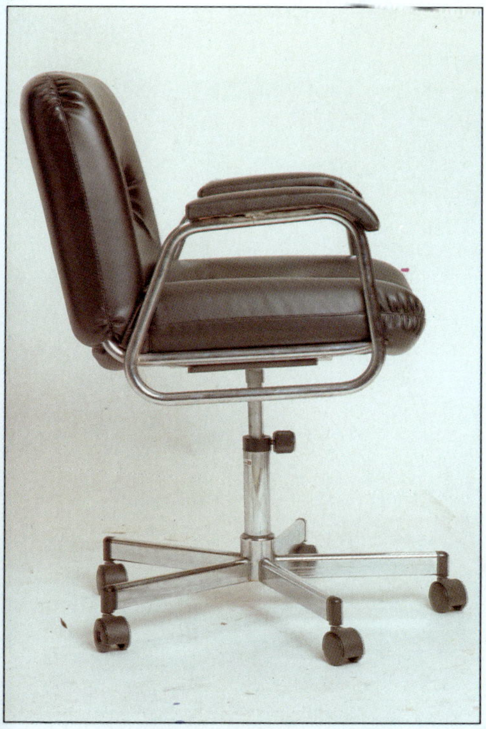

Abb. 92: Diese Studiostaffelei wird am meisten verwendet. Sie besteht aus einer Doppelablage (A), die waagerecht entlang der Mittelachse verstellt werden kann.

Abb. 93: Eine solidere und funktionellere Ausführung der Studiostaffelei. Als Besonderheit kann die Leinwand mit Hilfe der ausziehbaren oberen Halterung (A) nach vorn geneigt werden (um Spiegelungen zu verhindern). Die Halterung läßt sich ungehindert vom Querholm a' der vorigen Ausführung beliebig nach oben und unten verschieben.

Abb. 94: Verstellbarer Drehstuhl für die Arbeit im Atelier.

Feldstaffeleien, Malkästen und Keilrahmenhalter

Die Feldstaffelei besteht aus einem Dreifuß mit einer Gelenkvorrichtung zum Zusammenlegen, damit sie besser zu transportieren ist.

Seit mehr als einhundertfünfzig Jahren gibt es darüber hinaus eine Staffelei mit integriertem Malkasten, die am häufigsten von Kunstmalern verwendet wird (Abb. 96 und 97). Die Hauptmerkmale dieser Staffelei sind bis heute gleich geblieben: Einmal aufgebaut, ist sie standfest und solide. Sie ist so hoch, daß man bis zur Keilrahmengröße Nr. 30 (92 x 65 cm) stehend davor arbeiten kann. Durch Ein- und Ausschieben der Beine läßt sich das Bild in der Höhe verstellen. Bleibt der integrierte Malkasten halb geöffnet, kann man die Palette während des Malens darauf ablegen. Der Kasten enthält Fächer für die Farben, die Pinsel, ein oder zwei Spachtel sowie eine kleine Flasche für das Balsamterpentin. Zusammengelegt (Abb. 96A und 97A) beansprucht die Feldstaffelei nur sehr wenig Platz. Sie hat ein geringes Gewicht und ist leicht zu transportieren.

Abb. 95 und 95A: Mit Hilfe des Keilrahmenhalters lassen sich zwei frisch gemalte Leinwände problemlos transportieren. Den gleichen Zweck erfüllen auch kleine Kunststoffscheiben, die zwischen die Leinwände geklemmt werden und diese beim Transport nach der Sitzung trennen (95A).

95

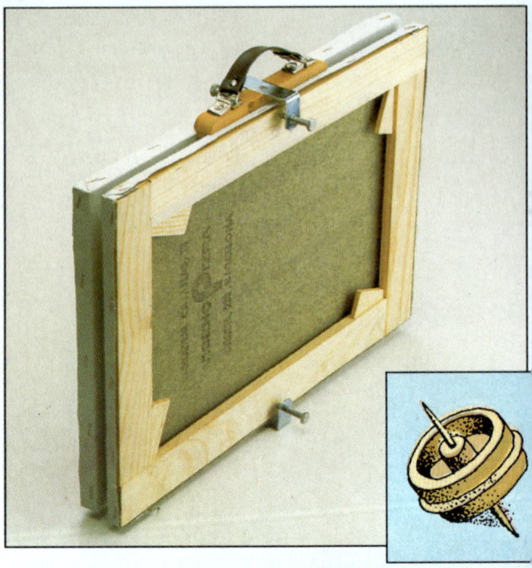

9

96

96A

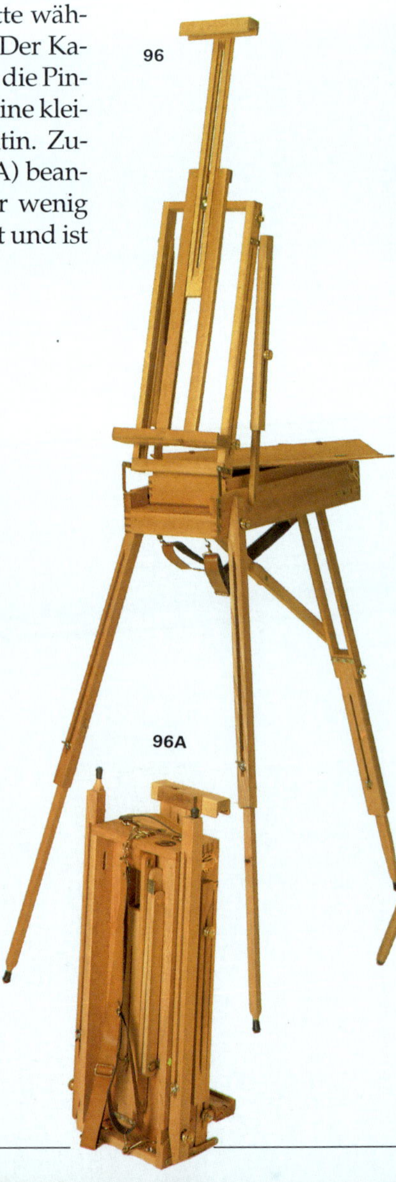

97

97A

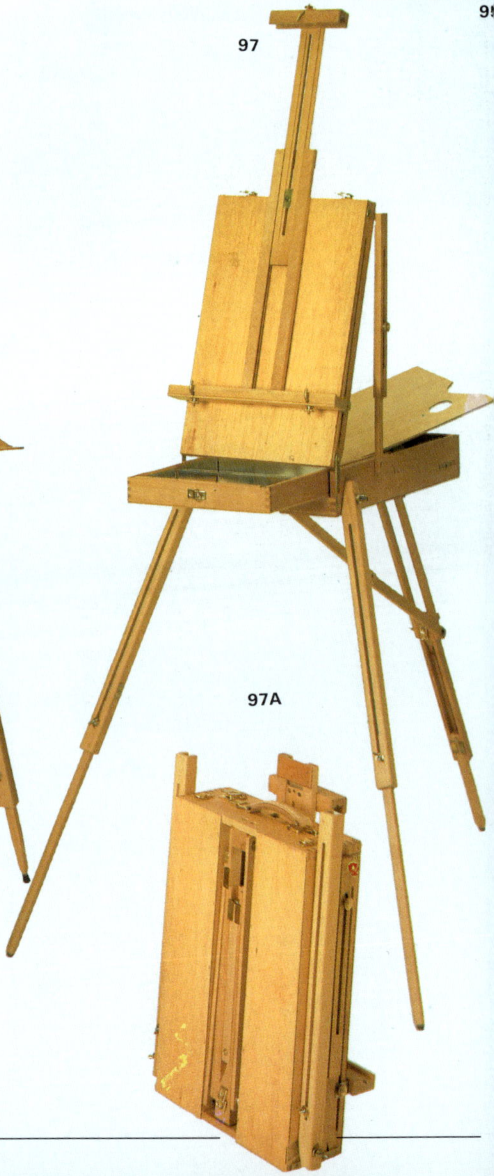

Abb. 96 und 97: Zwei verschiedene Modelle einer Feldstaffelei mit integriertem Malkasten, die ideal für die Freiluftmalerei sind. Auf ihnen lassen sich Bilder bis zur Keilrahmengröße Nr. 30 anfertigen (92 x 65 cm). Die Staffeleien sind stabil und sicher und zusammengelegt leicht zu transportieren.

Die Abbildung links (Abb. 95) zeigt zwei Keilrahmen gleicher Größe, die mit Haltern zum Transport zusammengehalten werden. Der Satz besteht aus zwei Klemmen, von denen die obere mit einem Griff versehen ist. Auf diese Weise kann man zwei frisch gemalte Bilder transportieren, ohne daß sie sich durch Berühren oder Reiben gegenseitig beschädigen. Dasselbe Resultat erhält man mit den vier kleinen Kunststoffscheiben von Abbildung 95A, die man zwischen die beiden Bilder schiebt, so daß die Keilrahmen getrennt werden und problemlos zu transportieren sind.

Die Abbildungen 98 und 99 zeigen schließlich zwei Malkästen für die Ölmalerei, einen für Studienzwecke und einen größeren für den professionellen Bedarf. Zum Inhalt beider gehören Farbtuben, Pinsel, Verdünner sowie eine Palette. Beachten Sie die beiden Leisten zu beiden Seiten des Deckels des professionellen Malkastens. In die Rille läßt sich eine Malpappe Nr. 4 oder 5 (je nach Größe des Modells) schieben, so daß man zum Beispiel eine Farbnotiz anfertigen kann. Dreht man die Pappe anschließend um, ist das frisch gemalte Bild gefahrlos im Kasten zu transportieren.

98

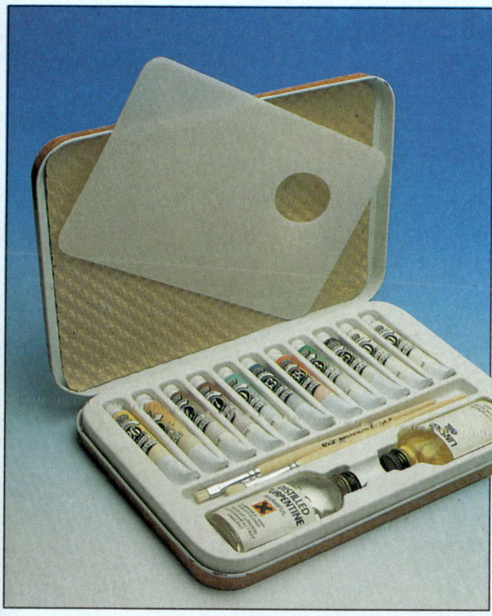

99

99A

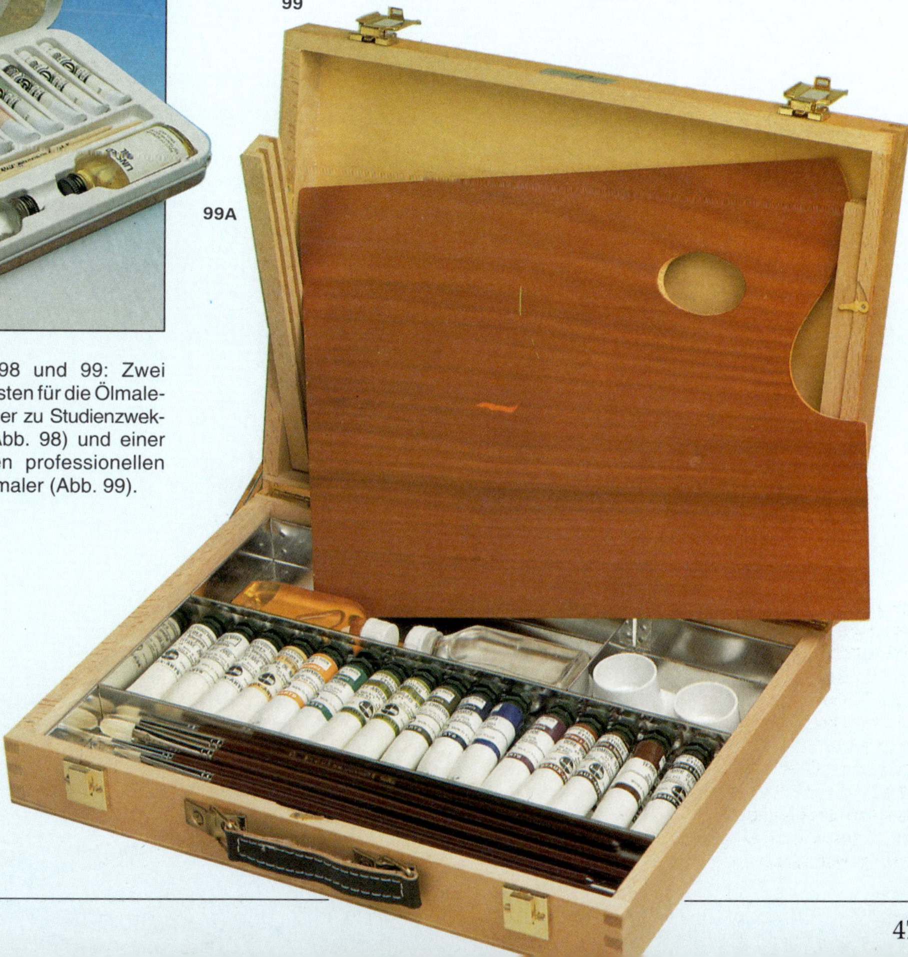

Abb. 98 und 99: Zwei Malkästen für die Ölmalerei: einer zu Studienzwecken (Abb. 98) und einer für den professionellen Kunstmaler (Abb. 99).

100

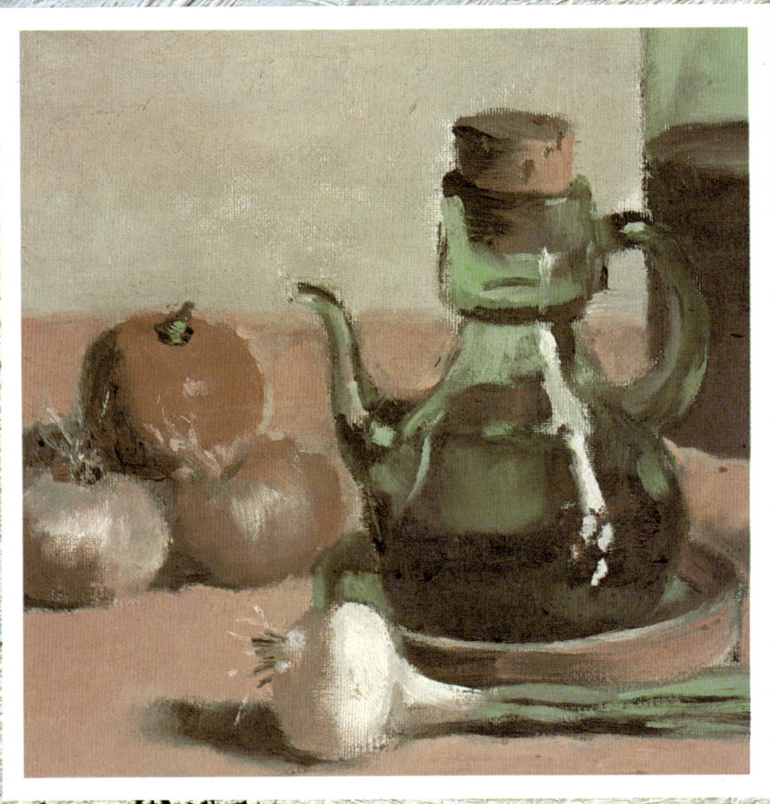

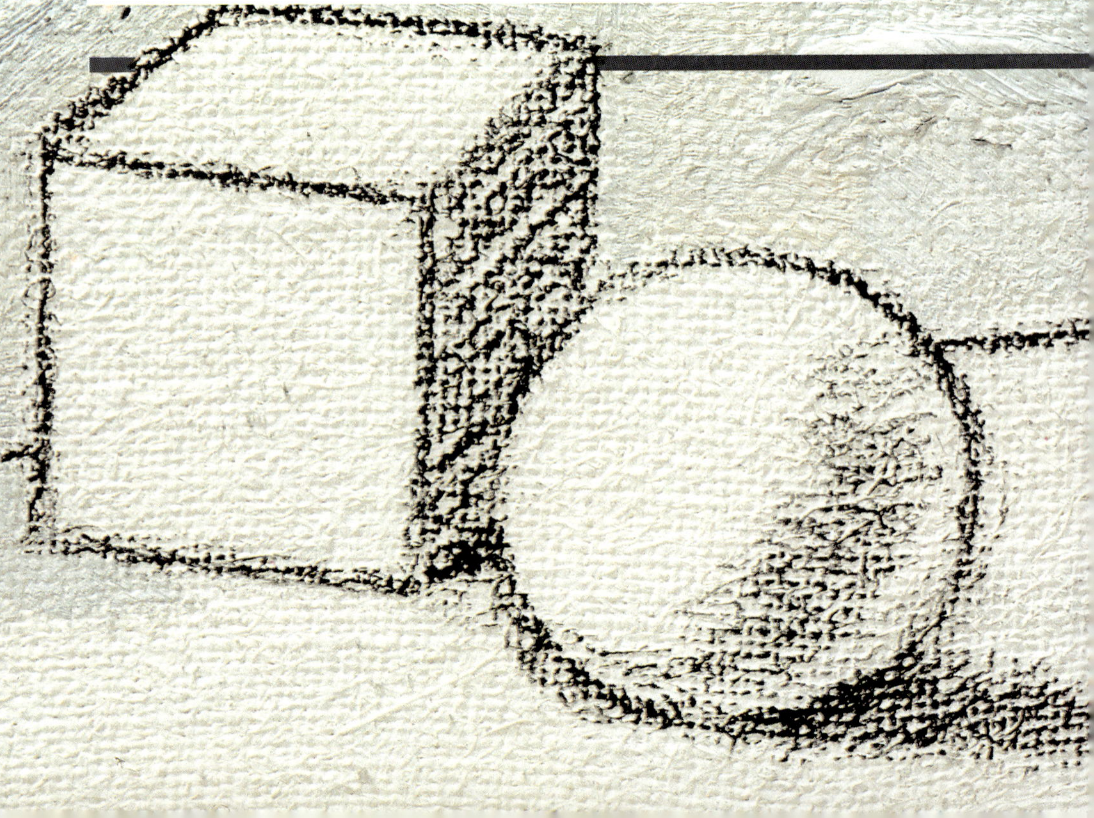

So, jetzt können Sie schon mit den Ölfarben malen. Dabei werden wir schrittweise vorgehen. Zunächst arbeiten Sie mit einer Farbe plus Weiß und stellen so einfache Formen wie einen Würfel und eine Kugel dar. Immer noch mit einer Farbe und Weiß folgt ein etwas komplizierteres Modell aus einem Krug und einer Schale. So erhalten Sie die Möglichkeit, sich mit den Ölfarben, den Pinseln und den Verdünnern in der Praxis vertraut zu machen. Anschließend malen Sie mit zwei Farben – plus Weiß – und stellen jenes Stilleben dar, von dem Sie gegenüber einen Ausschnitt finden. Zum Abschluß werden Sie dann mit allen Farben malen. Aber das gehört bereits zum nächsten Kapitel.

ERSTE PRAXIS IN DER ÖLMALEREI

Mit einer einzigen Farbe und Weiß

Jetzt werden Sie selbst mit Ölfarben malen. Zunächst mit einer einzigen Farbe – Ultramarinblau und Weiß bzw. Umbra gebrannt und Weiß –, anschließend mit zwei Farben, dann mit drei Farben und schließlich mit allen.
Diese schrittweise Methode geht davon aus, daß Sie noch nie mit Ölfarben gemalt haben und daher keine Erfahrung mit der Geschmeidigkeit, der breiigen Konsistenz, dem Deckungs- und Trocknungsvermögen der Farben sowie den Möglichkeiten besitzen, die sich aus dieser Konsistenz und Undurchsichtigkeit ergeben. Ihretwegen kann der Künstler etwas wieder auslöschen, übermalen, verkleinern und gleichzeitig zeichnen und malen. Wir gehen ebenfalls davon aus, daß Ihnen unbekannt ist, wie man mit diesen pastosen Farben und einem gut gefüllten Pinsel abstuft, modelliert und die Formen mit jener Synthese darstellt, die wir bei den großen Meistern bewundern. Meiner Ansicht nach darf dieser handwerkliche Teil nicht die eigentlichen Probleme des Malens – also das Erkennen und Mischen der Farben – komplizieren und sollte daher getrennt behandelt werden.
Beginnen wir also, ohne weitere Vorrede zu malen, und betrachten wir zunächst, welches Material Sie für diese erste Übung benötigen (siehe Kasten unten).
Hinzu kommt selbstverständlich die Staffelei. Sollten Sie noch keine besitzen, ist es nicht schlimm. Sie können sie durch einen normalen Stuhl und ein Holzbrett ersetzen, auf dem Sie Ihren Malgrund oder das dicke Papier mit Klemmen befestigen. Es reicht, wenn Sie dieses Brett auf den Sitz stellen und an die Rückenlehne stützen. Die Palette legen Sie auf den Sitz und setzen sich selbst auf einen zweiten Stuhl oder Hocker, wie Abbildung 101 es zeigt.
Jetzt brauche ich Ihnen nur noch zu erklären, wie man die Palette, die Pinsel und den Lappen hält. Betrachten Sie dazu die Abbildungen gegenüber. Man trägt alles in der linken Hand, während die rechte zum Malen frei bleibt. Im einzelnen: Sie nehmen zunächst die Pinsel und sorgen dafür, daß die Haarkörper in gleicher Höhe sind (Abb. 102). Anschließend fassen Sie den Lappen und die Palette (Abb. 103).

Abb. 100 (vorige Seite): José M. Parramón, *Stilleben* (Ausschnitt), Privatsammlung, Barcelona.

Abb. 101: Ein Stuhl und ein Holzbrett können zunächst die Staffelei ersetzen. Die Leinwand läßt sich mit Heftzwecken auf dem Holz befestigen.

MATERIAL FÜR DIE DURCHFÜHRUNG DIESER ERSTEN ÜBUNGEN

Farben 1. Übung	Ultramarinblau Titanweiß
Farben 2. Übung	Umbra gebrannt Titanweiß
Schweinsborstenpinsel	Katzenzungenfaçon Nr. 12, flach Nr. 8, rund Nr. 6
Palette	(Kann durch dickes Papier, Pappe etc. ersetzt werden.)
Verdünner	Balsamterpentin
Palettstecker	(oder sonstiges kleines Gefäß)
Malgrund	dickes Qualitätszeichenpapier oder Malpappe
Bleistift, Heftzwekken, Lappen, Zeitungspapier	

101

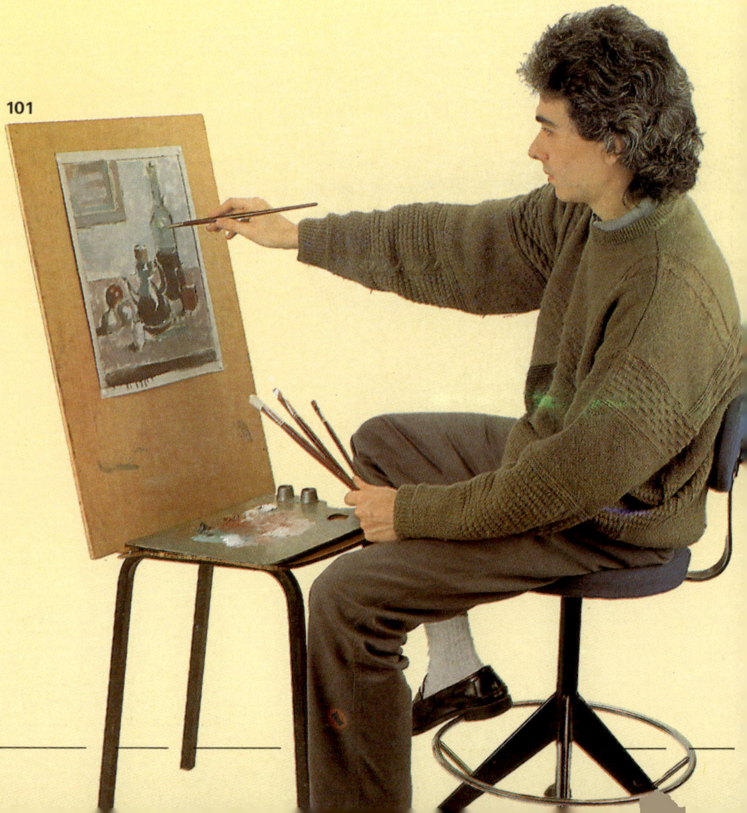

Abbildung 104 zeigt, wie man den Pinsel normalerweise beim Malen hält (wie zum Schreiben). Da Ölmalpinsel einen längeren Stiel besitzen als Aquarellpinsel, sollte man sie in der Mitte oder im oberen Drittel fassen, um einen größeren Spielraum für das Handgelenk zu bekommen und spontanere Striche anlegen zu können (Abb. 104).

Die korrekte Haltung beim Malen sehen Sie auf Abbildung 105. Der erfahrene Maler arbeitet normalerweise stehend oder halb sitzend. Der Abstand zur Leinwand sollte so groß sein, daß man den Arm ausstrekken kann, um das ganze Bild mit einem Blick sehen und bearbeiten zu können. Selbstverständlich malt man ein normales Ölbild – großformatige Bilder schließe ich hier aus – niemals wie zum Beispiel eine Miniatur von oben. Halten Sie sich an folgende Regel:

Die Ölmalerei erfordert einen gewissen Abstand zwischen Künstler und Bild.

Genauer gesagt: Ebenso oder noch mehr als bei anderen Techniken muß der Künstler bei der Ölmalerei sein Werk während des Malens komplett im Blickfeld behalten. Er muß alles gleichzeitig sehen und malen können und von einer Stelle zur anderen überwechseln, ohne sich irgendwo besonders aufzuhalten. Darüber hinaus ermöglicht dieser größere Abstand eine lockere, spontanere, impressionistischere Malweise.

Abb. 102: So hält man die Pinsel korrekt in der linken Hand. Hinzu kommen die Palette und der Lappen. Die Haarkörper befinden sich auf gleicher Höhe und sind leicht voneinander getrennt.

Abb. 103: Handgelenk und Unterarm stützen unverkrampft die Palette, so daß keine Ermüdung eintritt.

Abb. 104: So hält man den Pinsel normalerweise. Man faßt den Stiel in der Mitte oder im oberen Drittel.

Abb. 105: Der Abstand des Malers von der Leinwand entspricht etwa der Länge seines ausgestreckten Arms. Auf diese Weise behält der Künstler während des Malens das gesamte Bild im Blickfeld.

102

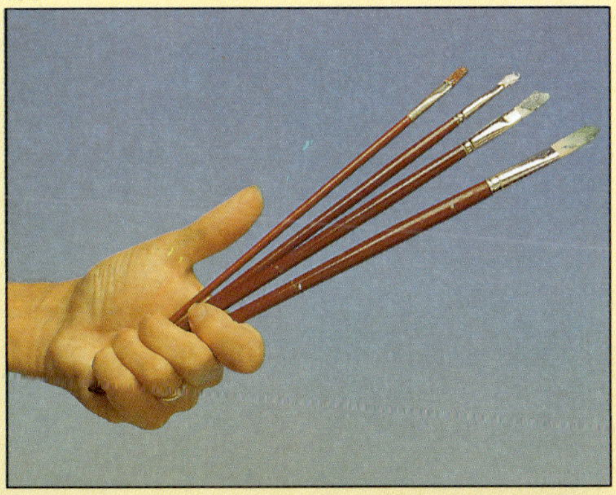

103

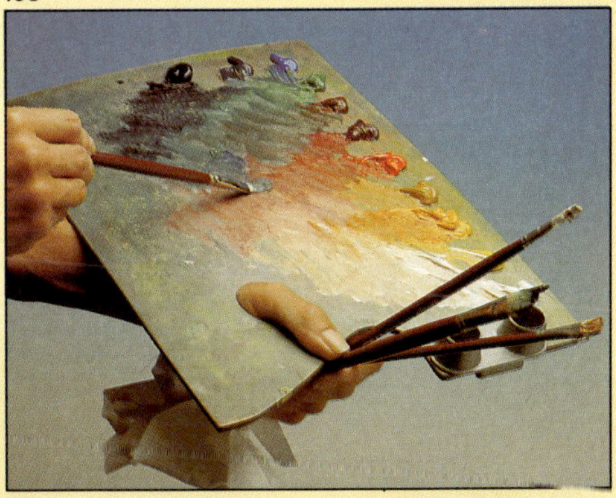

104

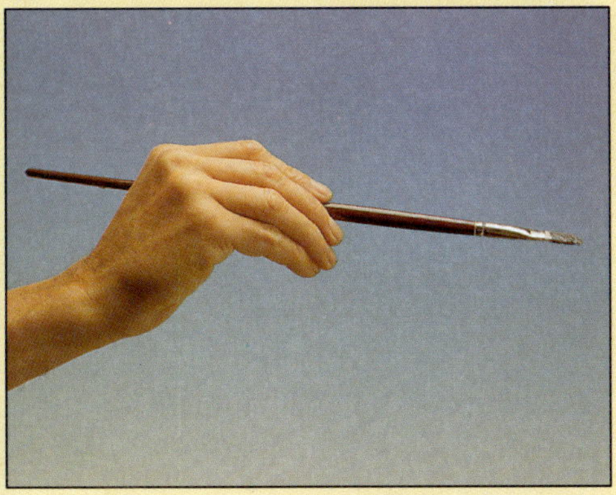

105

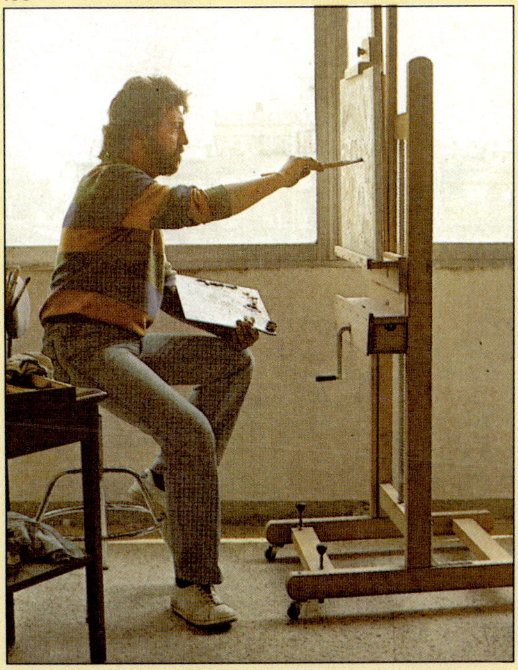

Verschiedene Möglichkeiten, den Pinsel zu halten

Normale Pinselhaltung (Abb. 106). Man hält den Pinsel wie einen Bleistift oder einen Federhalter, faßt den Stiel aber etwas höher. Auf diese Weise kann man in alle Richtungen malen: nach oben, nach unten und diagonal. Außerdem waagerecht, indem man den Pinsel um sich selbst dreht und von links nach rechts oder umgekehrt zieht. Beachten Sie, daß die Leinwand und der Pinsel bei dieser Haltung einen rechten Winkel bilden, so daß Sie, ohne den Haarkörper zu knicken, einen Punkt malen, eine Linie oder einen dünnen Strich ziehen und durch Druck auf den Haarkörper breite, konkrete, energische Pinselstriche anlegen können.

Haltung von Abbildung 107. So gehalten, bekommen Sie ein anderes Ergebnis. Der Pinsel wird mit der Kante aufgesetzt und bildet einen schrägen Winkel mit der Leinwand. Der Pinselstrich ist eher „aufgesetzt", weniger flach und energisch.

Mit dem innenliegenden Stiel (Abb. 108 und 109). Hierbei muß der Stiel tiefer gefaßt werden. Auf diese Weise malt man breite, lockere Pinselstriche ohne Details. Der Haarkörper liegt flach auf und biegt oder spannt sich nicht. Die Farbe bleibt oben auf einer zuvor gemalten Fläche haften. So kann man zum Beispiel hell auf dunkel legen oder mit einem sauberen Pinsel die Farben einer zu harten Linie oder eines zu deutlichen Umrisses verschmelzen.

Ich bitte Sie, diese Haltungen mit einem Pinsel Nr. 12 auf dickem Papier oder Malkarton zu üben und dazu Punkte, Streifen sowie breite, schmale, lockere und energische Striche in alle Richtungen zu malen. Durch nichts lernt man besser als das eigene Experimentieren.

Abb. 106 und 107: Man hält den Pinsel wie einen Bleistift oder wie einen Federhalter (Abb. 106). So kann man ihn durch leichte Drehung um sich selbst in jede Richtung bewegen (Abb. 107).

Abb. 108 und 109: Mit dem innenliegenden Pinselstiel malt man flacher, da sich der Haarkörper völlig auf die Leinwand drücken läßt (Abb. 109). So kann man senkrechte und parallele Striche ziehen.

106

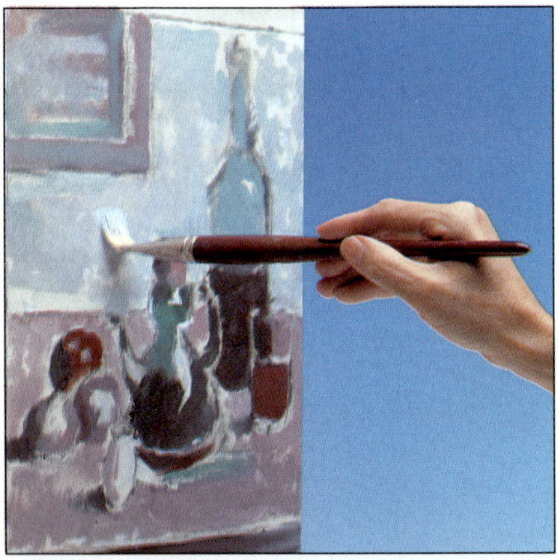

107

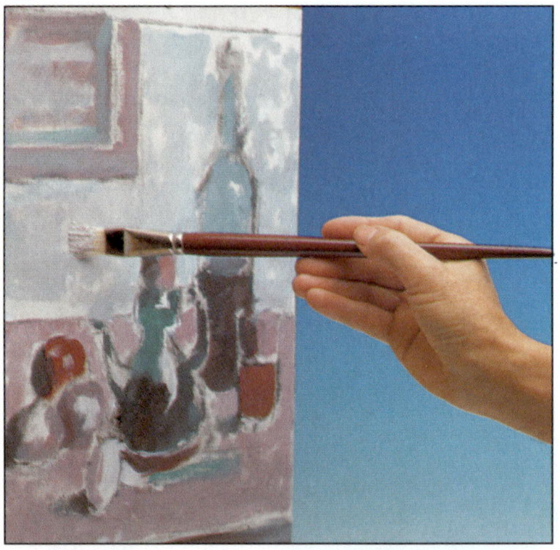

108

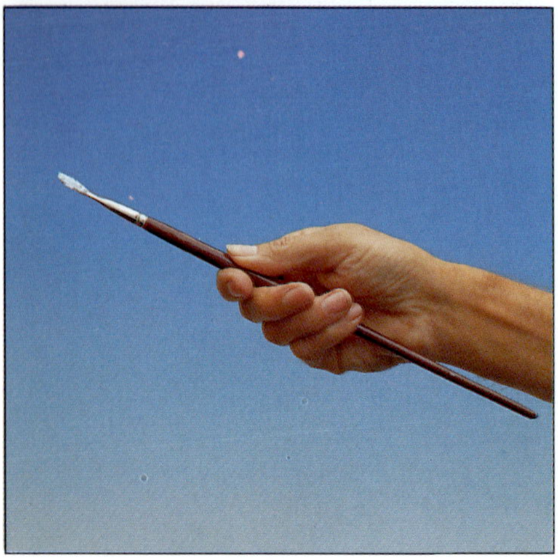

109

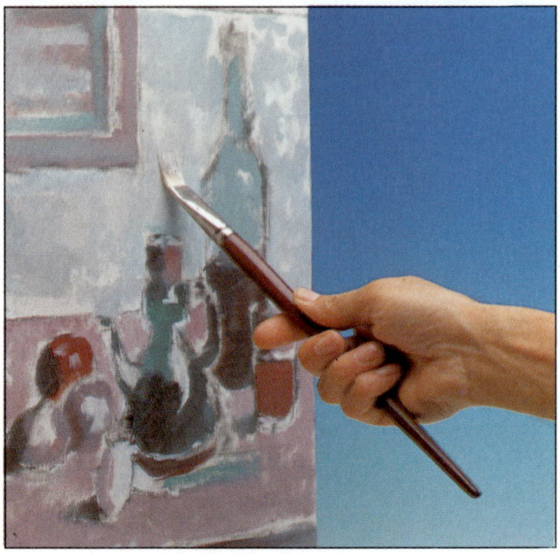

Ein Würfel in Öl

Jetzt werden wir einen Würfel malen. Zunächst müssen wir jedoch sicher sein, daß wir seine Zeichnung beherrschen, damit wir ihn beim Malen unmittelbar darstellen können.
Abbildung 110 zeigt einen Würfel, den ich von oben und in der Schrägperspektive gezeichnet habe. (Beherrschen Sie die perspektivische Zeichnung, können Sie diese Seite überspringen, zur nächsten weiterblättern und zu malen beginnen.

Das ist schon alles. Mehr brauchen Sie nicht zu wissen, um den Würfel zeichnen zu können. Tun Sie es mit einem weichen Bleistift (z.B. 2B) auf beliebigem Zeichenpapier,

110A

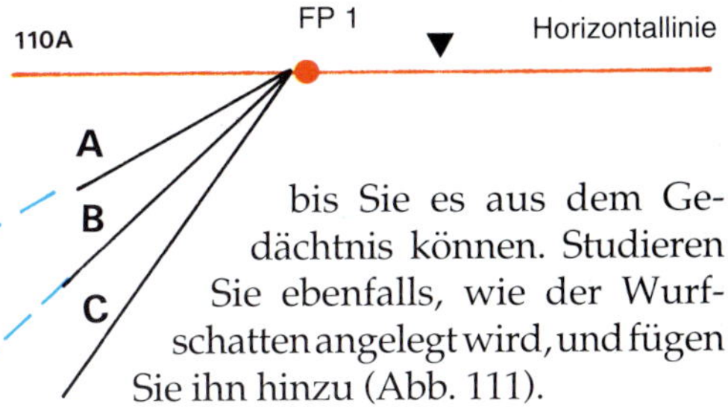

bis Sie es aus dem Gedächtnis können. Studieren Sie ebenfalls, wie der Wurfschatten angelegt wird, und fügen Sie ihn hinzu (Abb. 111).

110

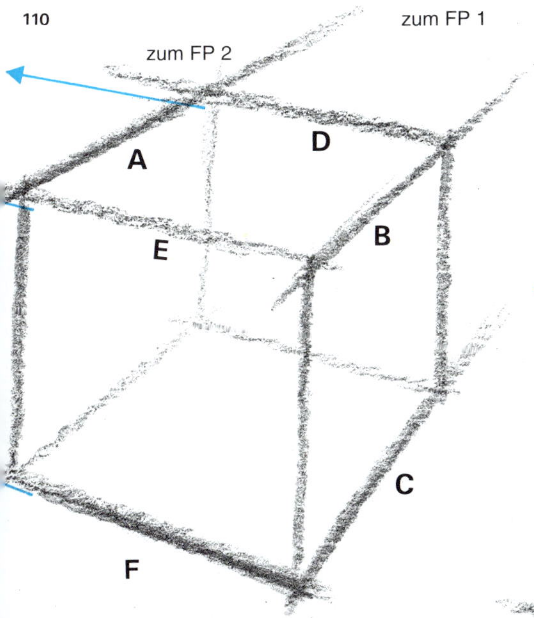

Abb. 110: Ein Würfel in der Schrägperspektive. Die Geraden A, B und C vereinen sich im Fluchtpunkt 1, der auf der Horizontallinie liegt. Dasselbe gilt für die Geraden D, E und F, die zum Fluchtpunkt 2 konvergieren.

Abb. 111: Den Wurfschatten des Würfels erhält man, indem man untereinander parallele Linien durch die oberen Scheitel des Würfels zieht.

111

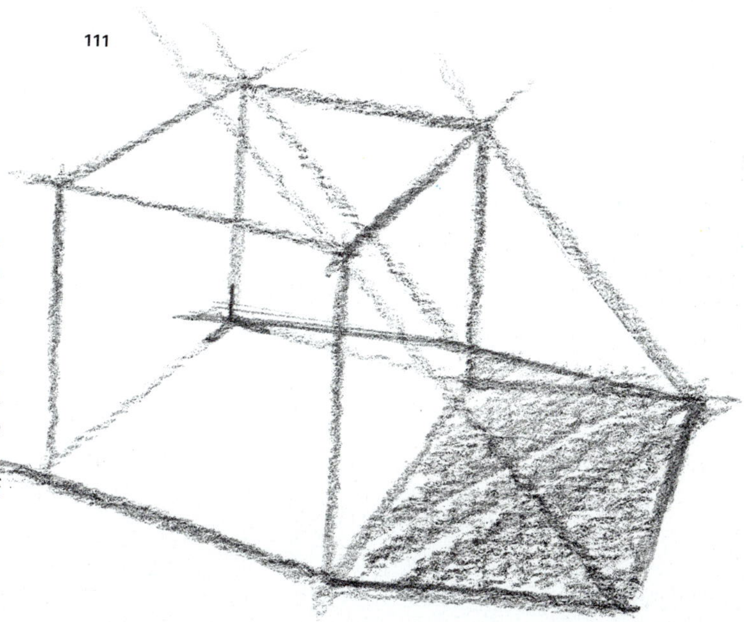

Beachten Sie: Verlängern Sie die Schrägen A, B und C, stellen Sie fest, daß die Geraden im Fluchtpunkt 1 auf der Horizontallinie zusammenlaufen (siehe Schema von Abb. 110A). Die Horizontallinie befindet sich bekanntlich beim nach vorn gerichteten Blick genau in Augenhöhe. Verlängern Sie auch die Schrägen D, E und F, vereinen sich diese im Fluchtpunkt 2, der ebenfalls auf der Horizontallinie liegt.

Ein Würfel in Öl mit Ultramarinblau und Weiß

112

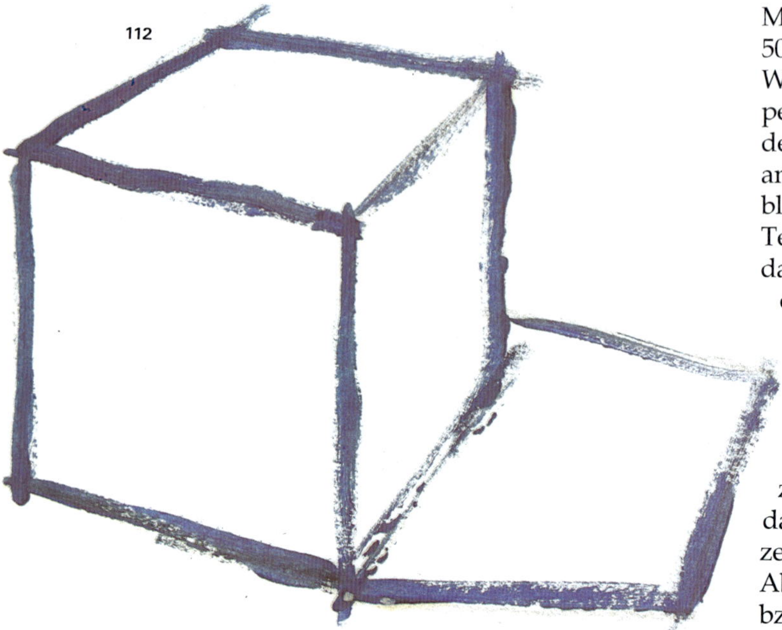

Mit den Farben und dem Material von Seite 50 werden Sie nun den hier abgebildeten Würfel malen. Gießen Sie etwas Balsamterpentin in Ihr kleines Gefäß, feuchten Sie den runden Schweinsborstenpinsel Nr. 6 an, und verdünnen Sie etwas Ultramarinblau auf Ihrer Palette. Aber Achtung: Die Terpentinmenge muß sehr gering sein, damit die Farbe zwar flüssig, aber nicht dünn wird. Zeichnen Sie den Würfel nun, wie auf Abbildung 112 zu sehen. Selbstverständlich aus dem Gedächtnis und ohne Bleistiftskizze. Das müssen Sie inzwischen können. Bereits Ingres sagte: „Man malt, wie man zeichnet." Und ich möchte hinzufügen, daß man beim Malen zwangsläufig auch zeichnet.

Abbildung 113 zeigt den zweiten Schritt bzw. das zweite Stadium. Mit dem Flachpinsel Nr. 8 und Ultramarinblau direkt aus der Tube – also unverdünnt – malen Sie die

113

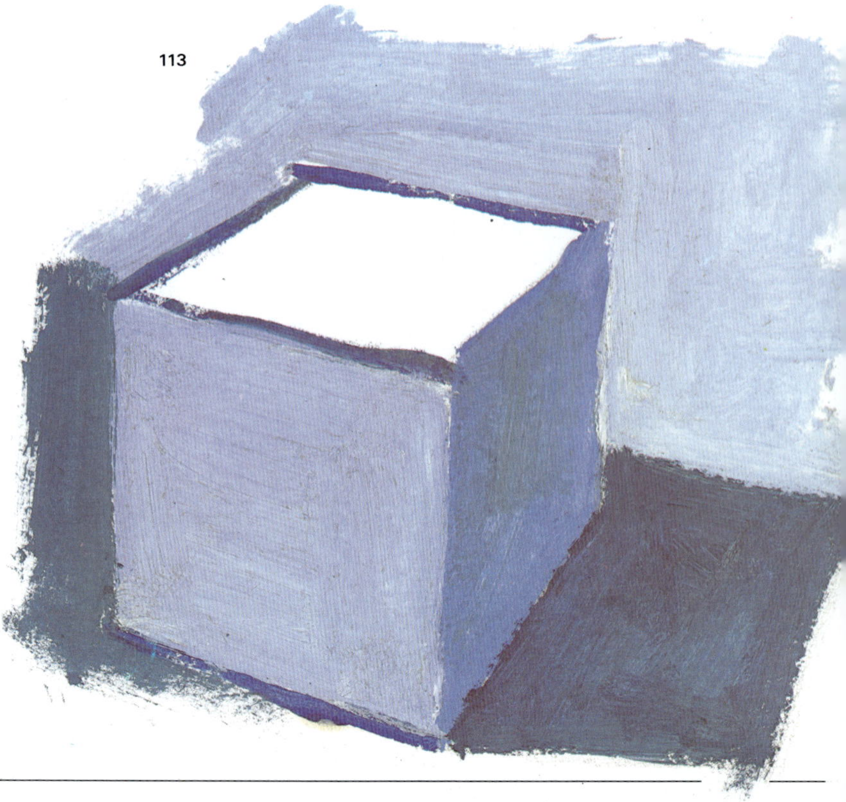

Abb. 112: Zeichnen Sie zunächst mit der Pinselspitze und etwas verdünnter Farbe die Umrisse des Würfels und seines Schattens.

Abb. 113: Mit dem Flachpinsel Nr. 8 und Ultramarinblau sowie je nach Stärke von Licht und Schatten unterschiedlichen Anteilen Weiß dekken Sie die einzelnen Würfelseiten ab.

dunkle Form, die dem Wurfschatten entspricht, und jenen dunklen Farbfleck, der die beleuchtete Seite des Würfels begrenzt. Mit demselben Pinsel hellen Sie das Blau ein wenig mit Weiß auf und malen die schattige Seite – den Eigenschatten – des Würfels. Mit einem noch helleren Blau folgt die Vorderseite. Diese können Sie mit viel Farbe, also einer dicken Schicht, malen. Schließlich legen Sie den Hintergrund an, und zwar mit derselben Farbe wie für die vorige Seite.

Beenden Sie die Arbeit entsprechend dem Modell auf Abbildung 114. Sie werden feststellen, daß Sie die Oberfläche des Würfels sowie den Hintergrund mit einem Rundpinsel Nr. 6 – mit dem Sie in die Scheitel eindringen können – und leicht blaustichigem Weiß (nur eine Spur Blau) noch einmal überarbeiten müssen. Ferner habe ich den Hintergrund neu aufgebaut, die Würfelkanten überarbeitet und die vordere und die seitliche Fläche übermalt. Kurz gesagt, fast alle Formen, Farben und Töne des Modells wurden besser angepaßt. Tun Sie dies bitte ebenfalls.

Zum Abschluß zwei Ratschläge. Der erste ist technischer Art: Reinigen Sie Ihre Pinsel sorgfältig mit einem Lappen, vor allem, wenn Sie von dunklerem Blau zu hellerem wechseln. Der zweite Rat ist ein künstlerischer: Bedenken Sie beim Malen, daß der Pinselstrich die Form umschließen und ausdrücken muß, allerdings ohne dem Rhythmus und der Richtung mathematisch genau zu folgen.

Auf den Würfel bezogen, heißt das, die Striche müssen sich den Winkeln anpassen und einen senkrechten, waagerechten und schrägen Verlauf nehmen.

Abb. 114: Malen Sie die Oberseite sowie den Hintergrund mit dem Pinsel Nr. 12, und verwenden Sie einen Rundpinsel Nr. 6 für die Überarbeitung der Umrisse und der Winkel des Würfels.

114

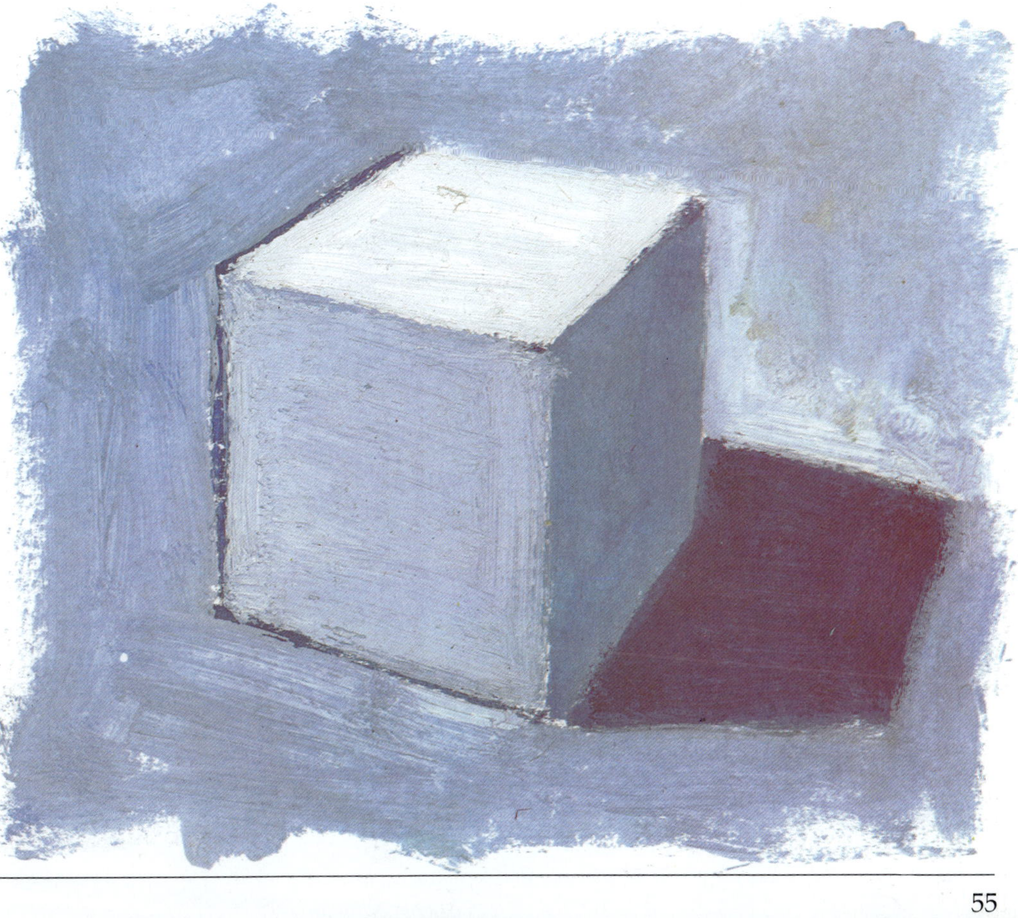

Eine Kugel in Öl

115

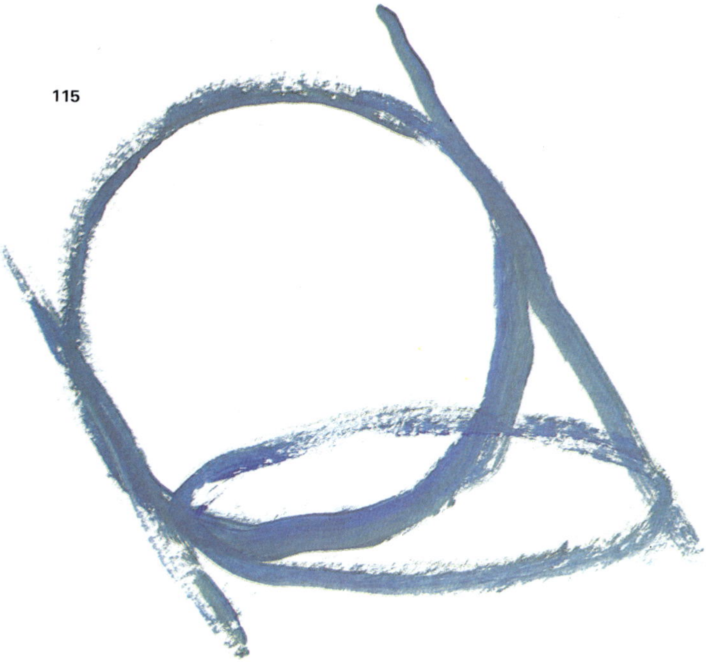

Was wir zum Würfel gesagt haben, gilt praktisch auch für diese Kugel. Bauen Sie die Kugel und deren Wurfschatten also zunächst auf, und bestimmen Sie dafür die Ellipse zu Füßen des Kreises (Abb. 115). Malen Sie mit dem Rundpinsel Nr. 6 und Ultramarinblau, das Sie ganz wenig mit Balsamterpentin verdünnt haben. Sollte die Farbe zu laufen beginnen und sich Ölflekken bilden, haben Sie zuviel Balsamterpentin hinzugefügt. Malen Sie anschließend mit dem Pinsel Nr. 8 und Ultramarinblau direkt aus der Tube – also ohne es mit Weiß zu mischen – den Wurfschatten und den Eigenschatten der Kugel. Für letzteren sollte der Pinsel beinahe trocken sein. Legen Sie den Schatten leicht über den Malgrund reibend an, wie auf Abbildung 116 zu sehen. Mit dem Pinsel Nr. 12 und Weiß, zu dem Sie eine Spur Ultramarinblau geben, malen Sie den Hintergrund. Und zwar mutig, mit viel Farbe und einem gutgefüllten Pinsel.

116

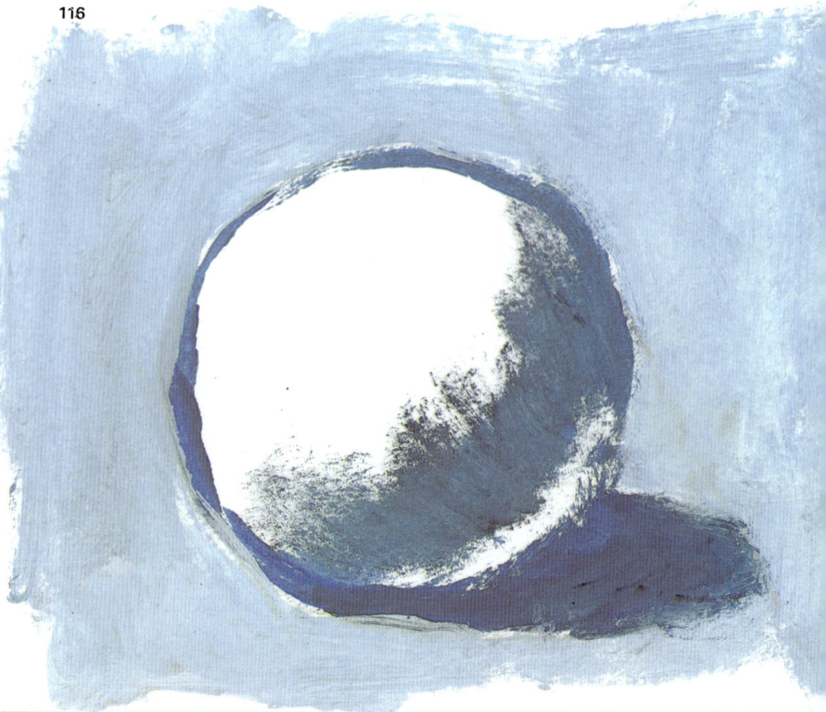

Abb. 115: Immer noch mit dem Rundpinsel Nr. 6 und verdünntem Ultramarinblau malen wir nun eine Kugel. Wir beginnen mit dem Umriß und einer Ellipse für seinen Schatten. Dabei halten wir uns an dieselbe Methode wie beim Würfel.

Abb. 116: Ohne das Ultramarinblau mit Weiß zu mischen, malen wir mit dem Pinsel Nr. 8 den Eigenschatten der Kugel sowie den Wurfschatten. Der Hintergrund sollte mit dem Pinsel Nr. 12 und Weiß angelegt werden, in das man eine Spur Ultramarin mischt.

Abb. 117: Die Kugel wird mit dem Pinsel Nr. 8 modelliert. Wir beginnen mit den mittleren Tönen, legen die Striche kreisförmig an und verschmelzen sie mit dem dunkleren Blau am Fuß der Kugel sowie den helleren Tönen im oberen Abschnitt. Mit einem mittleren Ton geben wir das reflektierte Licht rechts unten wieder. Sorgen Sie dafür, daß die Richtung des Pinselstrichs immer der runden Form des Modells folgt.

Modellieren Sie zum Abschluß die Kugel mit dem Pinsel Nr. 8, wie Abbildung 117 zeigt. Malen Sie zunächst mit mittlerem Blau kreisförmig jene Fläche, die das Spitzlicht oder die hellste Stelle umgibt. Verschmelzen Sie dieses Mittelblau anschließend mit dem Dunkelblau des Eigenschattens. Fahren Sie mit Weiß und dem Rundpinsel Nr. 6 für die beleuchtete Stelle und das Spitzlicht fort.

Aber Achtung! Malen Sie nicht unaufhörlich weiter, bis die Kugel restlos fertiggestellt ist. Kehren Sie noch einmal zum Hintergrund zurück. Aus Abbildung 117 geht hervor, daß die Farbe des Hintergrunds ein wenig in den Umriß der Kugel übergeht.

Nehmen Sie sich die Kugel erneut vor, und stellen Sie mit einem sauberen Pinsel das reflektierte Licht unten rechts dar. Legen Sie reines Weiß in die Mitte des Spitzlichts, und verschmelzen Sie dieses beinahe ohne zu reiben mit der blauen mittleren Zone. Vergessen Sie nicht, daß die Pinselstriche die Form umschließen und ausdrücken müssen.

Zum Abschluß sollte Ihre Kugel so ähnlich aussehen wie das Modell (Abb. 117). Sorgen Sie für einen guten Übergang von Licht und Schatten. Er ist sanft und fortlaufend und entsteht mit Hilfe geschwungener Pinselstriche, die sich der Form des Körpers anpassen. Achten Sie darauf, daß unten an der Kugel ein weißer Rand erscheint, der sich aus dem vom Tisch reflektierten Licht ergibt. Dieser Reflex ist wichtig für eine überzeugende Darstellung.

117

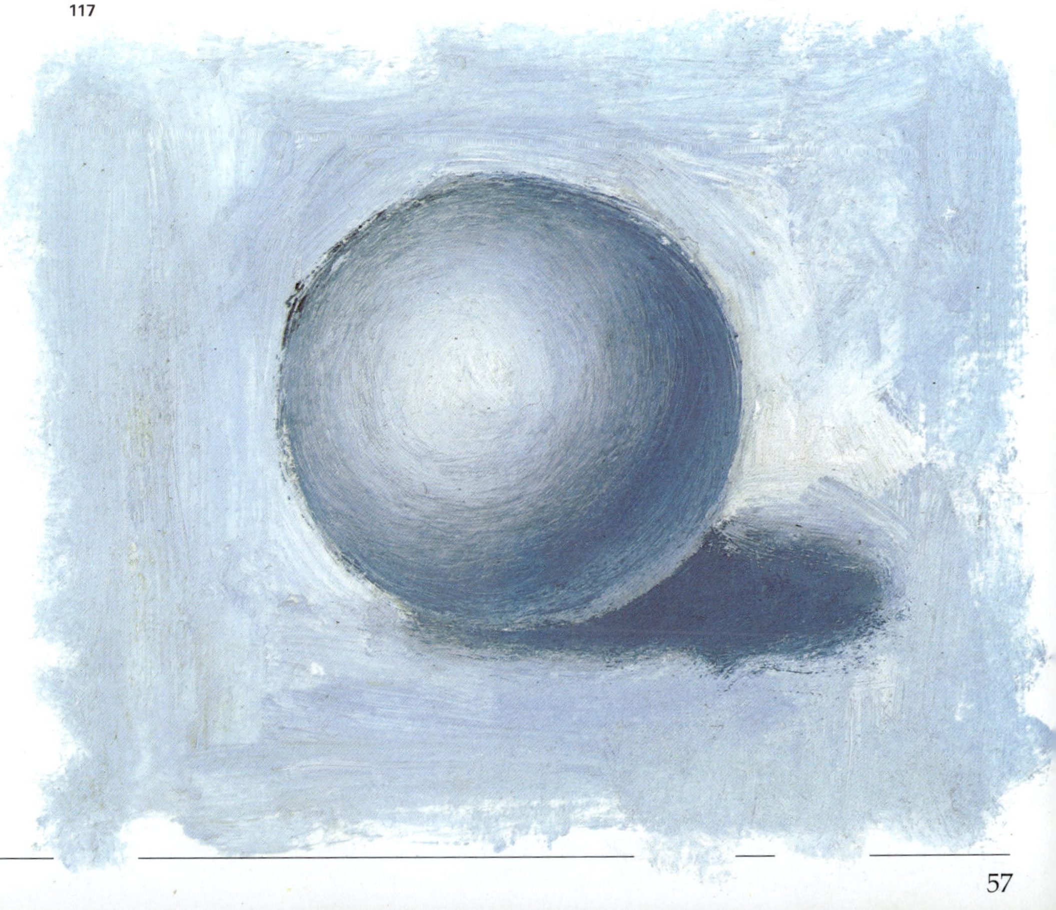

Ein Tonkrug und eine Schale mit einer Farbe

118

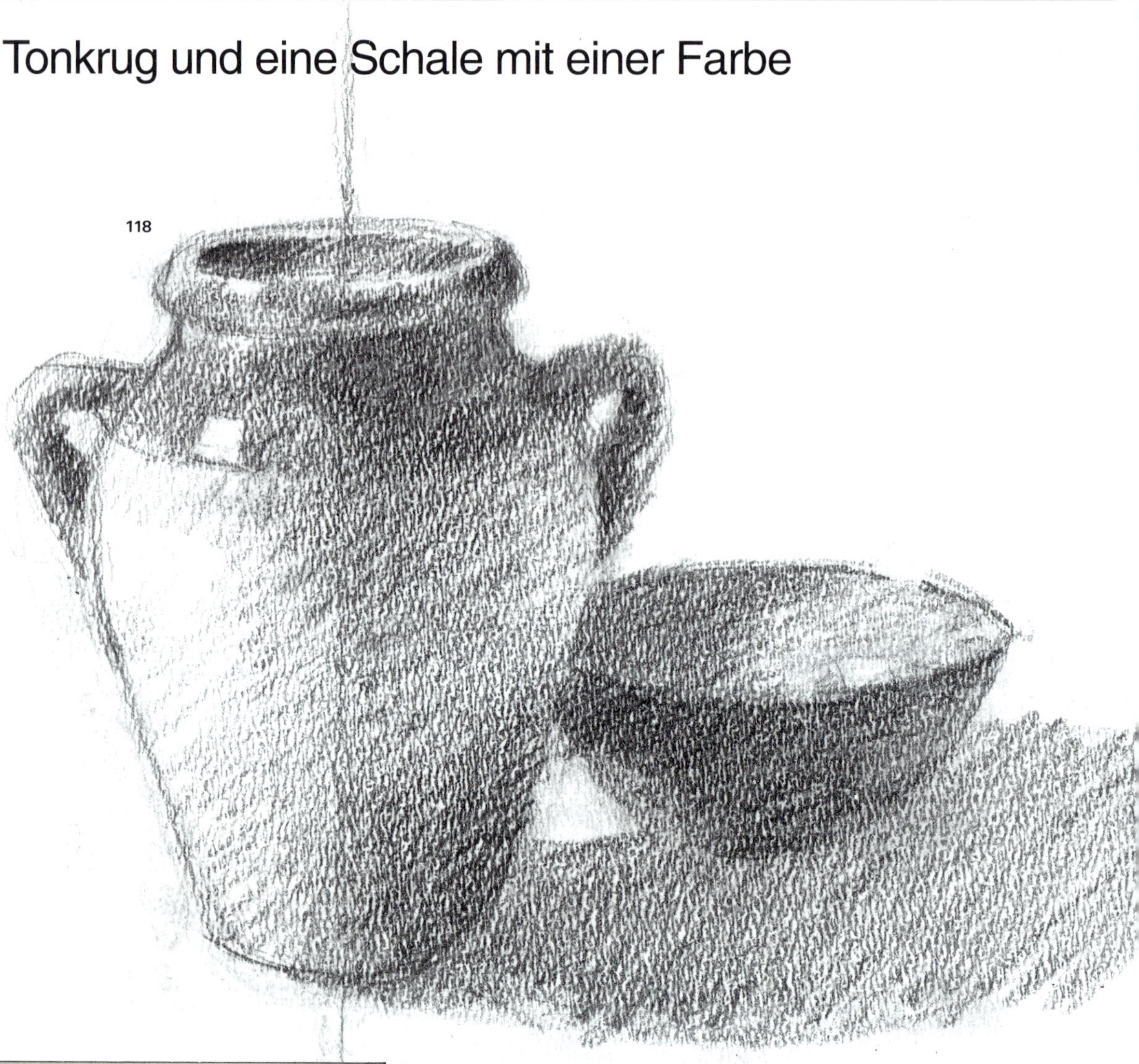

119

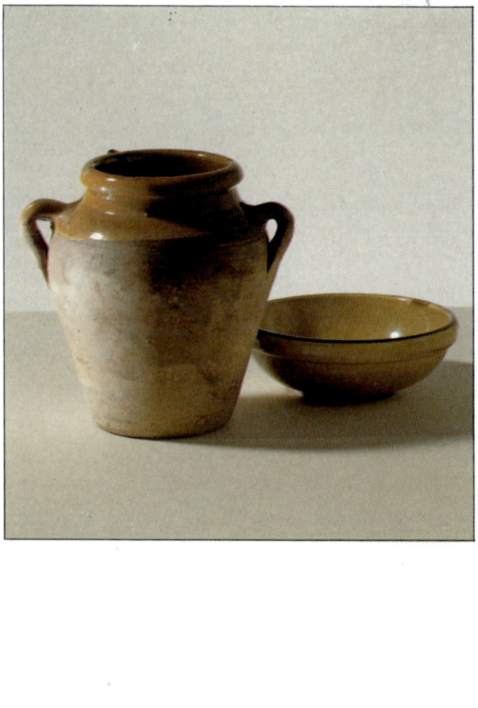

Abb. 118: Das Modell für die folgende Übung: ein Tonkrug sowie eine kleine lasierte Tonschüssel.

Abb. 119: Zeichnen Sie das Modell zunächst auf einem Extrablatt mit Bleistift, bis Ihnen die Formen sowie das Spiel von Licht und Schatten vertraut sind.

Ein Krug, eine Blumenvase, ein Topf oder ein sonstiges Gefäß aus Ton sowie eine Schale ebenfalls aus Ton bilden das Modell für diese Übung (Abb. 119). Ich hoffe, Sie können die Elemente mühelos zu Hause oder in einem Töpferladen besorgen. Die Zeichnung für diese Übung ist relativ einfach, da sowohl der Krug als auch die kleine Schale symmetrisch aufgebaut sind und eine sehr schlichte Form besitzen. Zeichenprobleme tauchen also nicht auf. Auch keine Farbprobleme, da Sie weiterhin mit einer einzigen Farbe malen werden, in diesem Fall mit Umbra gebrannt, das besser zum Modell paßt. Es geht also immer noch um die handwerkliche Praxis, die flüssige und die breiige Konsistenz der Farbe, die Haltung des Pinsels etc.

120

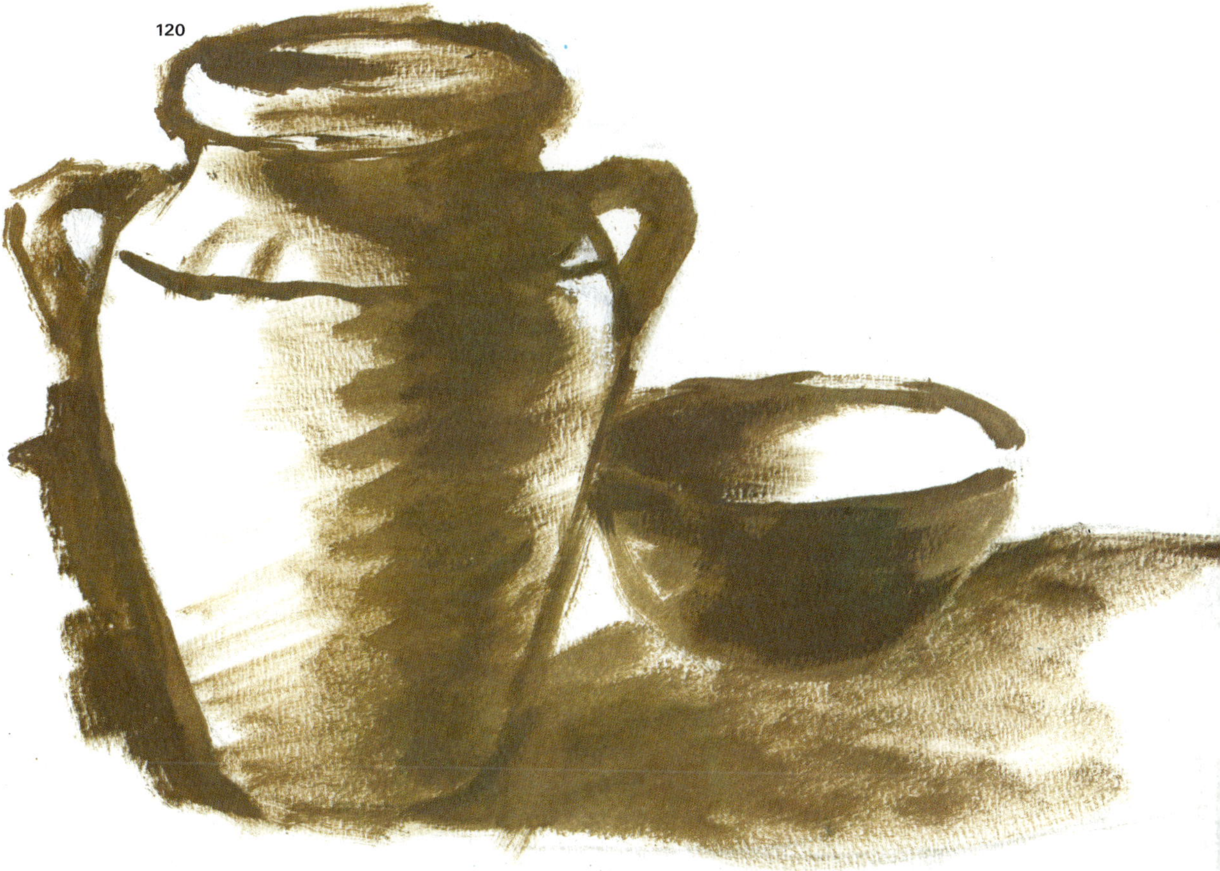

Fangen wir an. Zeichnen Sie das Modell wie bei der vorigen Übung ein- oder zweimal auf einem Extrablatt in dem Stil, den ich ebenfalls verwendet habe (Abb. 118). Untersuchen Sie dazu das gesamte Spiel von Licht und Schatten, und stellen Sie es dar.

Malen Sie auf dickem Zeichenpapier oder Malpappe von etwa 30 x 30 cm.

Arbeiten Sie mit dem Rundpinsel Nr. 4 und Umbra gebrannt, das Sie mit ganz wenig – ich wiederhole, ganz wenig – Balsamterpentin verdünnt haben, und zeichnen Sie das gesamte Modell aus Krug und Schale, bis Ihre Arbeit meiner Skizze von Abbildung 120 entspricht. Diese habe ich allerdings mit einem Pinsel Nr. 12 sowie etwas dickerer Farbe direkt aus der Tube angelegt. Beachten Sie, daß ich den Übergang von Licht und Schatten auf dem Krug mit Hilfe des mitteltrockenen Pinsels und Strichen von rechts nach links dargestellt habe. Umgekehrt verlaufen die Striche für das reflektierte Licht an der rechten Begrenzung. Ich hatte die Absicht, eine Skizze anzufertigen, die in diesem „skizzierten Zustand" hätte bleiben können. Dabei folgte ich Ingres' Rat, der sagte: „Ein Bild muß immer als Ganzes fortschreiten und schrittweise von einer Skizze zu einer detaillierteren Farbstudie und dem endgültigen Werk ausgearbeitet werden."

Abb. 120: Arbeiten Sie auf dickem Papier oder Malpappe, und legen Sie mit dem Pinsel Nr. 4 und Umbra gebrannt die Umrisse an. Verdünnen Sie die Farbe dazu ausreichend mit Balsamterpentin.

Zweites und drittes Stadium

121

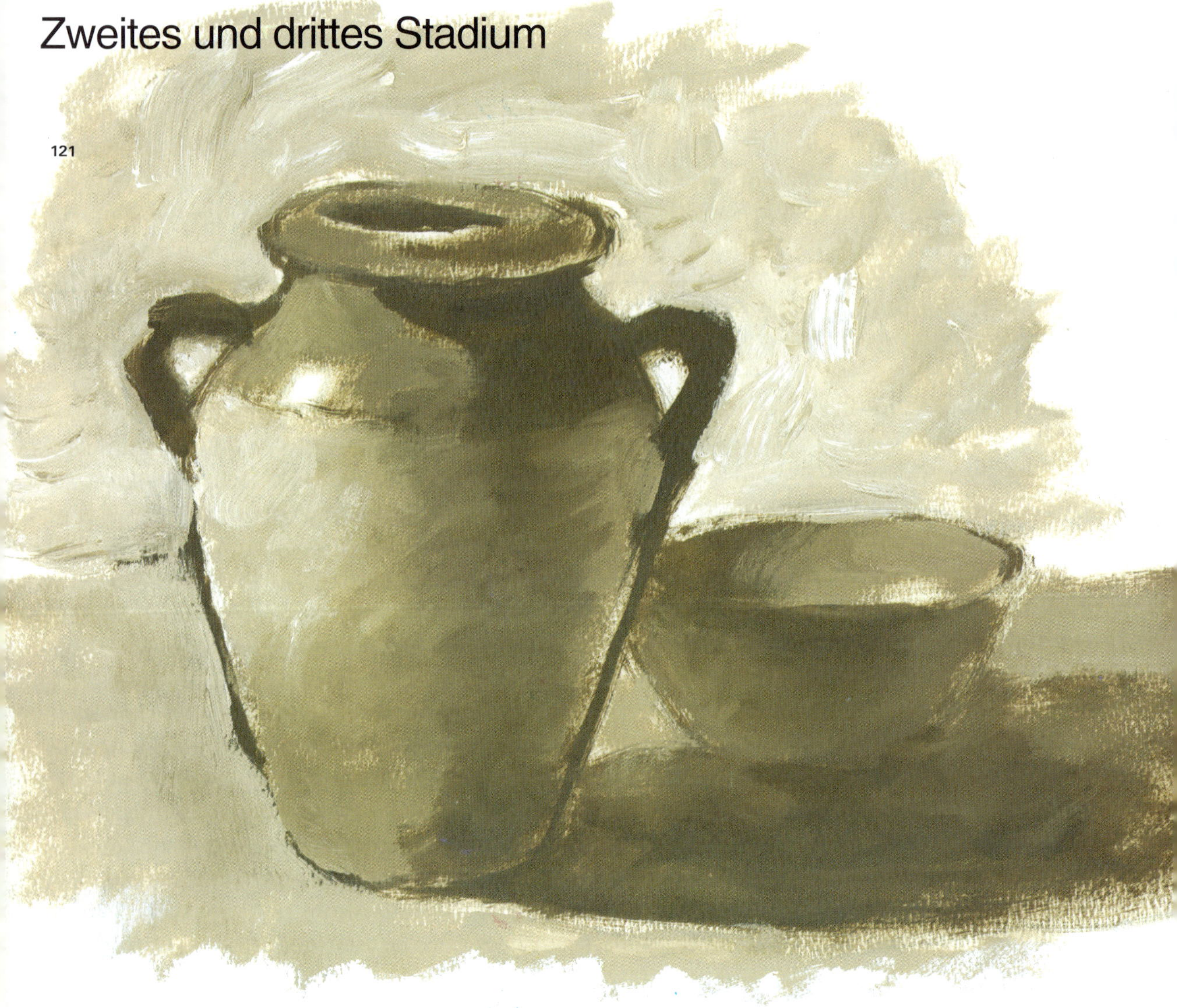

Im zweiten Stadium schattieren wir das Modell und arbeiten gleichzeitig das Volumen heraus, aber nur in großen Zügen. Rasch legen wir Farbe auf die Formen und den Hintergrund, um das Weiß des Papiers abzudecken, das falsche Kontraste erzeugen könnte. Es macht nichts, wenn Sie „über die Linie geraten", also einige Striche zu lang werden, vorausgesetzt, diese verändern die ursprüngliche Form nicht. Machen Sie es wie ich, und deuten Sie eine Begrenzung auf dem Papier an, die die Kante eines Tisches sein könnte, auf dem sich die beiden Elemente befinden.
Arbeiten Sie zügig, und sparen Sie beim Malen das Weiß für die Spitzlichter aus.
Legen Sie ebenfalls die Wurfschatten der beiden Gefäße an.
Geschafft? Damit kommen wir bereits zum dritten und letzten Stadium **(Abb. 122).**
Es empfiehlt sich, nun eine Pause von drei oder vier Stunden einzulegen und die Arbeit dann erst wieder aufzunehmen. Diese Zeit ist erforderlich – und reicht aus –, um anschließend „mit frischem Blick" zu erkennen, was noch zu tun bleibt, um ein besseres Ergebnis zu erhalten. Gleichzeitig trocknet die Farbe ein wenig, wenn auch nicht vollständig, so daß sie einen gewissen „Biß" erhält, auf dem sich ideal weiterzeichnen und -malen läßt.

Abb. 121: Nun wird die Zeichnung schattiert. Dabei passen wir die Formen mit Hilfe aller Tonwerte von Licht und Schatten stärker an und mischen für die helleren Töne Weiß ins Umbra gebrannt.

122

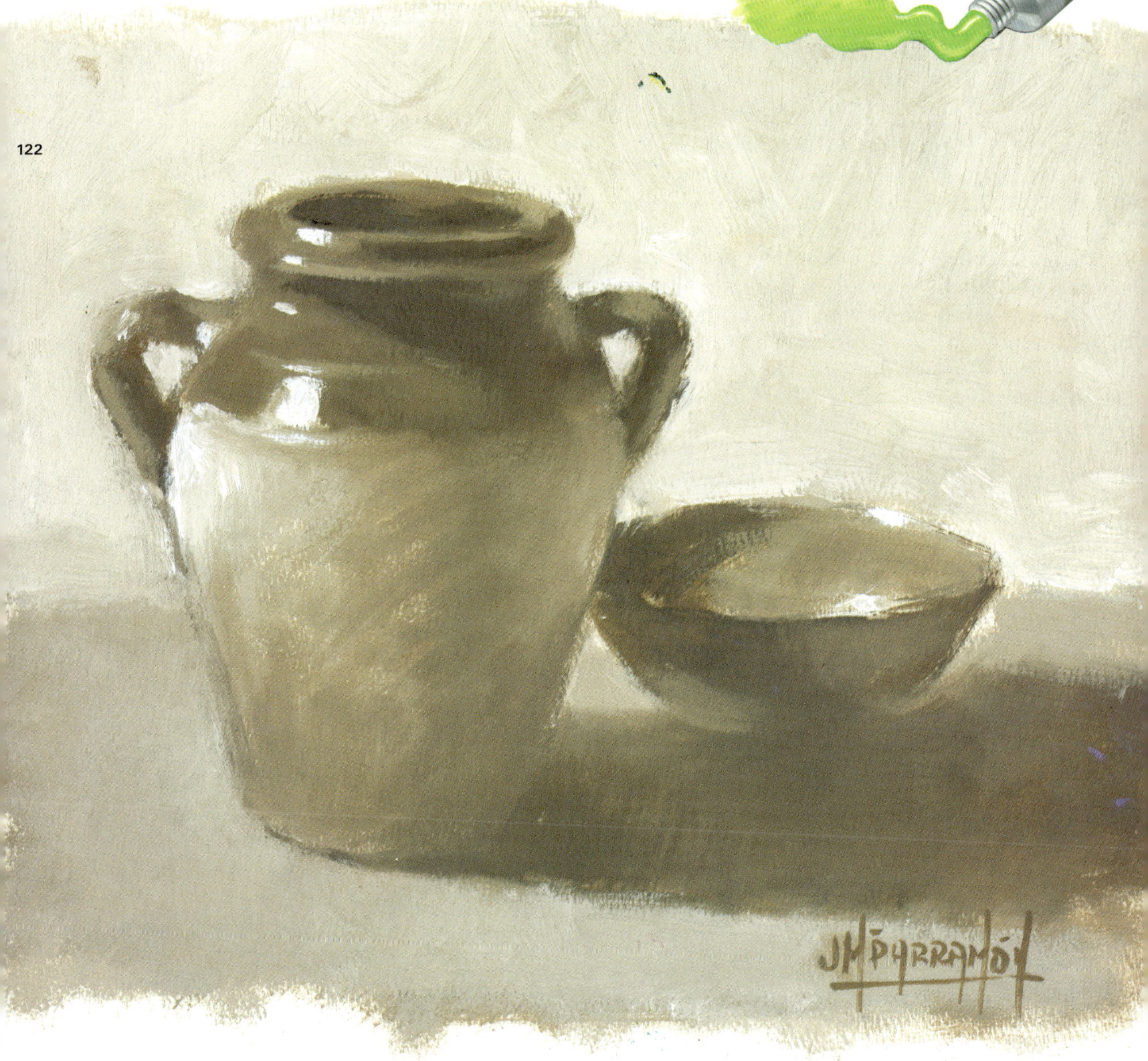

Abb. 122: Hier das fertige Bild: Die Töne sind berichtigt worden und wurden miteinander verschmolzen. Die Formen des Modells sind aufgebaut, und die Farben und Tonwerte entsprechen den Angaben des Modells.

In diesem letzten Stadium muß man in manchen Fällen „über die Linie" geraten, um anschließend die Form oder eine Begrenzung beschneiden und korrigieren zu können, wie ich es hier getan habe. Sie erkennen es an der hinteren Begrenzung des Krugrands (Abb. 121).

Malen Sie die Spitzlichter noch nicht. Lassen Sie diese bis zuletzt, wenn sicher ist, daß Sie nicht mehr zu retuschieren brauchen. Arbeiten Sie den Körper der beiden Gefäße, das Äußere des Krugs und das Innere der Schale aus. Aber Achtung: Verhalten Sie sich nicht wie ein schlechter Hobbymaler, der jedes Bildelement unablässig übermalt und abstuft, bis alles wie abgeleckt und viel zu „bombastisch" wirkt. Nein, bitte nicht. Bleiben Sie bei dieser Arbeit und später immer locker, und hüten Sie sich vor einer zu perfekten Ausarbeitung. („Perfekt ausgearbeitet, bedeutet tot", erklärte Picasso). Und nun zum Hintergrund einschließlich des Tisches, für den Sie locker und mit gutgefülltem Pinsel ans Werk gehen können. Verwenden Sie die Farbe, wie sie aus der Tube kommt. Nur Mut! Noch ein letztes, das ich als Postskriptum anfüge, damit Sie es besser behalten: Achten Sie auf die Pinselrichtung, die immer die Form umschließen und ausdrücken muß. Viel Glück und Freude dabei.

Ein Stilleben mit zwei Farben und Weiß

Nun werden Sie mit zwei Farben malen, nämlich mit Englischrot dunkel und Chromoxidgrün feurig (plus Weiß). Neben den vorigen Schweinsborstenpinseln brauchen Sie zwei weitere: einen Flachpinsel Nr. 4 und einen Flachpinsel Nr. 14. Außerdem benötigen Sie Zeichenkohle für die Vorzeichnung sowie ein Sprayfixativ. Das übrige Material bleibt dasselbe wie zuvor. Wie aus den Farbmustern unten auf dieser Seite hervorgeht, läßt sich mit den beiden genannten Farben und Weiß eine breite Skala mischen, die von etwas schmutzigem Rot über helles Rosa und intensives Grün sowie warmen (rotstichigen) und kalten (grünstichigen) schwarzen und grauen Tönen bis zu hellem Grün reicht. Ich rate Ihnen, mit diesen beiden Farben und Weiß vorab einige Proben auf dickem Papier zu malen.
Und nun zu unserem Bild mit Englischrot und Chromoxidgrün feurig (plus Weiß).

Abb. 123: Meine Palette mit einigen Mischungen aus den drei Farben, die ich für die folgende Übung verwenden werde: Titanweiß, Englischrot dunkel und Chromoxidgrün feurig. Die Pinsel sind dieselben wie zuvor. Hinzu kommen zwei flache Schweinsborstenpinsel der Nummern 4 und 14.

123

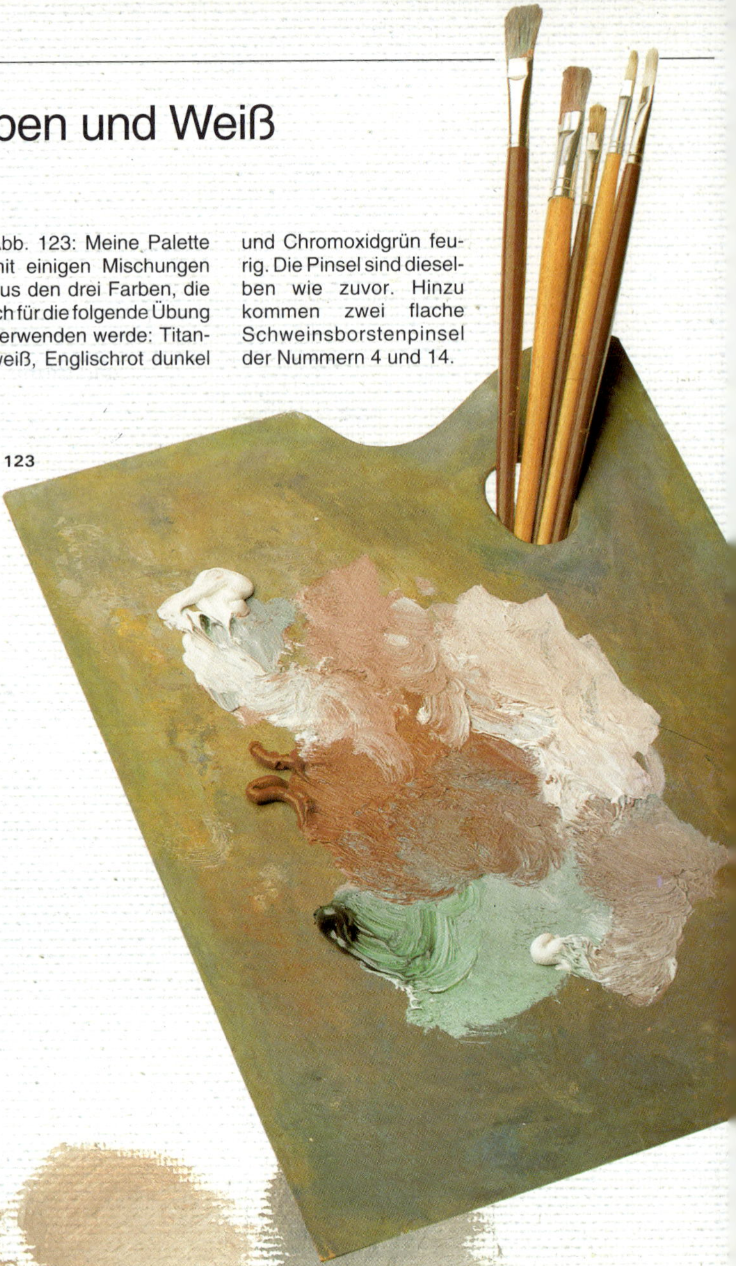

124

Abb. 124: Es ist ratsam, vor Beginn der eigentlichen Arbeit einige Proben auf dickem Papier zu malen. Die Abbildung zeigt eine Reihe von Farben, die durch Mischung von Englischrot dunkel und Chromoxidgrün feurig sowie Weiß zu erreichen sind.

125

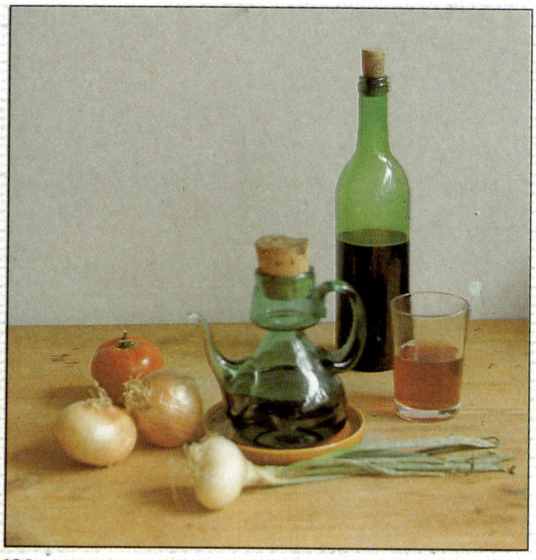

126

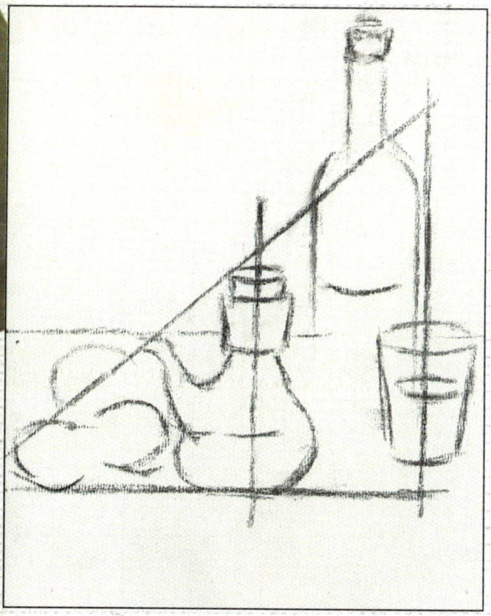

Hier mein Modell (Abb. 125). Stellen Sie ebenfalls ein Modell zusammen, das eine Harmonieskala wie dieses besitzt, die mit den beiden genannten Farben erzielt werden kann. Auch wenn die Elemente Ihres Modells nicht genau mit meinen übereinstimmen, empfehle ich, ebenfalls eine dreieckige Komposition zu wählen. Sie entspricht jener klassischen Regel von Platon, die besagt: „Komponieren heißt, EINHEIT innerhalb der VIELFALT zu erreichen." Wie Sie sehen, habe ich ein Bild im Hintergrund eingefügt (Abb. 127), um die zu große Einheit zu brechen. Doch von der Kunst der Komposition wird erst später die Rede sein.

Fertigen Sie zunächst auf einer Leinwand oder einer Malpappe von etwa 37 x 32 cm die Vorzeichnung des Modells an. Beginnen Sie mit dem Dreieck als Rahmen, und skizzieren Sie anschließend das Modell hinein (Abb. 126).

Konkretisieren Sie die Formen samt Licht und Schatten, und holen Sie die Spitzlichter mit einem Radiergummi hervor, wie auf Abbildung 127 zu sehen. Übrigens habe ich meine Vorzeichnung erheblich zu stark geschwärzt. Sie ist ein schlechtes Beispiel, das gebe ich zu, denn sie enthält fast keine Tonwertabstufungen. Das wurde mir klar, als ich die Zeichnung fixierte. Berücksichtigen Sie das bitte.

Abb. 125: Für das Modell habe ich Elemente gewählt, die zu der Skala aus den drei Farben meiner Palette passen.

Abb. 126: Die Komposition dieses Stillebens entspricht der Regel Platons, die Einheit innerhalb der Vielfalt der Bildelemente verlangt. Hier sehen Sie, wie diese Vielfalt innerhalb der Komposition in Form eines Dreiecks entsteht.

Abb. 127: Die Vorzeichnung mit allen Tonwerten von Licht und Schatten. Allerdings ist sie etwas zu kräftig geraten. Vergessen Sie nicht, Ihre Kohlezeichnung zu fixieren, damit die Farbe nicht von der Kohle verschmutzt wird.

127

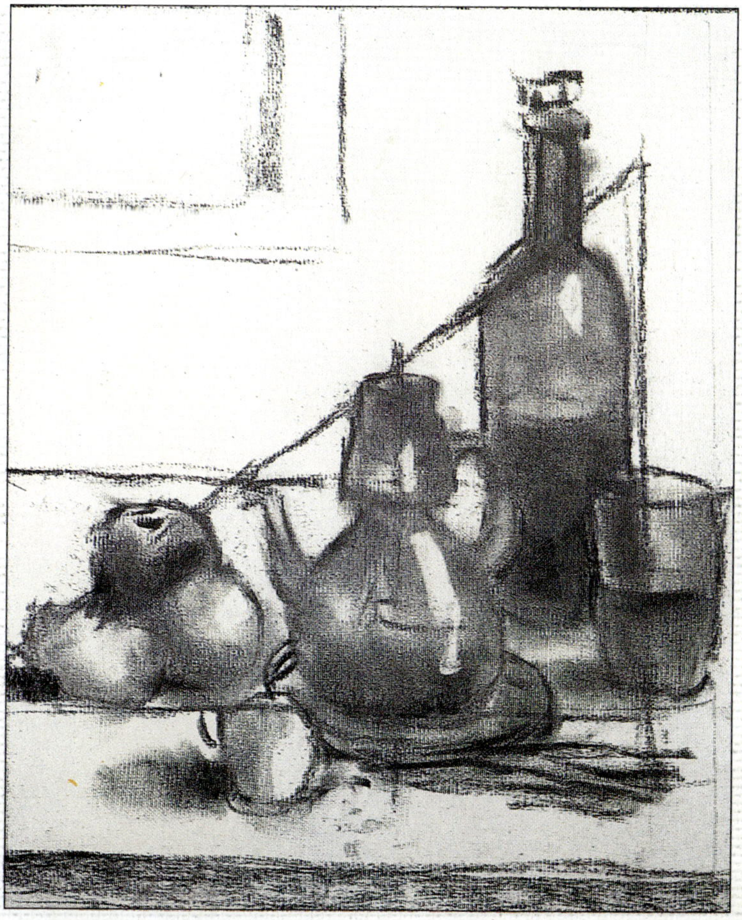

Zweites und drittes Stadium

Wenn Sie zuvor die Farben untersucht haben, die sich aus Englischrot, Chromoxidgrün feurig und Weiß mischen lassen, sind Sie auf bestem Weg, die Töne und Nuancen zu erreichen, die Sie an Ihrem Modell erkennen. Die Tomate und der Wein sind rot, die Flasche und die Ölkanne sind grün, und die Zwiebeln sind grau (aus der Mischung von Rot und Grün plus Weiß). Derartige Mischungen von mehr oder weniger Rot und Grün mit unterschiedlichen Anteilen von Weiß benötigen Sie für die gesamte Darstellung. Bei den dunkelsten Tönen können Sie auf Weiß verzichten. Später, wenn Sie mit allen Farben malen, werden Sie erfahren, daß Rot und Grün Komplementärfarben sind. Gleichzeitig werden Sie feststellen, daß die Mischung zweier Komplementärfarben theoretisch Schwarz ergibt. Fügen wir Weiß hinzu, erhalten wir natürlich Grau. Enthält dieses Grau mehr Rot als Grün, handelt es sich um ein warmes Grau wie bei dem Wein in der Flasche und den Nuancen des Weins im Glas. Befindet sich dagegen mehr Grün als Rot in der Mischung, wird das Schwarz grünstichig wie bei dem Öl in der Kanne. Die Schattenfarbe besteht grundsätzlich aus der Lokalfarbe des Körpers, der Komplementärfarbe der Lokalfarbe sowie Blau. Da die Eigenfarbe der Tomate rot ist, befindet sich in deren Schatten Grün (die Komplementärfarbe von Rot). Der Hintergrund, also die Wand, besteht aus einer Mischung beider Farben beinahe zu gleichen Teilen plus Weiß. Sie enthält vielleicht eine Spur mehr Grün als Rot, so daß ein grünstichiges Schwarz entsteht, zu dem das Weiß kommt. Mehr brauche ich wohl nicht zu sagen, damit Sie dieses Stilleben malen können und neben der Technik der Ölmalerei auch praktische Erfahrungen im Mischen erwerben. Alles weitere liegt nun bei Ihnen.

Abb. 128: Im ersten Stadium ist die Leinwand mit unzähligen Tönen aus der Mischung der drei Farben bedeckt. Streben Sie gleich zu Beginn den höchstmöglichen Farbenreichtum an, um keine Monotonie aufkommen zu lassen.

Abb. 129: Jetzt müssen einige Farben verschmolzen werden, um den Übergang von Licht und Schatten herzustellen und die Begrenzungen zwischen den Elementen zu definieren.

128

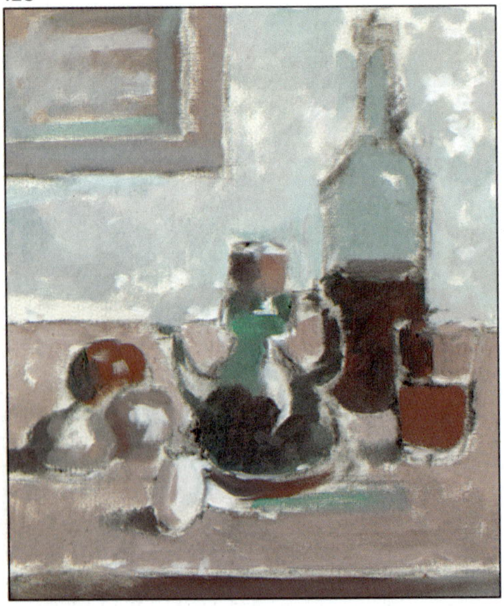

129

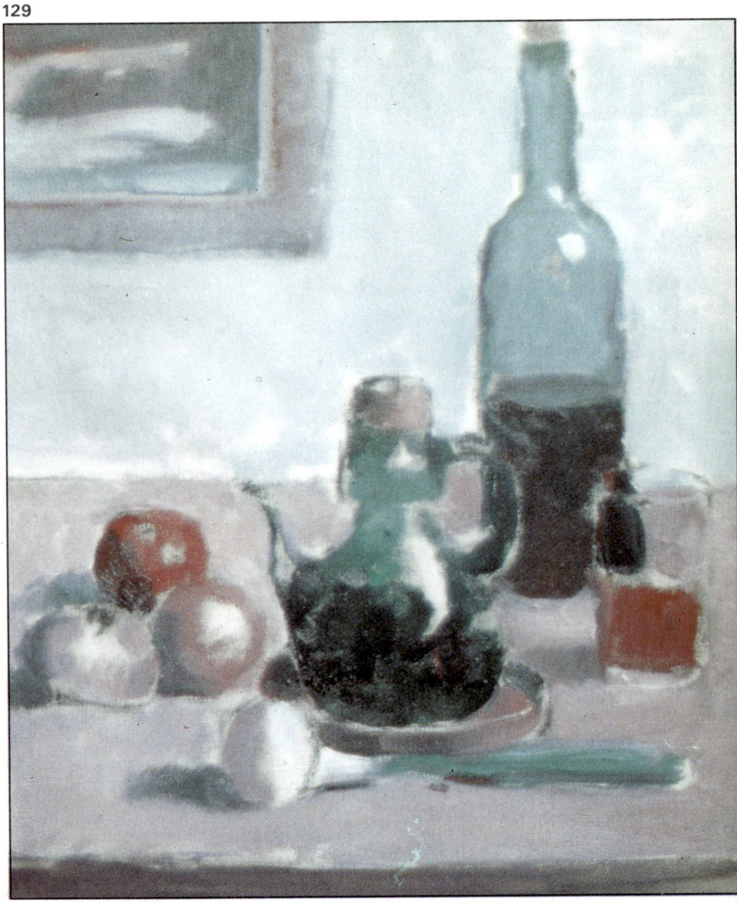

130

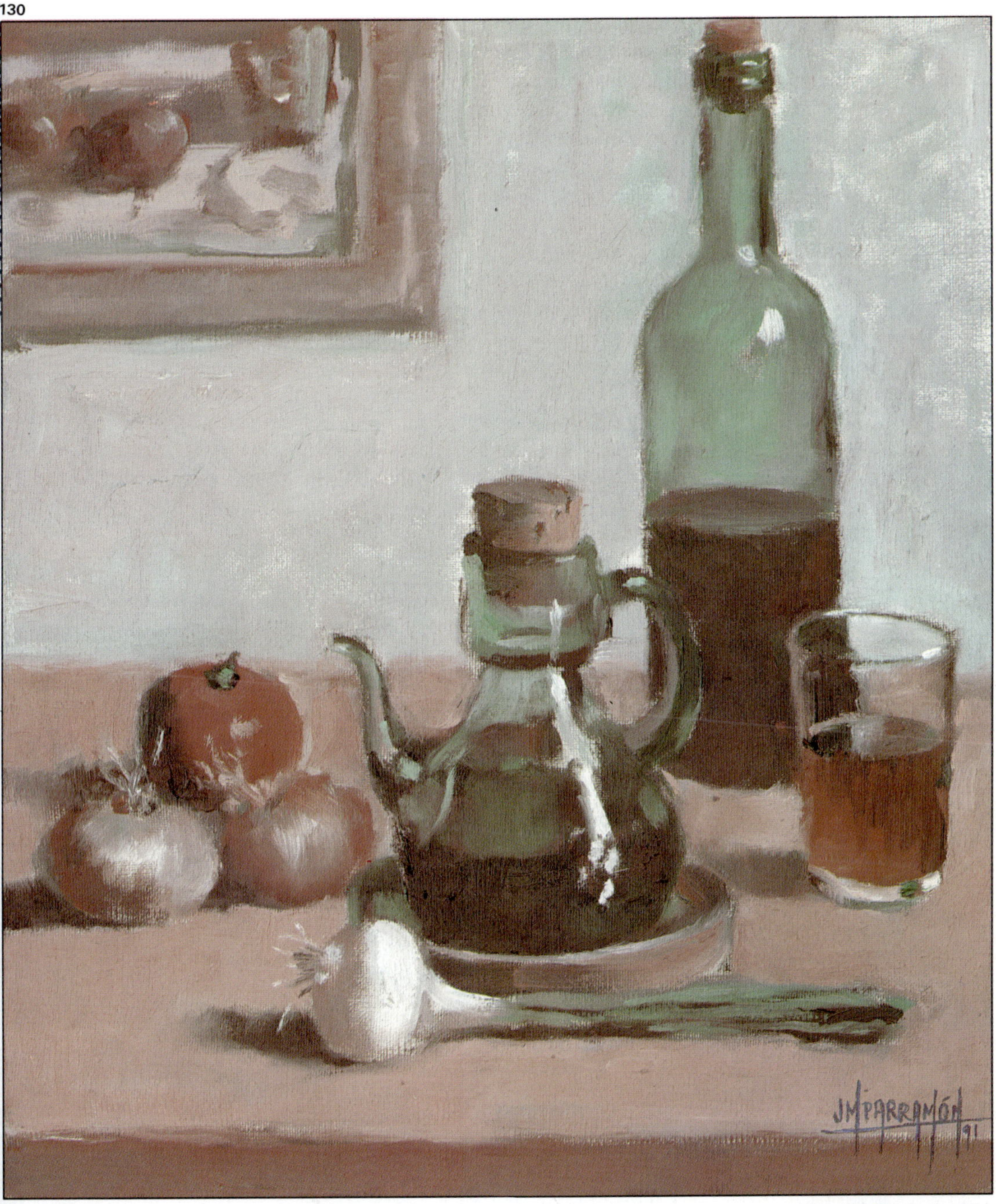

Abb. 130: Das fertige Bild. Dafür, daß es nur mit drei Farben gemalt wurde, enthält es eine bemerkenswerte Farbenvielfalt. Wollen Sie nicht ebenfalls ein Modell aus ähnlichen Formen und Farben malen?

Reinigung und Aufbewahrung der Pinsel

Haben Sie Ihre Arbeit beendet und wollen Sie am selben Tag kein weiteres Bild beginnen, müssen Sie Ihre Pinsel unbedingt reinigen. Ölmalpinsel sind teuer. Man muß sie gut pflegen und sachgemäß aufbewahren, denn mit einem gut erhaltenen gebrauchten Pinsel malt man besser als mit einem völlig neuen. Um diese wirklich mühselige Aufgabe noch ein wenig hinauszuschieben, entfernen manche Kunstmaler die Farbe zunächst mit Zeitungspapier und einem Lappen und lassen die Pinsel anschließend in einem Teller mit Wasser liegen (Abb. 131). Das geht jedoch höchstens ein oder zwei Tage, da die Feuchtigkeit den Haarkörper sonst zerstören würde. Es handelt sich also um einen zeitlich begrenzten Trick, der Sie nicht von der gründlichen Reinigung der Pinsel entbindet.

Schon sachgemäßer reinigen Sie den Pinsel unmittelbar nach dem Malen zum Beispiel mit Zeitungspapier, einem Lappen und Terpentinersatz. (Das wesentlich teurere rektifizierte Balsamterpentin ist dazu nicht erforderlich.) Nehmen Sie ein kleines Gefäß mit Terpentin, tauchen Sie den Pinsel hinein, und drücken Sie die Farbe anschließend in Zeitungspapier aus. Wiederholen Sie diese Prozedur, bis die Farbe restlos entfernt ist (Abb. 132). Tauchen sie den Pinsel erneut ganz kurz in die Flüssigkeit (Abb. 133), und trocknen Sie den Haarkörper mit einem Lappen (Abb. 134). Auch das müssen Sie wiederholen, damit der Pinsel wirklich sauber wird.

131

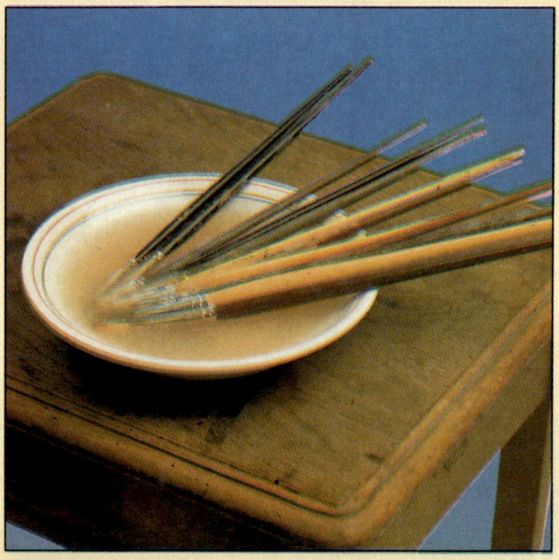

132

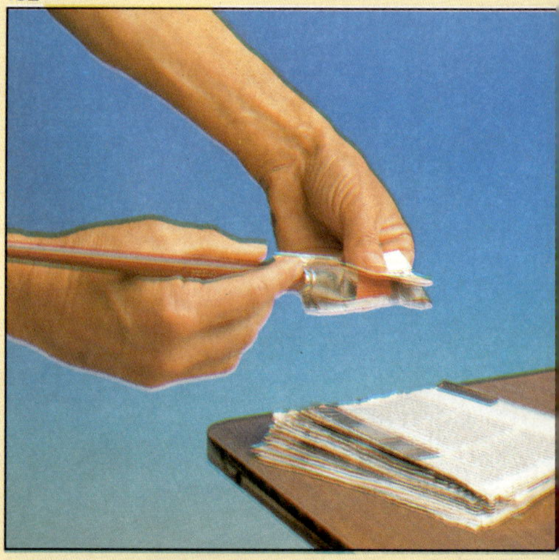

Abb. 131 und 132: Will man die Pinsel nicht unmittelbar nach Abschluß der Sitzung reinigen, kann man sie zunächst mit Zeitungspapier säubern und anschließend in einen Teller mit Wasser legen. Dies ist allerdings eine Zwischenlösung, die höchstens zwei Tage dauern darf.

133

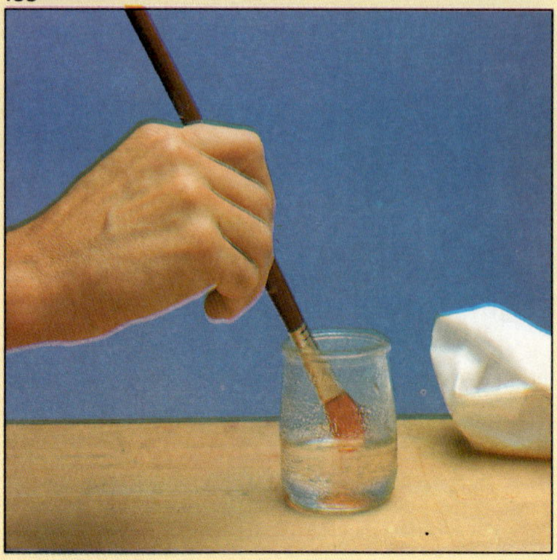

134

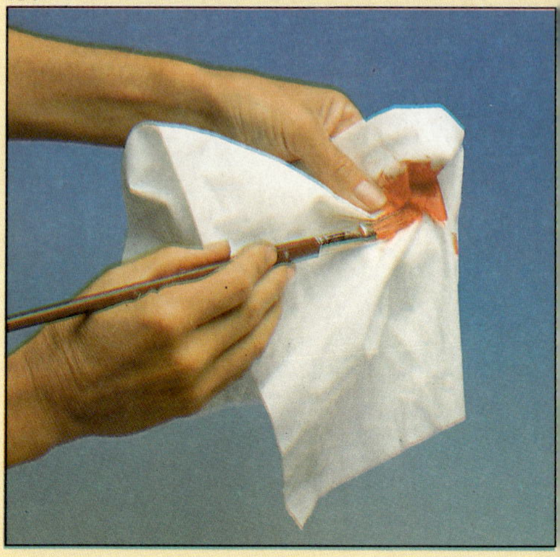

Abb. 133 und 134: Ein weiterer Kompromiß besteht darin, den Pinsel mit Terpentinersatz anzufeuchten und anschließend mit einem Lappen zu reinigen und zu trocknen. Dieses Verfahren muß wiederholt werden, bis der Pinsel einigermaßen sauber ist.

Dies ist jedoch ebenfalls höchstens ein akzeptabler Behelf. Die perfekteste Reinigung erhalten Sie mit Wasser und Seife. Um Zeit zu sparen, können Sie den Pinsel zunächst mit der zuvor beschriebenen Methode reinigen – also mit Zeitungspapier, Lappen und Terpentinersatz. Anschließend streichen Sie mit dem Haarkörper unter leichtem Druck über die Seife, als wollten Sie damit malen, bis sich der Pinsel gefüllt hat (Abb. 135). Dann reiben Sie ihn auf Ihrer Handfläche (Abb. 136) und drücken ihn zum Abschluß aus (Abb. 137). Nun spülen Sie den Haarkörper direkt unter fließendem Wasser und wiederholen das Verfahren, bis der Schaum absolut weiß bleibt. Erst dann ist der Pinsel wirklich sauber.

Sorgen Sie dafür, daß der Haarkörper bei der Reinigung nicht beschädigt wird, sondern seine kompakte, feste Form behält. Reiben Sie daher mit dem Lappen oder der Hand nicht stärker als beim Malen. Richten Sie die Haare zum Abschluß wieder auf, stellen Sie den Pinsel in einen Krug oder ein Glas mit dem Haarkörper nach oben, und lassen Sie ihn an der Luft trocknen.

Abb. 135 bis 137: Perfekt gereinigt werden die Pinsel, indem man mit dem Haarkörper über ein Stück Seife streicht, bis er schäumt, ihn anschließend auf der Handfläche reibt und schließlich unter fließendem Wasser spült. Dies muß man so oft wiederholen, bis der Seifenschaum weiß bleibt und der Pinsel völlig sauber ist.

Abb. 138: Die gereinigten Pinsel trocknen mit dem Haarkörper nach oben in einem Krug oder einem Glas.

135

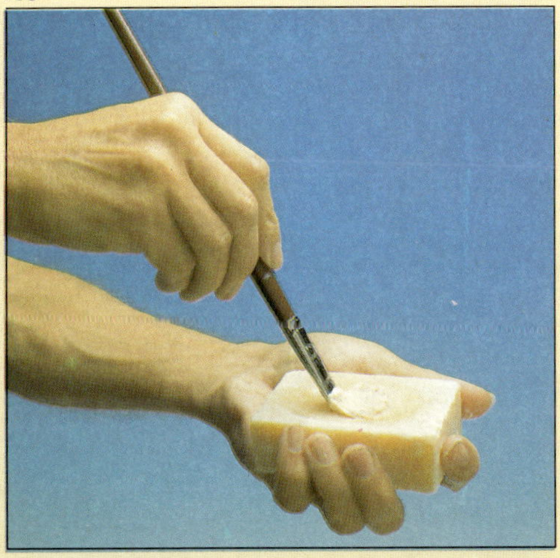

136

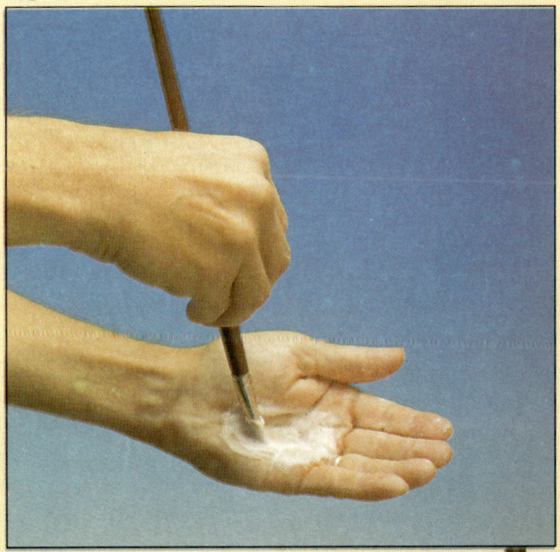

137

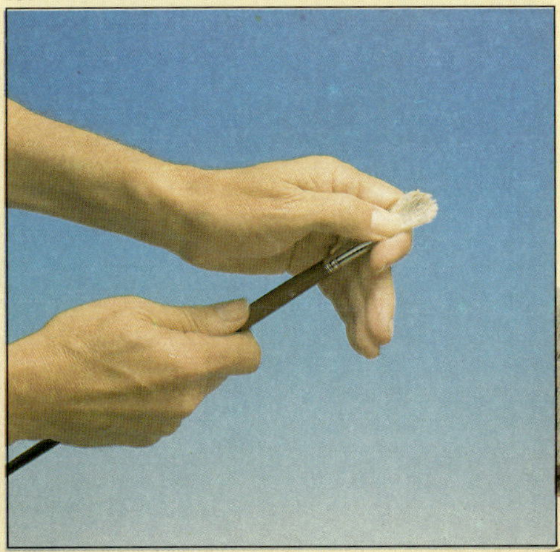

138

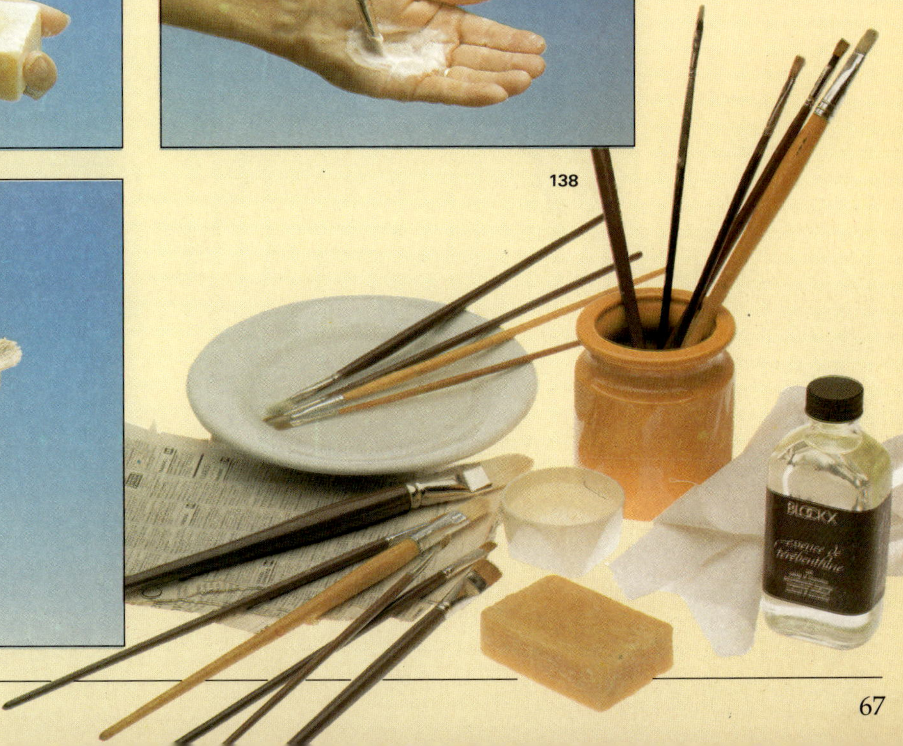

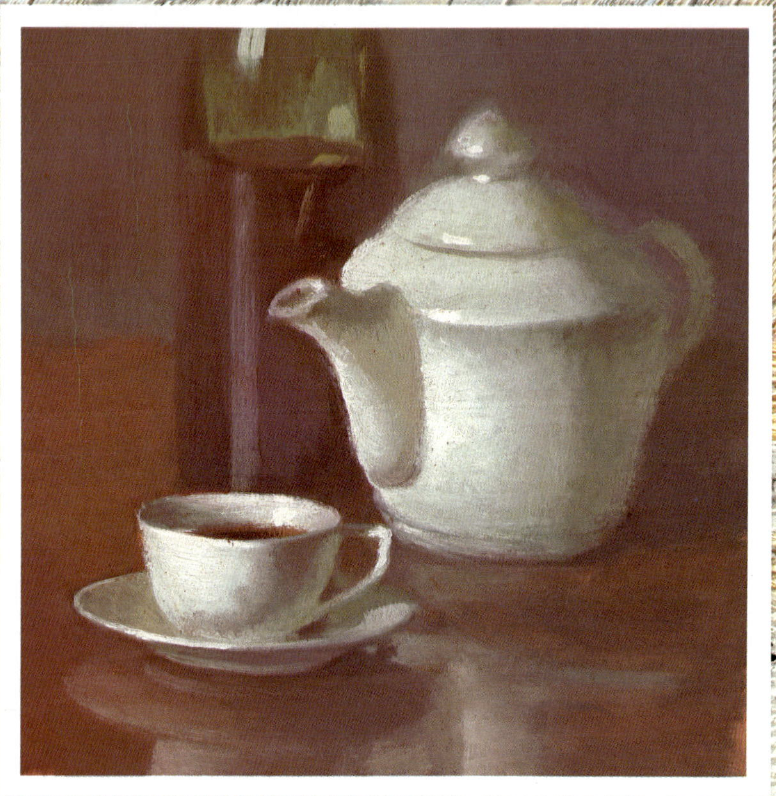

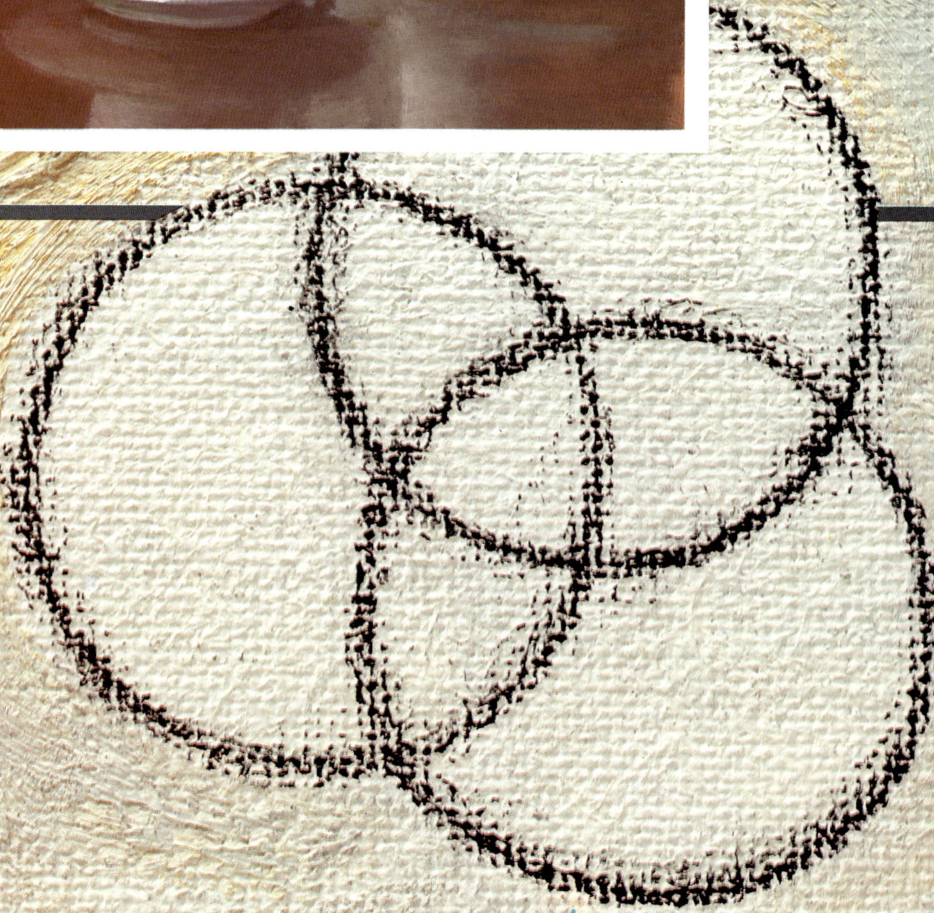

Das folgende Kapitel dürfen Sie keinesfalls überspringen. Es behandelt die Farbentheorie mit allen physikalischen Aspekten: die Zerlegung des Lichts in die Spektralfarben, die Zusammensetzung weißen Lichts mit Hilfe der drei Grundfarben des Lichts und die Schlußfolgerung, daß man ausschließlich mit diesen Farben „alles Licht der Welt" malen kann. Als praktische Anwendung daraus folgt, daß wir allein mit unseren drei Pigment-Grundfarben *alle Farben der Natur* malen können. Dies ist so einfach und faszinierend, daß Sie es wissen und beherrschen müssen. Wie Vincent van Gogh erklärte: „Wer diese Kenntnisse nicht besitzt, wird immer einen vergeblichen Kampf führen und niemals ans Ziel gelangen."

FARBENLEHRE UND HARMONISIERUNG DER FARBEN

Die Farbenlehre

140

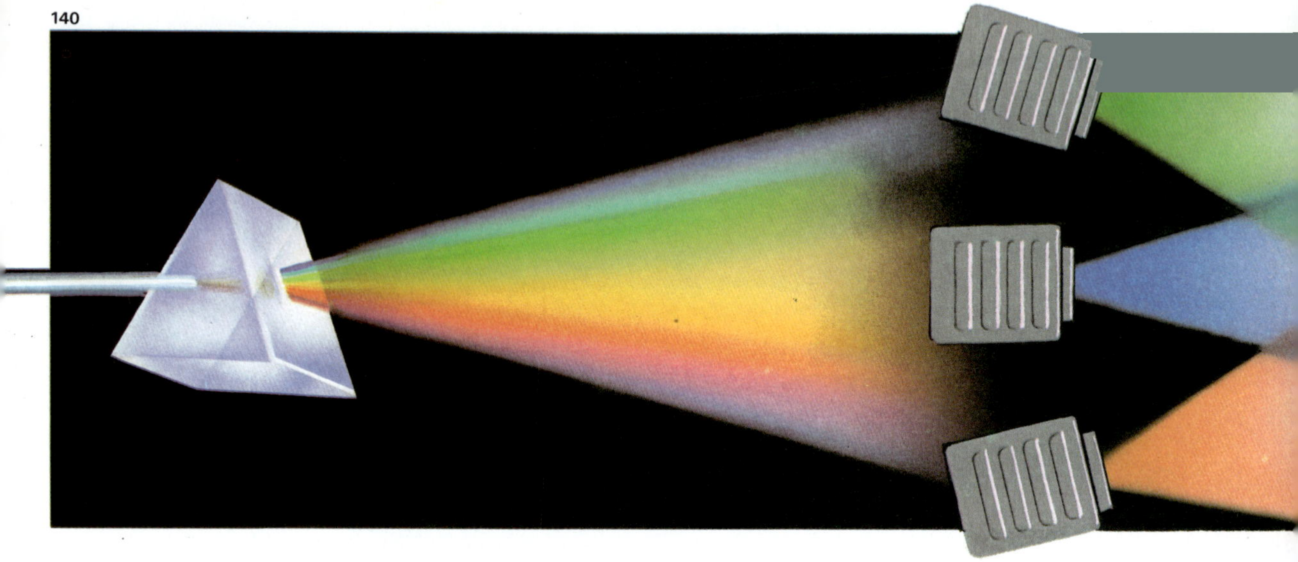

Farbe ist Licht. Dies wies der englische Physiker Isaac Newton schon vor zweihundert Jahren nach, indem er sich im Dunkeln einschloß und einen Lichtstrahl mit einem Glasprisma einfing. Dadurch gelang ihm die *Zerlegung* weißen Lichts. Hundert Jahre später glückte dem Physiker Thomas Young das umgekehrte Experiment. Aus drei Scheinwerfern, vor die er jeweils einen Farbfilter in den Spektralfarben gesetzt hatte, warf er Lichtstrahlen an eine weiße Wand. Durch Auswechseln und Ausschließen der einzelnen Farben kam er zu der neuen endgültigen Erkenntnis:

Nur mit den drei Farben Rot, Grün und Dunkelblau läßt sich weißes Licht wieder zusammensetzen.

So wird verständlich, was eine Grundfarbe ist. Wenn sich alle Farben auf drei reduzieren lassen, kann es sich dabei nur um die drei *Grund-* oder *Primär*farben handeln.

Young stellte ferner fest: Warf er einen roten Lichtstrahl auf einen grünen, erhielt er *Gelb*; projizierte er Blau auf Rot, erhielt er *Purpur*, und die Mischung aus der Lichtfarbe Dunkelblau und der Lichtfarbe Grün ergab *Hellblau*. So versteht man, daß es sich bei diesen drei Farben um die *Zweit-* oder *Sekundärfarben* des Lichts handeln muß, denn sie sind aus der Mischung der Primärfarben entstanden (Abb. 140).

Bisher war von Licht die Rede, von der Zerlegung und Zusammensetzung weißen Lichts. Wir sprachen also von den *Lichtfarben*, bei denen die Mischung oder die Summe zweier Farben – zum Beispiel Rot und Grün – die doppelte Lichtmenge ergibt, also eine hellere Farbe, nämlich Gelb. (Die Physiker nennen dies *Synthese durch Addition*.)

Wir malen jedoch nicht mit Licht. Unsere Mischungen setzen vielmehr einen *Lichtrest* voraus. Aus Rot und Grün erhalten wir Braun, eine dunklere Farbe. (Für die Physiker ist dies die *Synthese durch Subtraktion*.) Unsere *Pigment-Grundfarben* müssen also heller sein. Auf der Grundlage der Spektralfarben können wir daher sagen:

Unsere Grundfarben bestehen aus den Zweitfarben des Lichts und umgekehrt: Unsere Zweitfarben bestehen aus den Grundfarben des Lichts.

Abb. 140: Grafische Darstellung von Isaac Newtons und Thomas Youngs Experiment. Die beiden Wissenschaftler wiesen nach, daß sich das mit einem Glasprisma in einem verdunkelten Zimmer aufgefangene Licht zerlegen und durch Projektion der drei Grundfarben wieder zusammensetzen läßt.

Abb. 141 (folgende Seite): Der Farbenkreis der Pigmentfarben mit den Primärfarben (P), den Sekundärfarben (S) und den Tertiärfarben (T).

Abb. 142 (folgende Seite): Die Primärfarben des Malers entsprechen den Sekundärfarben des Lichts: Gelb, Purpur, Zyanblau. Aus deren paarweiser Mischung erhält man die Sekundärfarben: Dunkelblau, Grün und Rot. Mischt man diese wiederum paarweise mit der im Farbenkreis am nächsten liegenden Primärfarbe, erhält man die Tertiärfarben Orange, Karmin, Violett, Ultramarinblau, Chromoxidgrün und Hellgrün.

Abb. 143: Die Mischung der drei Primärfarben zu gleichen Teilen ergibt theoretisch Schwarz.

Abb. 139 (vorige Seite): José M. Parramón, *Stilleben mit Kaffeekanne* (Ausschnitt), Privatbesitz, Barcelona.

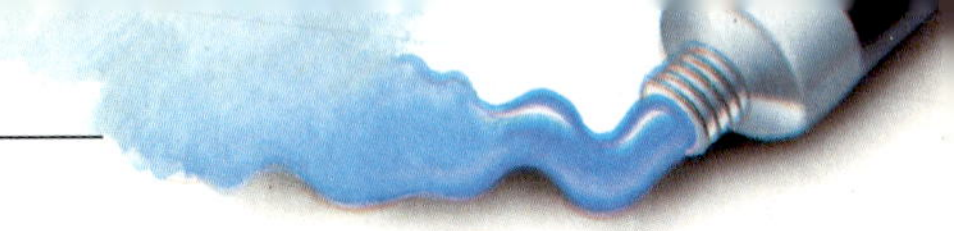

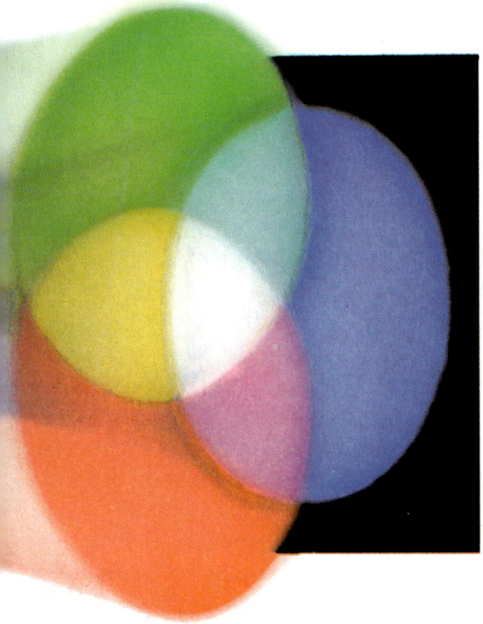

Hier unsere Farben:
PIGMENT-GRUNDFARBEN
Gelb, Purpur, Zyanblau
Die paarweise Mischung dieser Farben ergibt die
PIGMENT-ZWEITFARBEN
Dunkelblau, Grün, Rot.
Mischt man eine Grundfarbe mit der ihr im Farbenkreis nächsten Zweitfarbe, erhält man die
PIGMENT-DRITTFARBEN
Orange, Karmin, Violett, Ultramarinblau, Chromoxidgrün, Hellgrün.
Das führt zu der wichtigen Schlußfolgerung:
Aufgrund der völligen Übereinstimmung von Lichtfarben und Pigmentfarben können wir alle Farben in der Natur ausschließlich mit den drei Grundfarben Gelb, Purpur und Zyanblau wiedergeben.
Oben rechts sehen Sie den Farbenkreis der Pigmentfarben, in dem wir die drei *Grund-* oder *Primärfarben* (P), die drei *Zweit-* oder *Sekundärfarben* (S) sowie die sechs *Dritt-* oder *Tertiärfarben* (T) angegeben haben.

141

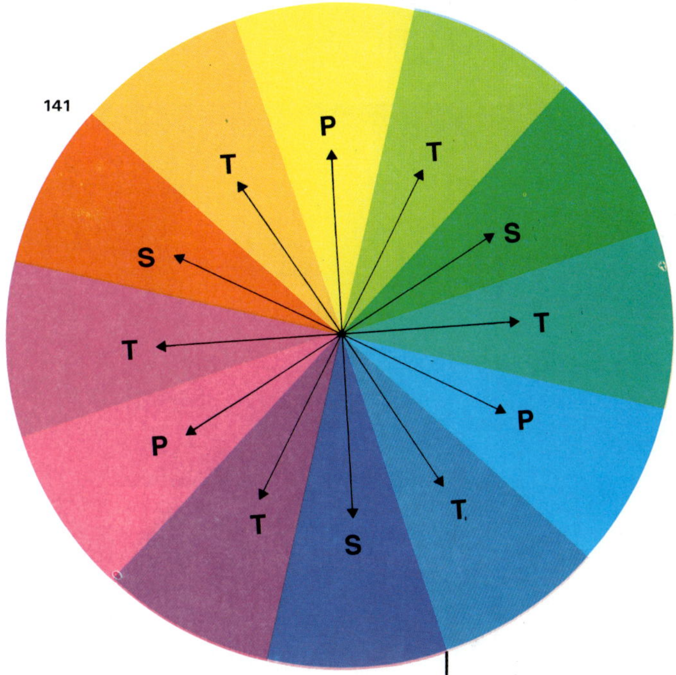

142

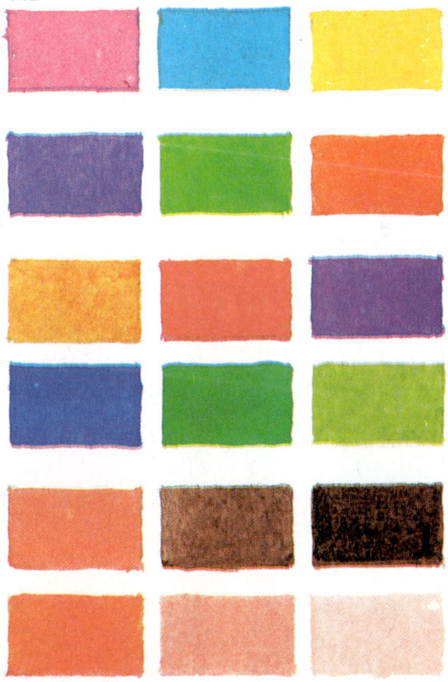

143

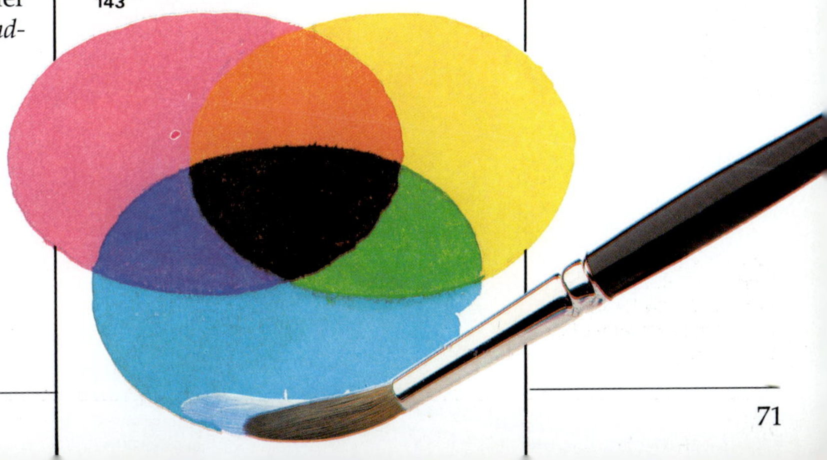

Die Komplementärfarben: Was sie sind und wozu man sie braucht

144

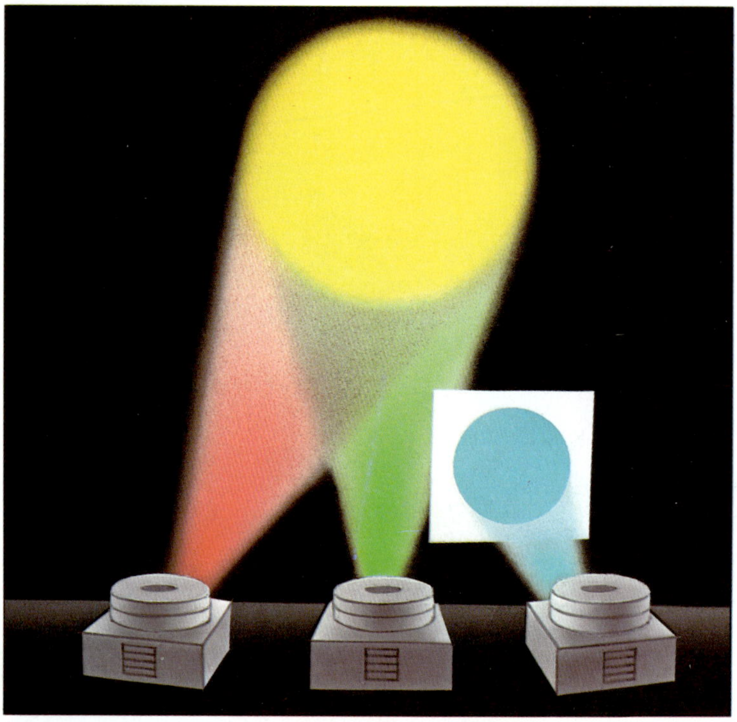

Abbildung 144 nebenan zeigt noch einmal das Experiment mit den drei Scheinwerfern und den Primär-Lichtfarben Rot, Grün und Dunkelblau. Wie Ihnen bekannt, entsteht durch Überlagerung dieser drei Lichtstrahlen weißes Licht. Aus der Abbildung geht ebenfalls hervor, daß bei Abdeckung des blauen Lichtstrahls die Summe aus Rot und Grün Gelb ergibt. Dem gelben Licht fehlt also Blau, um wieder komplettes weißes Licht zu werden. Also ist Blau komplementär zu Gelb und umgekehrt. Da unsere Farben den Lichtfarben entsprechen, sind auch unsere Komplementärfarben gleich:

Zyanblau ist komplementär zu **Rot.**
Purpur ist komplementär zu **Grün.**
Gelb ist komplementär zu **Dunkelblau.**

Wozu man das wissen muß? Um den höchstmöglichen Kontrast zu erreichen (Abb. 146) und die Farben abzuschatten (Abb. 147). Damit wollen wir uns nun befassen.

145

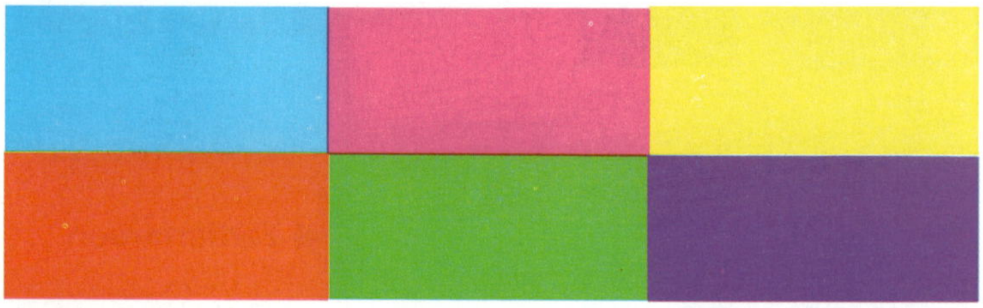

Abb. 144: Unterbricht man den blauen Lichtstrahl bei der Projektion der drei Primärfarben des Lichts, erhält man Gelb. Dem Gelb fehlt also Blau, um das weiße Licht zu komplettieren. Also ist Blau komplementär zu Gelb und umgekehrt.

Abb. 145: Die Farben der oberen Reihe sind komplementär zu den unteren.

146

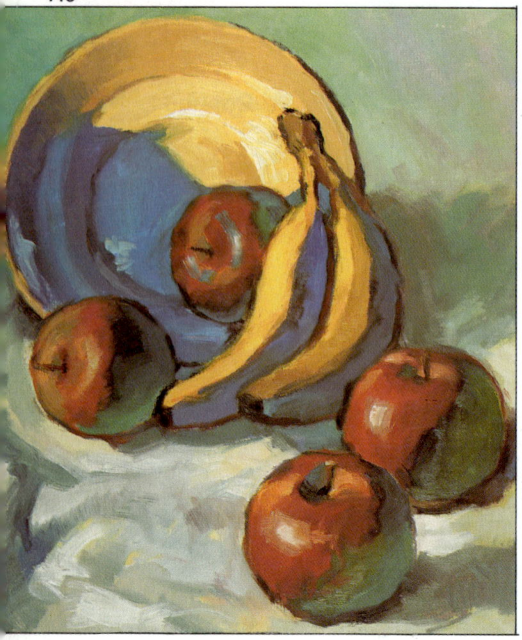

147

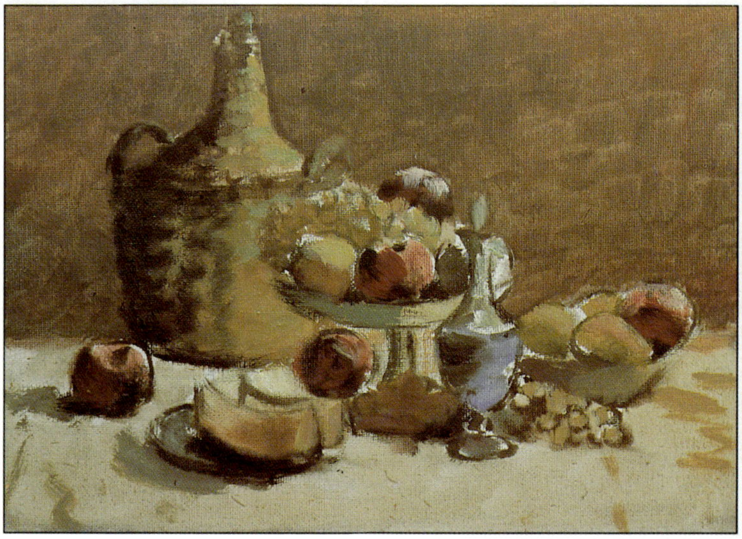

Von der Theorie zur Praxis: Alle Farben aus den drei Grundfarben und Weiß

Abb. 146 und 147: José Parramón, *Stilleben*, Privatsammlung, Barcelona. Das Bild wurde mit Hilfe von Komplementärfarben (s. Abb. 146) und gebrochenen Farben angefertigt, von denen noch die Rede sein wird.

Bei der Erläuterung der Farbentheorie haben wir festgestellt, daß die sechs Lichtfarben des Spektrums unseren Pigmentfarben entsprechen:

Primärfarben des Lichts	Blau, Rot, Grün	Pigment-Sekundärfarben
Sekundärfarben des Lichts	Zyan, Gelb, Purpur	Pigment-Primärfarben

Abb. 148: Dieses Stilleben von José M. Parramón wurde ausschließlich mit den Grundfarben gemalt: Preußischblau, Kadmiumgelb mittel und Krappkarmin (plus Weiß). Daraus lassen sich alle weiteren Farben mischen.

Ferner haben wir festgestellt, daß die Sekundärfarben des Lichts ebenso wie die Pigment-Sekundärfarben aus der paarweisen Mischung von Primärfarben entstehen. So gelangen wir zu Youngs Schlußfolgerung:

Das Licht „malt" nur mit drei Farben.
Das gleiche gilt für uns:
Auch wir können mit drei Farben alles malen.

„Gut, das ist die Theorie", werden Sie vielleicht sagen. Doch Sie irren sich. Das ist Theorie und Praxis. Das unten abgebildete Seestück des Hafens von Barcelona habe ich ausschließlich mit den drei Grundfarben *Preußischblau, Kadmiumgelb mittel und Krappkarmin (plus Weiß) gemalt.*

Damit Sie das nicht bezweifeln, werden wir nun gemeinsam aus diesen drei Farben einige Skalen mit allen Naturfarben anfertigen. Zuvor möchte ich Ihnen jedoch erklären, was man unter Farbenskalen versteht, woraus sie bestehen und wie man ein Bild damit harmonisiert.

148

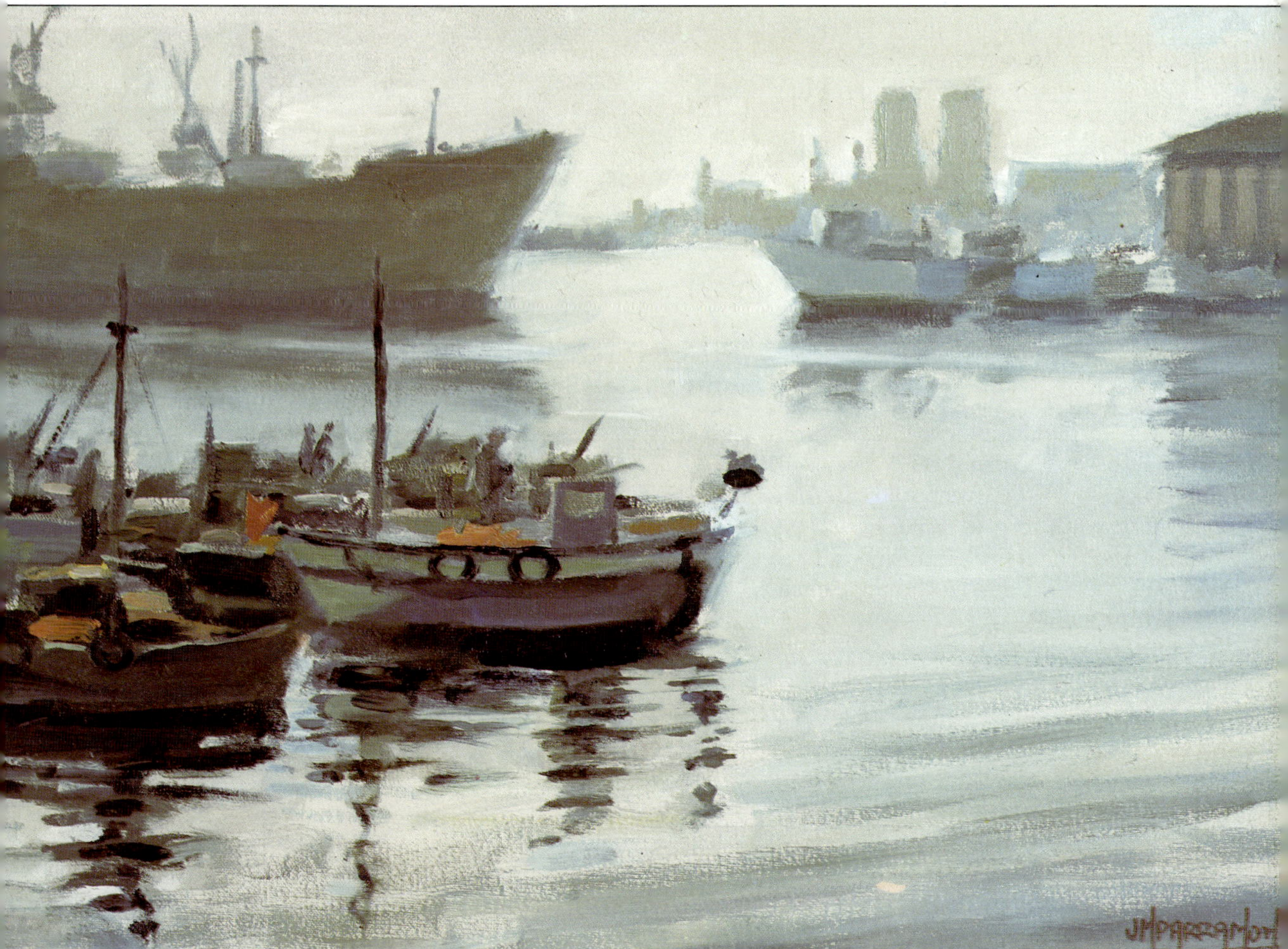

Harmonisierung der Farben und Interpretation

In der Malerei bedeutet die Harmonisierung der Farben eines Bildes nichts anderes, als das Werk in einer bestimmten Farbentendenz anzulegen. Diese Tendenz ist bei fast allen Werken der großen Meister eindeutig zu erkennen. Rubens malte grundsätzlich mit Gelb-, Gold- und Rottönen. Velazquez ist der Maler der braunen, grauen gebrochenen Farben. Bei den Impressionisten ist eine Vielzahl von Tendenzen festzustellen. In zahlreichen Bildern, insbesondere in den Landschaften, dominiert allerdings Blau.

Diese dominierenden Farben ergeben sich nicht zufällig. Sie entstehen aus der Kenntnis und Anwendung bestimmter Farbenskalen. Diese setzen sich jeweils aus einer Reihe von Nuancen zusammen, die miteinander harmonieren, weil sie dieselbe farbliche Tendenz aufweisen, zum Beispiel Gelb und Rot, Grün und Blau, Braun und Grau. Im Kasten unten auf dieser Seite erfahren Sie, welche Farben zu den drei Hauptskalen der warmen, kalten und gebrochenen Töne gehören.

Glücklicherweise weist die Natur mit ihrem Licht, das das Modell beleuchtet, immer eine perfekte Harmonie der Farben auf, und zwar sowohl bei einer Landschaft als auch bei einer Gestalt und einem Stilleben. Je nach Tageszeit – Morgendämmerung, Mittagsstunde oder Abenddämmerung – und der Tatsache, ob es sich um einen sonnigen oder bewölkten Tag handelt, „malt" die Natur mit der einen oder anderen Dominanz. Morgens sind die Farben kalt und blaustichig; in der Abenddämmerung sind sie warm und golden; an einem bewölkten Tag weisen sie graue gebrochene Töne auf, und bei hellem Sonnenschein leuchten sie lebhaft.

149

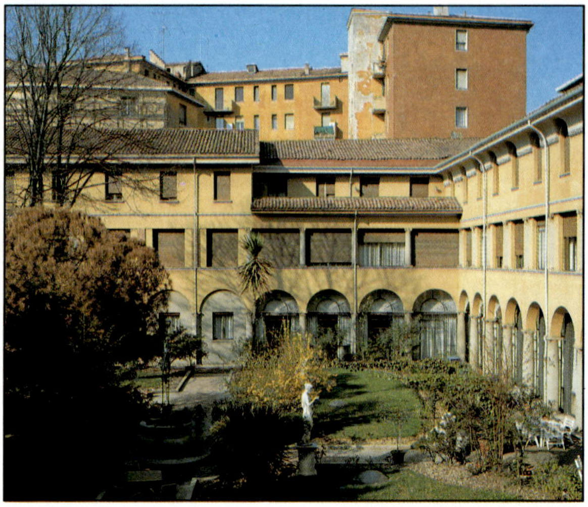

Abb. 149: Auf diesem Foto überwiegen warme Töne, und zwar rot- und gelbstichige.

149A

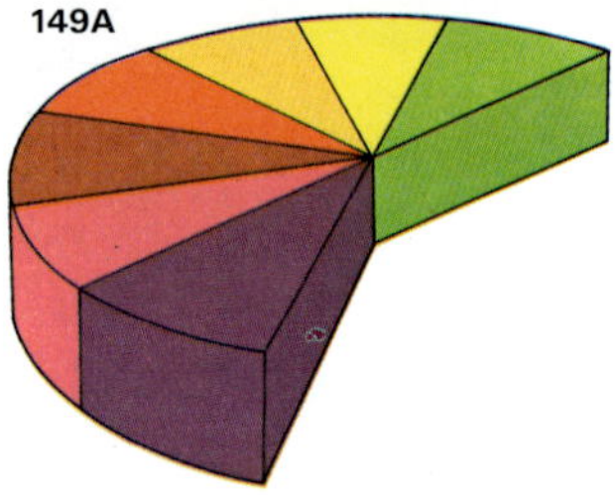

Abb. 149A: Die Skala der warmen Farben besteht aus Violett, Purpur, Karmin, Rot, Orange, Gelb und Grün.

FARBSKALEN

Harmonieskala der warmen Farben (Abb. 149A)

Sie setzt sich aus folgenden Spektralfarben mit einer roten Dominante zusammen: Violett, Purpur, Karmin, Rot, Orange, Gelb und Grün.

Harmonieskala der kalten Farben (Abb. 150A)

Sie setzt sich aus folgenden Spektralfarben mit einer blauen Dominante zusammen: Hellgrün, Grün, Chromoxidgrün, Zyanblau, Ultramarinblau, Dunkelblau und Violett.

Harmonieskala der gebrochenen Farben (Abb. 151A)

Sie ist durch graustichige Farben gekennzeichnet.

Die Farben entstehen aus der Mischung von Komplementärfarben zu ungleichen Teilen plus Weiß.

Abb. 152 (gegenüber): José M. Parramón, *Im Fischerhafen von Barcelona*, Privatsammlung des Künstlers. Ein grafisches Beispiel für die Interpretation der Formen und Farben des Modells von Abb. 150 (oben), das eine kältere Farbenskala sowie einen niedrigeren Horizont aufweist.

150

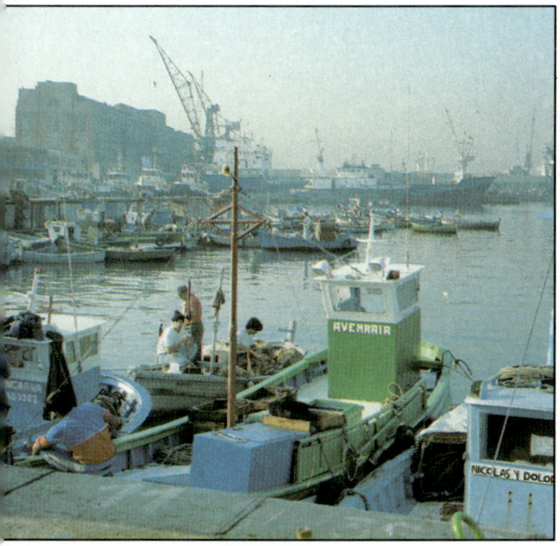

151

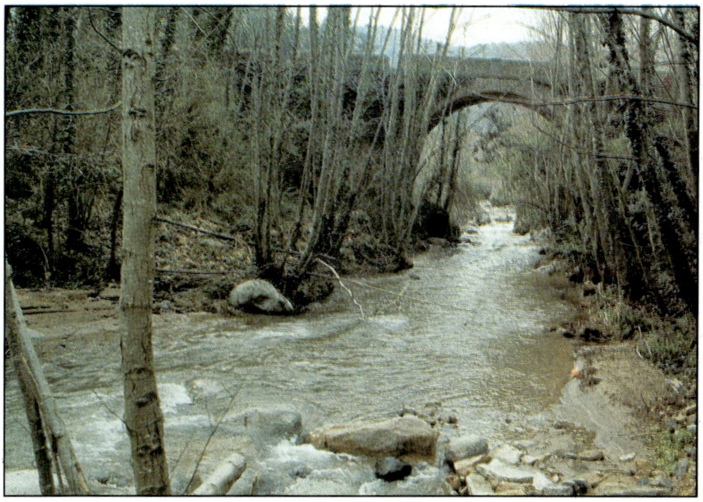

150A

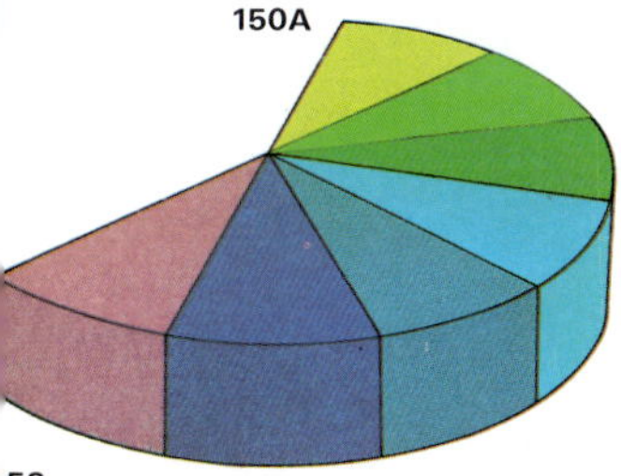

Abb. 150 und 150A: Die Skala der kalten Farben besteht aus bläulichen Nuancen, die violett oder grünlich sein können.

151A

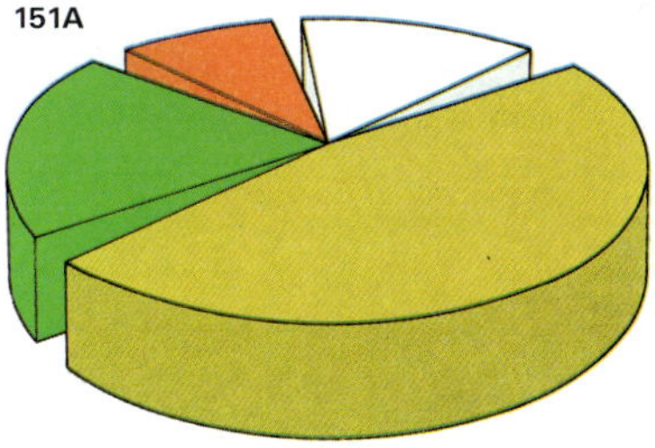

Abb. 151 und 151A: In der Skala der gebrochenen Farben herrschen unreine Farben vor, die aus der Mischung von Komplementärfarben und Weiß entstehen. Die Skala kann warm oder kalt sein.

52

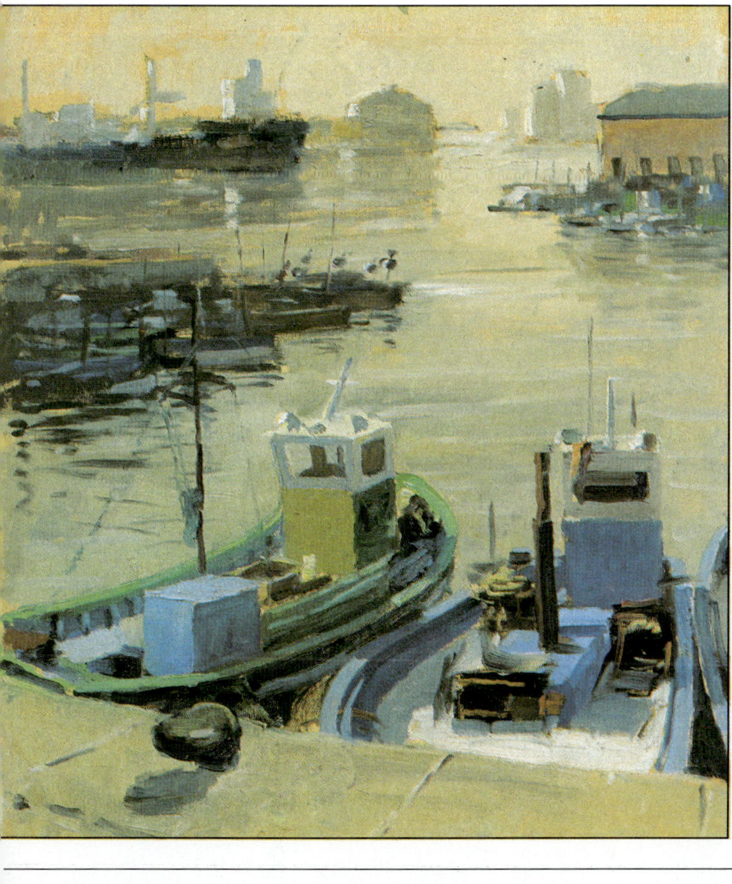

Interpretation

Angesichts eines gegebenen Motivs mit bestimmten Formen und Farben können Sie vor dem eigentlichen Malen Ihre höchst persönliche Interpretation des Themas vornehmen. Das ist absolut üblich.

Vor einigen Tagen befand ich mich im Fischerhafen von Barcelona. Es war acht Uhr morgens. Es herrschte Gegenlicht, und ein leichter Dunst lag noch über dem Wasser und den wenigen Booten. Alle Farben waren goldstichig, ocker oder bräunlich. Ich fand, das war eine fantastische Dominante, und beschloß, am folgenden Tag zurückzukehren, um hier ein Bild zu malen. Als ich am nächsten Tag um elf Uhr morgens wiederkam, war jedoch weder der Dunst vorhanden noch stand die Sonne im Gegenlicht. Und die Farben waren auch nicht ocker- oder goldstichig. Alles war anders, wie es das Foto zeigt, das ich bei dieser Gelegenheit aufnahm (Abb. 150). Doch ich erinnerte mich an meinen Eindruck vom Vortag und malte *mein Bild* von einem etwas höheren Blickpunkt in dieser warmen Farbenharmonie, also mit dem Dunst und den ocker- und goldstichigen Farben.

Eine äußerst wichtige praktische Übung

Bevor ich auf die eigentliche Arbeit eingehe, möchte ich darauf hinweisen, daß die folgende Übung mit Sicherheit eine der wichtigsten ist, die Sie zum Erlernen der Ölmalerei durchführen können. Erstens erfahren Sie in der Praxis besser als durch Worte, wie man die Farben mischt, also wieviel Blau, Karmin und Gelb notwendig sind, um eine bestimmte Nuance zu erhalten. Sie erkennen, wie der Anteil von Blau die Mischung aus Karmin und Weiß beeinflußt, so daß Violett entsteht, und welche Farben nötig sind, um einen drohenden Himmel, den Schatten eines Bootes am Strand oder das Gesicht einer Gestalt im Halbschatten zu malen. Zweitens wird Ihnen bei dieser Übung deutlich, daß sich in der Zusammensetzung jeder Farbe, jedes Tons und jeder Nuance immer ein gewisser Anteil Blau, ein mehr oder weniger großer Anteil Karmin sowie eine bestimmte Menge Gelb befinden. Das in der Praxis erworbene Verständnis und die größere Erfahrung im Mischen werden Ihnen später beim Malen mit einem größeren Farbensortiment sehr zustatten kommen. Schließlich liefert diese Übung Ihnen den Beweis dafür, daß Sie grundsätzlich mit sauberen Pinseln, mit sauberen Farben und mit einer sauberen Palette malen müssen. Tun Sie es nicht, können Sie nicht wirklich gut malen und laufen Gefahr, in die „Graufalle" zu geraten. Das heißt, Ihre Mischungen werden wegen der nicht gründlich gereinigten Pinsel, Palette oder Farben ungenau, graustichig und schmutzig. Absolute Sauberkeit ist eine Notwendigkeit, an die wir als Grundregel während der Durchführung der folgenen Übung immer wieder erinnern werden.

Noch eine letzte Empfehlung zum Abschluß:

Verstärken Sie beim Komponieren und Mischen einer Farbe die Töne nach und nach.

Abb. 153: Bei dieser Übung schlagen wir Ihnen vor, eine Farbenkarte aus der Mischung der drei Grundfarben anzulegen, nämlich Gelb, Karmin und Blau (plus Weiß). Auf diese Weise erhalten Sie mit Sicherheit eine äußerst notwendige Praxis.

153

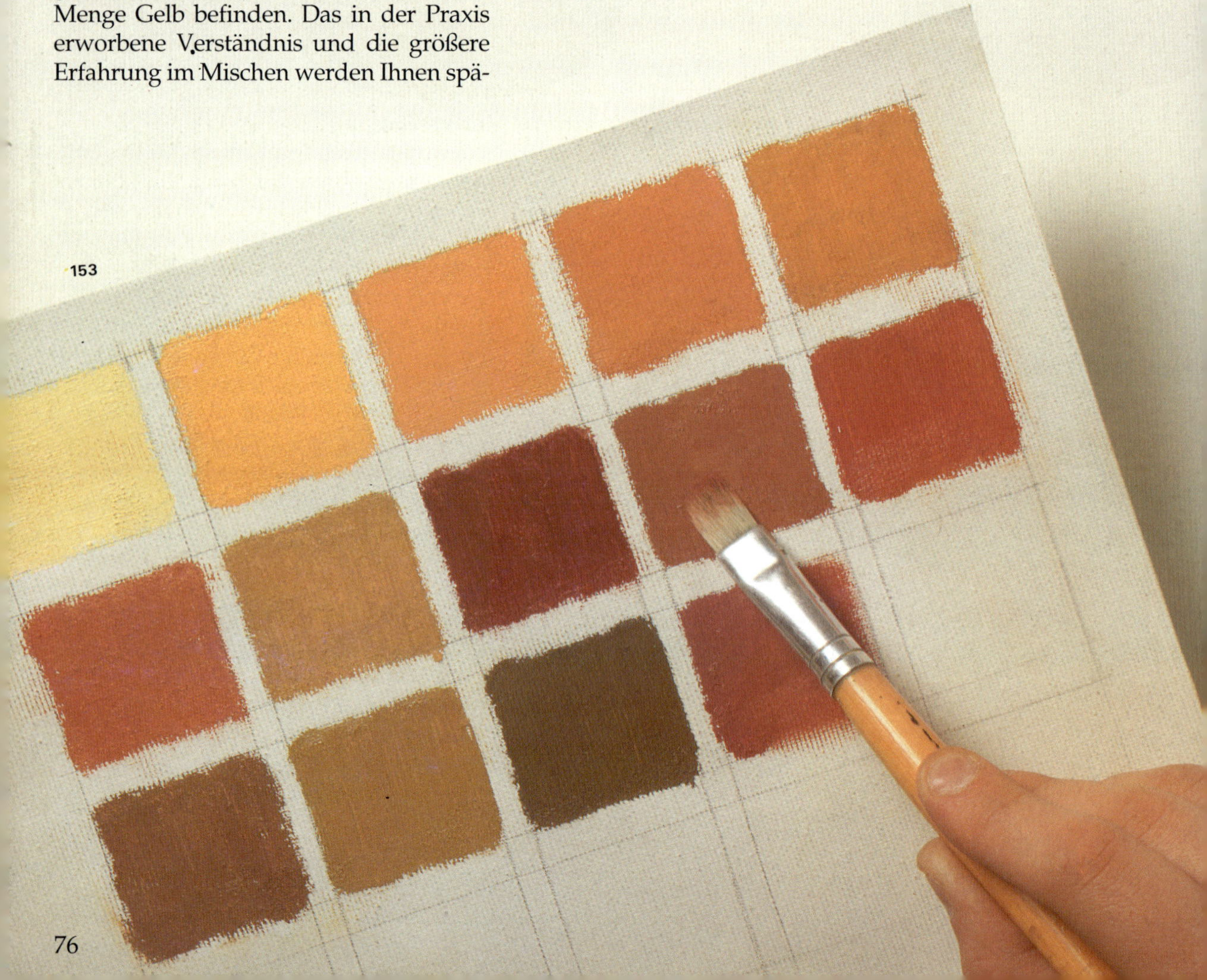

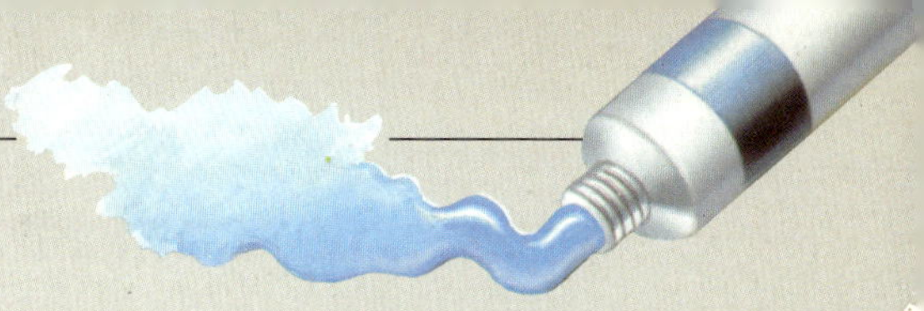

MATERIAL ZUR DURCHFÜHRUNG DIESER ÜBUNG

Ölfarben:	Kadmiumgelb mittel Preußischblau Krappkarmin dunkel Titanweiß
Malgrund:	Leinwand von 18 x 20 cm oder auf Pappe gezogene Leinwand Nr. 2 oder 3 (Sie können auch dickes Zeichenpapier in den genannten Maßen verwenden.)
Pinsel:	Zwei Flachpinsel Nr. 12
Palette	Ihre gewohnte Palette
Verdünner:	Balsamterpentin

Lappen, Zeitungspapierstücke

Befassen wir uns nun mit dem Material, das Sie zum Malen der 60 verschiedenen Farbmuster benötigen, die der Harmonieskala der warmen, der kalten und der gebrochenen Farben entsprechen.
Bereiten Sie Ihre Leinwand oder Malpappe vor. Abbildung 153 auf der vorigen Seite zeigt, wie ich die Farbmuster verteilt habe. Die einzelnen Kästchen wurden vorab mit einem Lineal und einem gewöhnlichen Bleistift gezeichnet.
Sollten Sie lieber freihändig malen wollen, gilt dasselbe: Legen Sie die Farbmuster mehr oder weniger gerade nebeneinander an.

Abb. 154: Bei den Übungen auf den folgenden Seiten werden Sie nur mit Kadmiumgelb mittel, Krappkarmin dunkel und Preußischblau sowie Titanweiß malen. Außerdem benötigen Sie das übliche Material (Pinsel, Palette, rektifiziertes Balsamterpentin sowie eine Leinwand oder Malpappe).

154

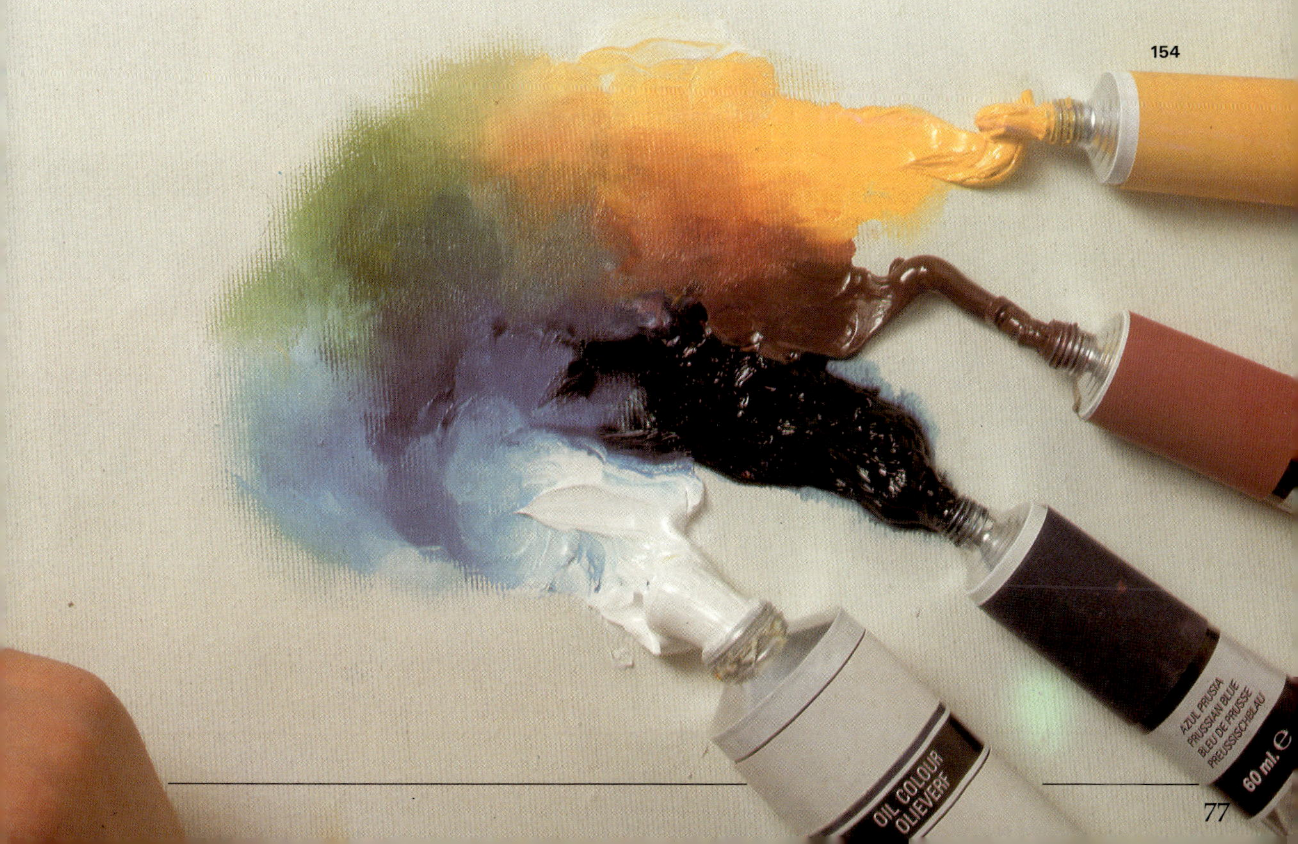

Eine warme Harmonieskala aus drei Farben

155

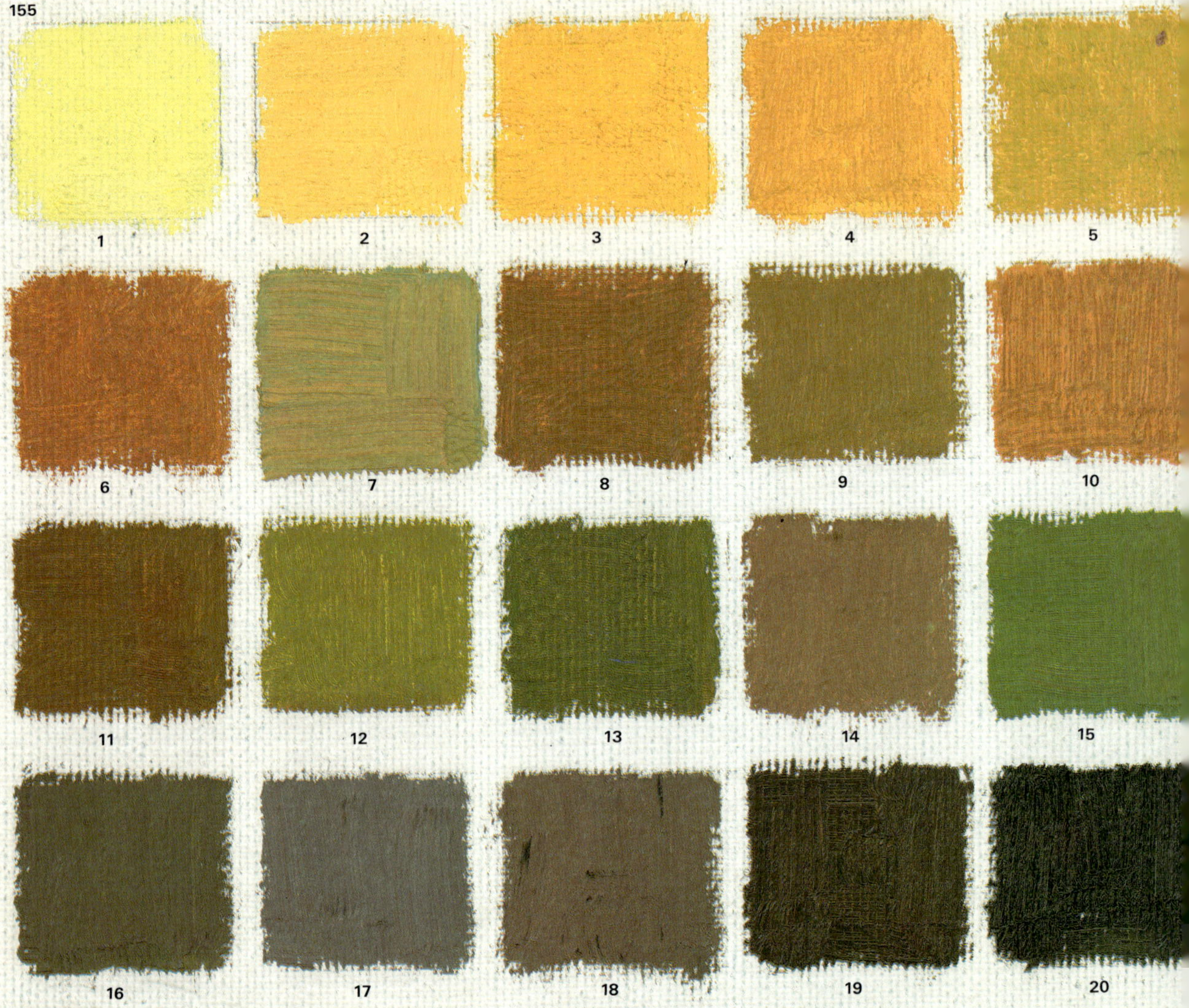

Abb. 155: Eine warme Farbenskala ausschließlich aus den drei Grundfarben plus Weiß.

Nehmen Sie die Pinsel und einen Lappen, und ordnen Sie die Farben in dieser Reihenfolge von rechts nach links auf Ihrer Palette an: Weiß, Gelb, Karmin und Blau. Und nun ans Werk.

Hier die Farben und ihre Reihenfolge

1. Gelb zitron: Mischung aus Weiß und Gelb in dieser Reihenfolge.

2. Kadmiumgelb mittel: Gelb direkt aus der Tube. Reinigen Sie jedoch zuvor den Pinsel, um alles Weiß daraus zu entfernen.

3. Dunkelgelb: Gelb und eine winzige Spur Karmin.

4. Orange: Dieselben Farben wie zuvor mit etwas mehr Karmin.

5. Gebrochenes Gelb: d.h. etwas verschmutztes Gelb. Dieselben Farben wie bei Nr. 3, zusätzlich eine winzige Spur Blau.

6. Englischrot hell: Fügen Sie zur vorigen Farbe nach und nach Karmin.

7. Lichter Ocker: Reinigen Sie den Pinsel, komponieren Sie das Orange von Nr. 4, und fügen Sie etwas Blau und Weiß hinzu.

8. Karmin: Karmin allein oder mit einer winzigen Spur Weiß.

9. Siena: Gelb mit ein wenig Karmin und Blau, anschließend etwas Weiß dazu.

10. Rot: Säubern Sie den Pinsel, damit Sie wirklich reines Rot erhalten. Beginnen Sie mit Gelb, und fügen Sie nach und nach Karmin hinzu, bis Sie Rot erhalten haben.

156

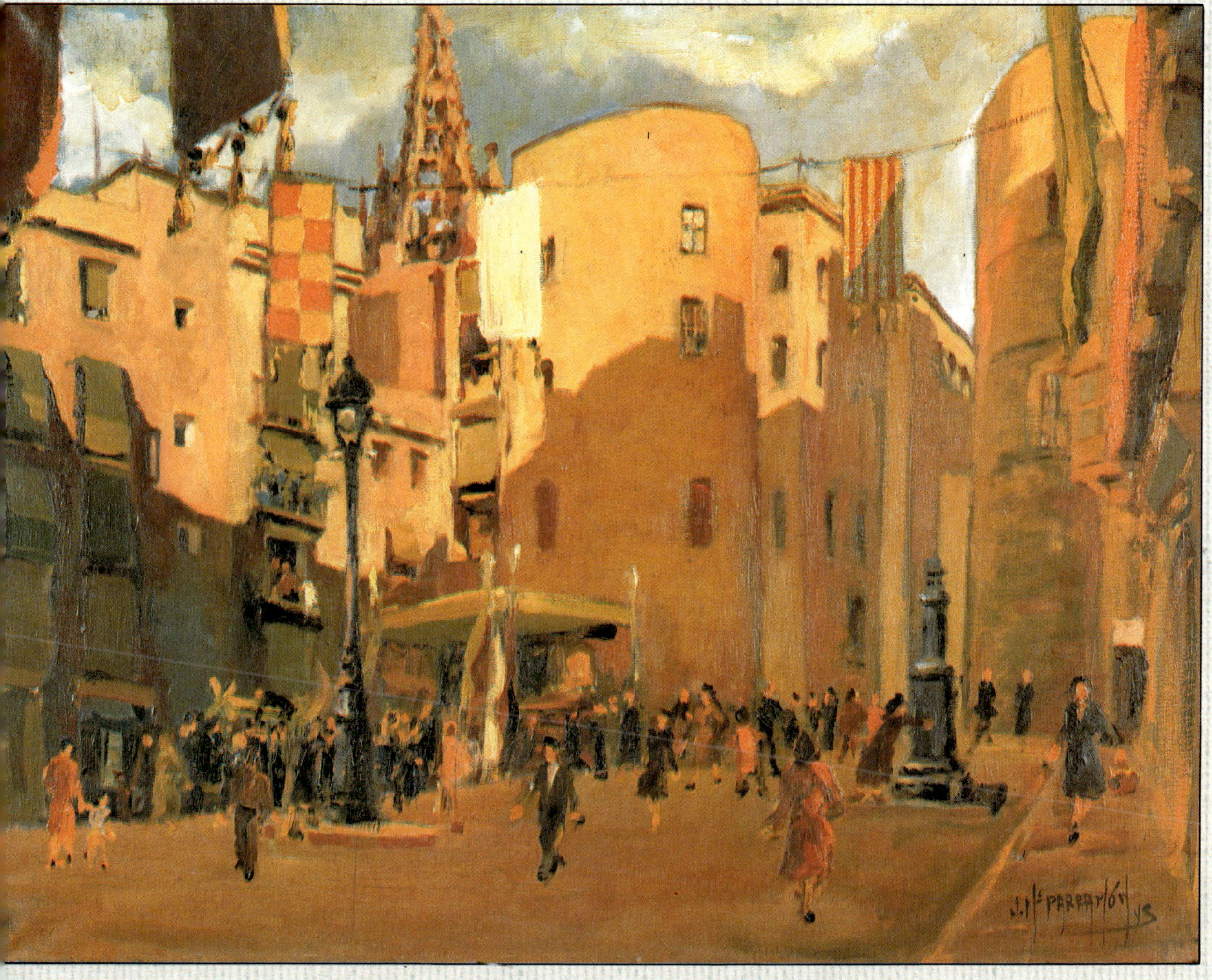

11. Siena gebrannt: Wie Farbe Nr. 9 mit etwas mehr Blau.

12. Helloliv: Wie Farbe Nr. 7 mit etwas mehr Gelb.

13. Dunkeloliv: Dieselbe Farbe wie zuvor mit etwas Blau und ganz wenig Karmin.

14. Englischrot dunkel: Wie Englischrot hell, doch mit mehr Karmin. Reinigen Sie zuvor sorgfältig den Pinsel.

15. Hoockersgrün: Dieselbe Farbe wie bei Nr. 14, doch mit etwas mehr Blau und Weiß.

16. Warmes Dunkelgrau: Mischen Sie nach und nach die drei Farben zu gleichen Teilen. Kontrollieren Sie den Rotanteil, damit die Farbe wirklich warm wird, und fügen Sie das nötige Weiß hinzu.

17. Grauviolett dunkel: Mischen Sie die drei Farben mit einem höheren Blau- und Karminanteil. Fügen Sie zum Abschluß etwas Weiß hinzu.

18. Bräunliches Dunkelgrau: Die vorige Mischung mit einem stärkeren Karminanteil.

19. Karminstichiges Schwarz: Mischung der drei Farben zu gleichen Teilen plus zusätzliches Karmin. Sowohl bei dieser als auch bei der vorigen Farbe kann eine winzige Spur Weiß erforderlich werden.

20. Schwarz: Die Mischung der drei Farben zu gleichen Teilen. Gehen Sie progressiv vor, damit das Schwarz neutral wird.

Abb. 156: José M. Parramón, *Fest auf der Plaza Nueva*, Privatsammlung, Barcelona. In diesem Bild dominieren absolut die warmen Farben. In allen Tönen machen sich Rot und Gelb stark bemerkbar.

Eine kalte Harmonieskala aus drei Farben

157

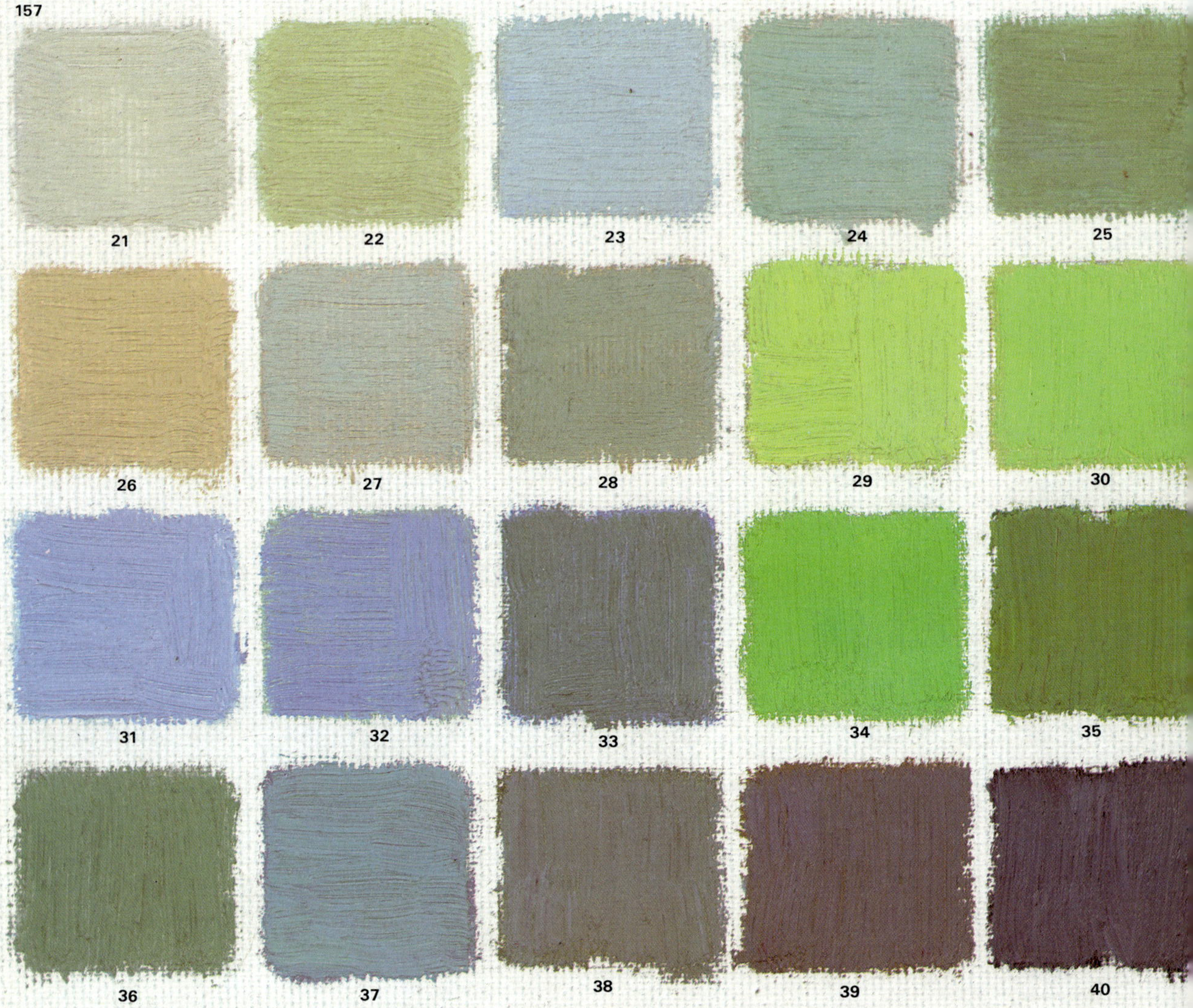

Abb. 157: Skala der kalten Farben aus der Mischung von Kadmiumgelb mittel, Preußischblau, Krappkarmin und Titanweiß.

Ihnen ist bereits bekannt, daß Blau die Dominante der kalten Harmonieskalen bildet. Zwar kann man ein Bild ausschließlich blaustichig malen – denken Sie an Picassos Blaue Periode –, doch ist es durchaus möglich und auch üblich, zusätzlich einige warme Farben wie Rot, Gelb, Ocker oder Orange in das Bild einzuführen. Die oben gezeigten Farbmuster sind also etwas zu extrem für eine kalte Skala. Es lohnt sich jedoch, sie zu malen, weil Sie damit die Grundfarben dieser Skala üben.

Hier die Farben und ihre Reihenfolge

21. Perlgrau hell: Reinigen Sie zuvor die Pinsel und die Palette. Dieses Perlgrau entsteht aus einer Mischung geringer Mengen Blau, Karmin und Gelb mit viel Weiß.

22. Hellgrün: Reinigen Sie den Pinsel ein wenig. Blau, Gelb und Weiß in dieser Reihenfolge. Zum Abschluß eine winzige Spur Karmin.

23. Hellblau: blau und weiß

24. Hellgrünblau: Die vorige Farbe mit etwas mehr Blau und einer Spur Gelb.

158

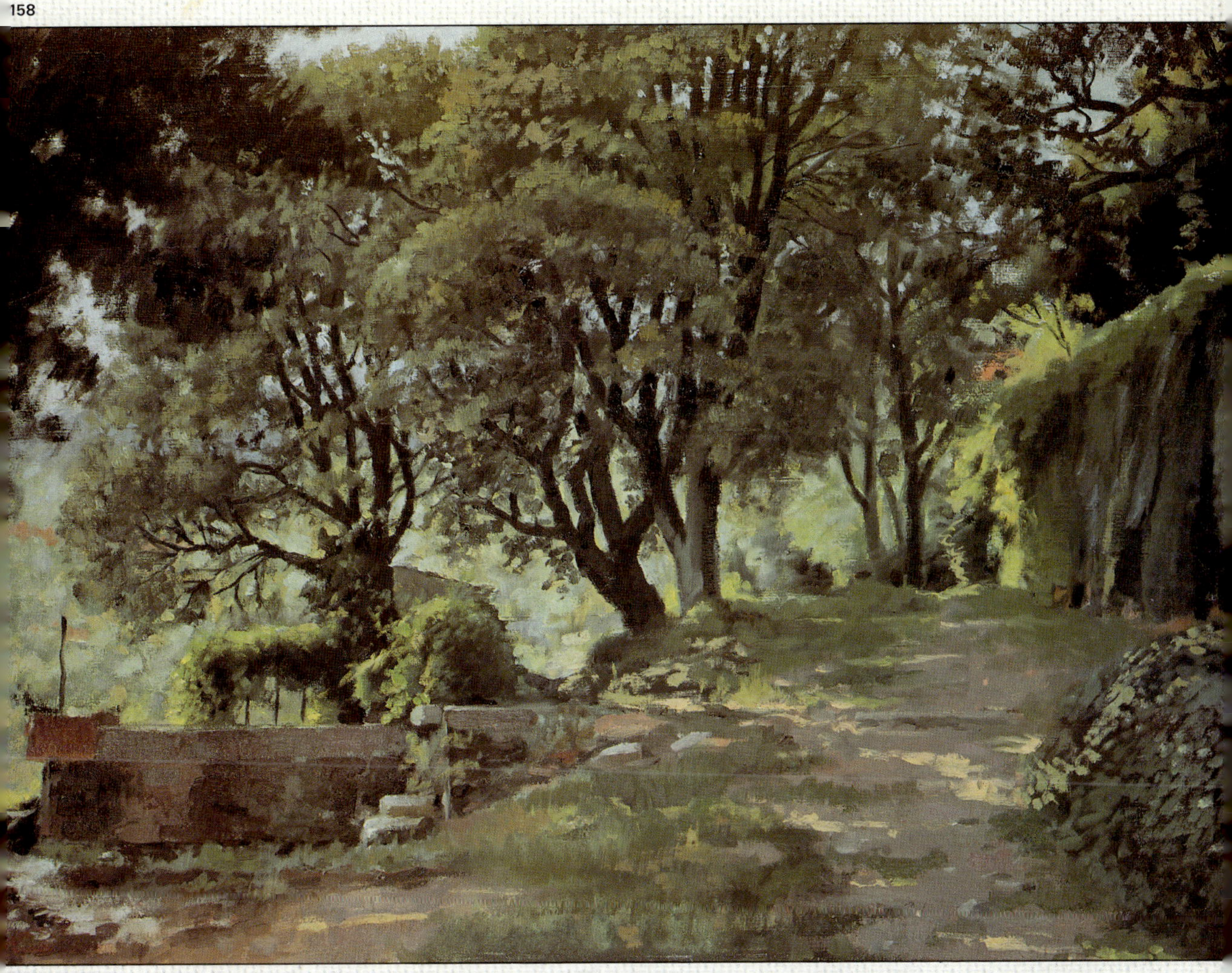

25. Khaki: Das Hellgrün von Nr. 22 sowie etwas Blau und eine Spur Karmin.
26. Fleischfarbe: Reinigen Sie den Pinsel bitte. Weiß mit Gelb und einer kleineren Menge Karmin. Zusätzlich kann ein winziger Anteil Blau erforderlich werden.
27. Perlgrau: Reinigen Sie den Pinsel. Blau, Gelb, Karmin und Weiß in größeren Anteilen als bei dem Grau von Nr. 21.
28. Mittelgrau: Verstärken Sie die vorige Farbe.
29. Hellgrün: Blau, Gelb und Weiß.
30. Mittelgrün: Verstärken Sie die vorige Farbe.
31. Ultramarinblau hell: Blau, Weiß und eine winzige Spur Karmin.
32. Ultramarinblau mittel: Verstärken Sie die vorige Farbe.
33. Dunkles Blaugrau: Mischung aus Blau mit einer winzigen Menge Gelb, Karmin und Weiß.
34. Intensives Grün: Blau mit einer winzigen Spur Gelb.
35. Dunkelgrün: Verstärken Sie die vorige Farbe, und fügen Sie eine winzige Menge Karmin hinzu.
36. Bläuliches Dunkelgrün: Zur vorigen Farbe eine Spur mehr Blau und ein bißchen mehr Weiß.
37. Kobaltblau: Blau und Weiß mit ganz wenig Karmin und noch weniger Gelb.
38. Neutrales Dunkelgrau: Blau, Gelb und Karmin mit einer Spur Weiß.
39. Dunkelviolett: Blau und Karmin, wobei letzteres leicht überwiegt.
40. Dunkelbraun: Blau und Karmin mit einer leichten Dominanz von Blau.

Abb. 158: José M. Parramón, *Landschaft in den Bergen Kataloniens*, Privatsammlung, Barcelona. Die Dominanz der grünblauen Farben dieser Landschaft ergibt sich aus der Darstellung mit einer Skala von kalten Farben.

Eine gebrochene Harmonieskala aus drei Farben

159

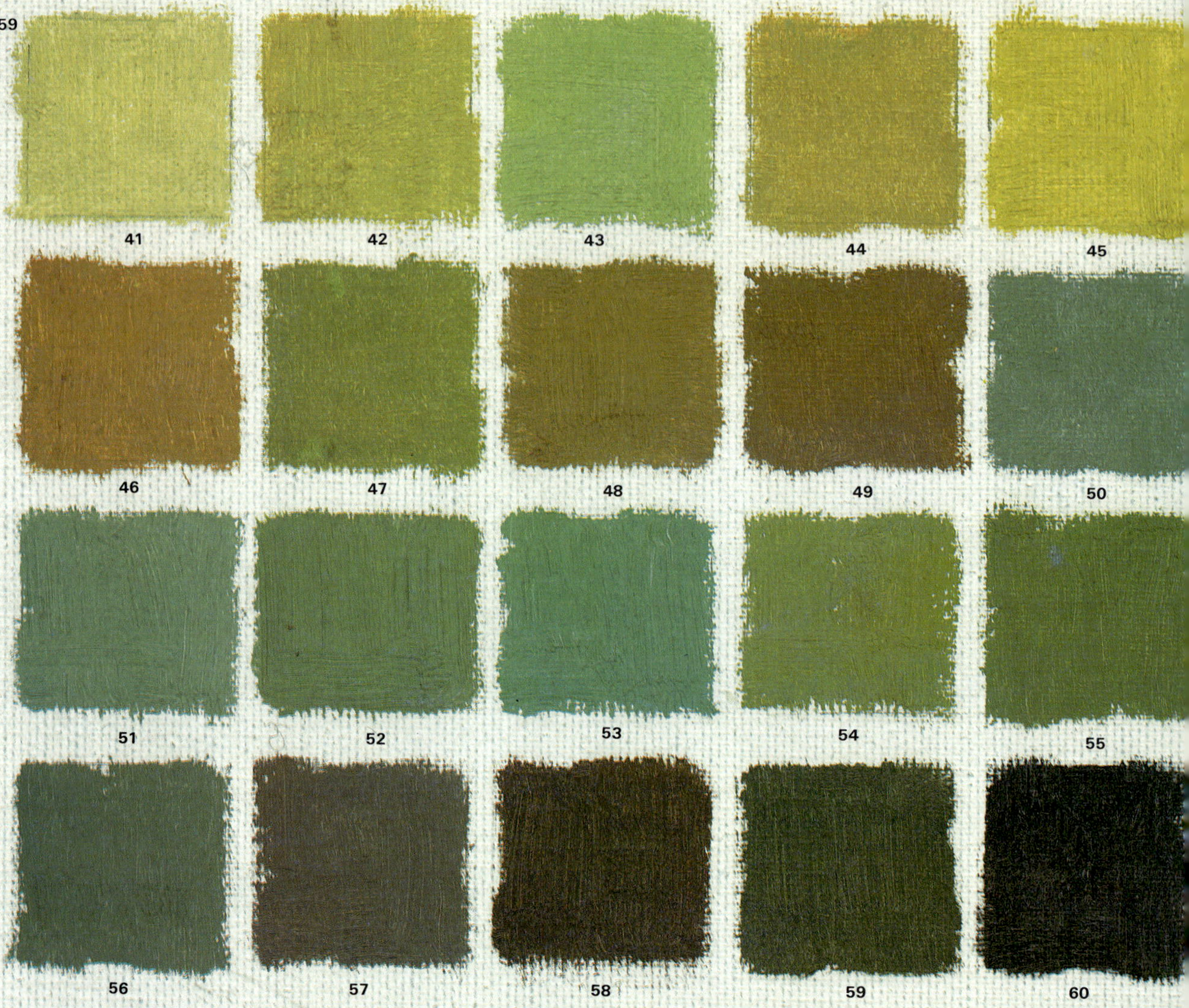

Keine der folgenden Farben läßt sich ohne einen gewissen Anteil von Blau malen. Es handelt sich um gebrochene, schmutzige Töne, die beinahe immer einen Graustich aufweisen und daher eine mehr oder weniger große Menge Blau enthalten. Reinigen Sie bitte vor Beginn der Arbeit sorgfältig Pinsel und Palette.

41. Hellcreme: Gelb und viel Weiß. Anschließend eine winzige Menge Karmin und eine noch geringere Spur Blau.

42. Lichter Ocker: Mischen Sie wie zuvor Gelb und Weiß, fügen Sie etwas Karmin und noch weniger Blau hinzu.

43. Gebrochenes Perlgrau: Die drei Farben mit etwas weniger Karmin, dazu Weiß.

44. Mittlerer Ocker: Reinigen Sie den Pinsel. Erhöhen Sie leicht die Farbanteile von Nr. 42.

45. Helle Fleischfarbe: Reinigen Sie den Pinsel. Verstärken Sie die Farbe Nr. 41 und fügen Sie weiteres Gelb und Karmin hinzu.

46. Helles Siena: Fügen Sie etwas Karmin zur Mischung von Nr. 44.

47. Gebrochenes Grün: Reinigen Sie den Pinsel. Gelb, Blau und etwas Karmin. Zum Abschluß etwas Weiß.

48. Helles Englischrot: Reinigen Sie den Pinsel. Mischen Sie aus Gelb, Karmin und etwas Weiß rotstichiges Orange. Fügen Sie dann nach und nach Blau hinzu, bis Sie die gewünschte Nuance erreicht haben.

Abb. 159: Skala von gebrochenen Farben aus einer Mischung von Komplementärfarben plus Weiß.

160

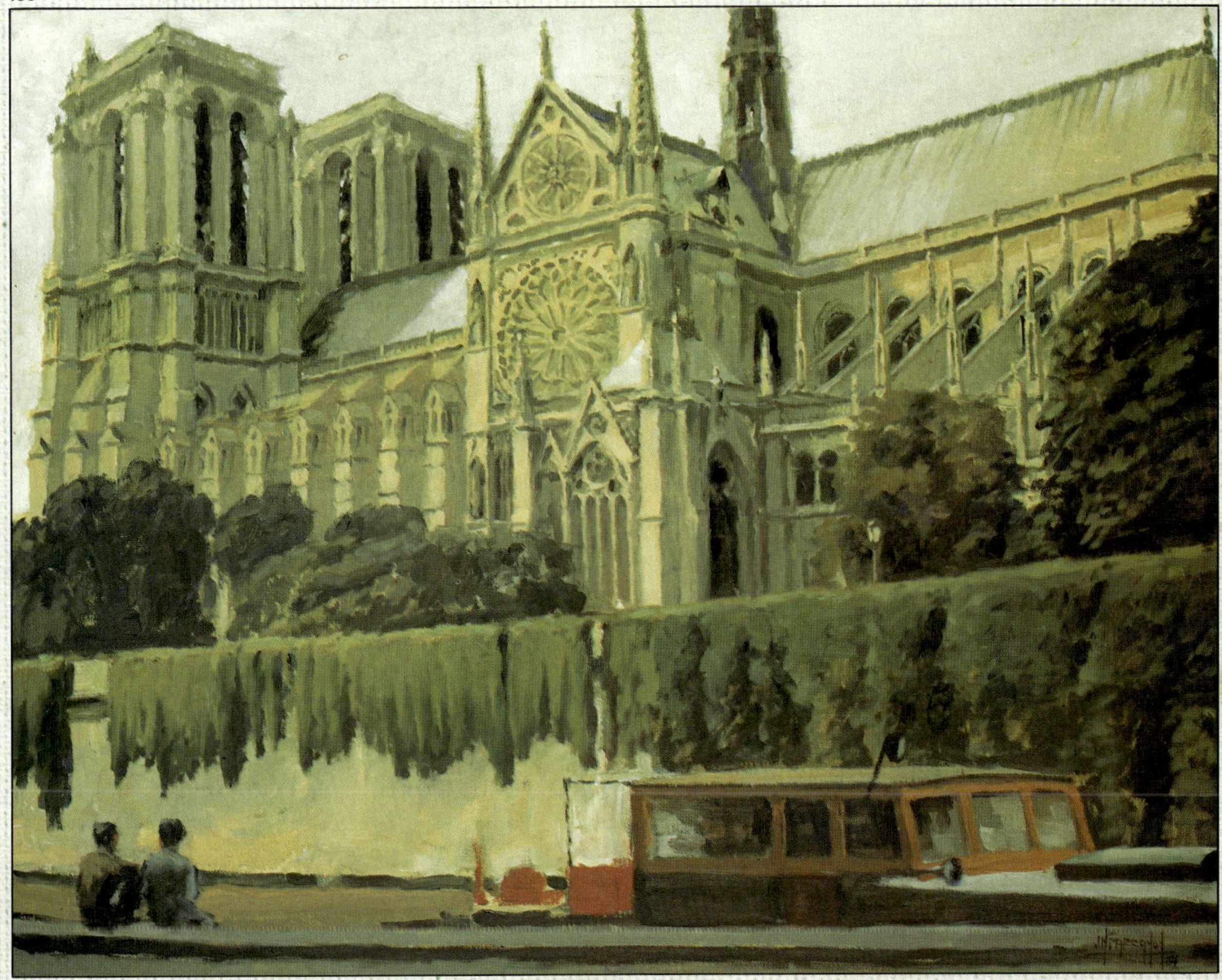

Abb. 160: José M. Parramón, *Die Kathedrale Notre Dame in Paris*, Privatsammlung des Künstlers, Barcelona. Bei dieser Stadtlandschaft erkennen Sie den Nuancenreichtum einer Skala aus gebrochenen Farben.

49. Englischrot dunkel: Wie zuvor, jedoch ohne Weiß.

50, 51, 52, 53 und 56. Blaustichige Grautöne: Reinigen Sie den Pinsel. Diese fünf Farben besitzen ähnliche Nuancen. Sie bestehen grundsätzlich aus Blau und Weiß, zu denen etwas Karmin und Gelb kommen. Die Nuancen werden aus Hellblau gewonnen, zu denen man nach und nach winzige Mengen Karmin und Gelb gibt, den jeweiligen Ton genau kontrolliert und ihn mit mehr Weiß, mehr Karmin oder mehr Gelb etc. abstimmt.

54 und 55. Gebrochene Grüntöne: Reinigen Sie den Pinsel. Zwei sehr ähnliche Farben. Die erste (54) gleicht stark dem gebrochenen Grün von Nr. 47, so daß wir mit dessen Mischung aus Gelb, Blau und etwas Karmin beginnen und zusätzlich eine Spur Weiß hinzufügen. Für die Farbe Nr. 55 brauchen wir nur etwas mehr Blau und Karmin (evtl. außerdem eine Spur Gelb, da die Farbe etwas intensiver ist als die von Nr. 54).

57 und 58. Dunkelviolett: Die Farben sind beinahe so dunkel wie schwarz. Also mischen Sie aus allen drei Farben schwarzes Grau – ohne Weiß –, und fügen Sie zusätzlich Karmin hinzu, für Nr. 58 etwas mehr als für Nr. 57.

59. Dunkles, beinahe schwarzes Grau: Die drei Farben nacheinander zu gleichen Teilen, bis reines Schwarz entsteht, zu dem Sie eine winzige Spur Weiß geben.

60. Schwarz: Dieselbe Mischung wie zuvor, jedoch ohne Weiß.

Ein Apfel mit drei Farben

161

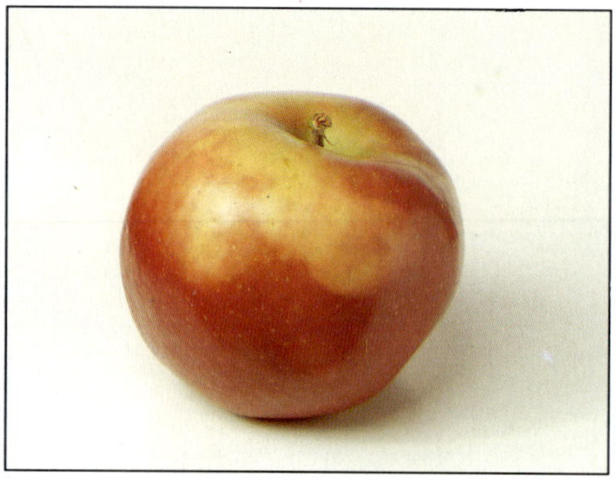

Hier mein Modell: ein Apfel. Wählen Sie ebenfalls einen Apfel, der diesem ähnlich sein und ungefähr dieselben Farben besitzen sollte. Im Grunde kann es sich sowohl um einen Apfel als auch um eine Birne oder einen Pfirsich handeln. Jede kugelförmige Frucht, die keine zeichnerischen Probleme aufweist, eignet sich, um die Technik der Ölmalerei zu üben und Erfahrung im Mischen mit den drei Pigment-Grundfarben Gelb, Blau und Purpur (plus Weiß) zu sammeln, aus denen alle Farben zusammengesetzt sind.
Beginnen wir mit der Vorzeichnung. Mit Zeichenkohle ziehen wir zunächst einen Kreis und legen die Flächen für Licht und Schatten des Apfels an. Wir verwischen und verschmelzen die Kohlestriche mit den Fingern. Dabei arbeiten wir spontan und energisch, denn wir wissen, daß sich die Zeichenkohle mühelos mit einem Lappen oder einem knetbaren Radiergummi wieder entfernen läßt (Abb. 162 und 163).

Nachdem Sie die Zeichnung beendet haben, müssen Sie sie mit einem Spray fixieren. Vergessen Sie also nicht:

Wurde die Zeichnung für ein Ölbild mit Kohle angefertigt, muß sie nach Fertigstellung fixiert werden, damit das Kohlepulver die Farben nicht verschmutzt.

162

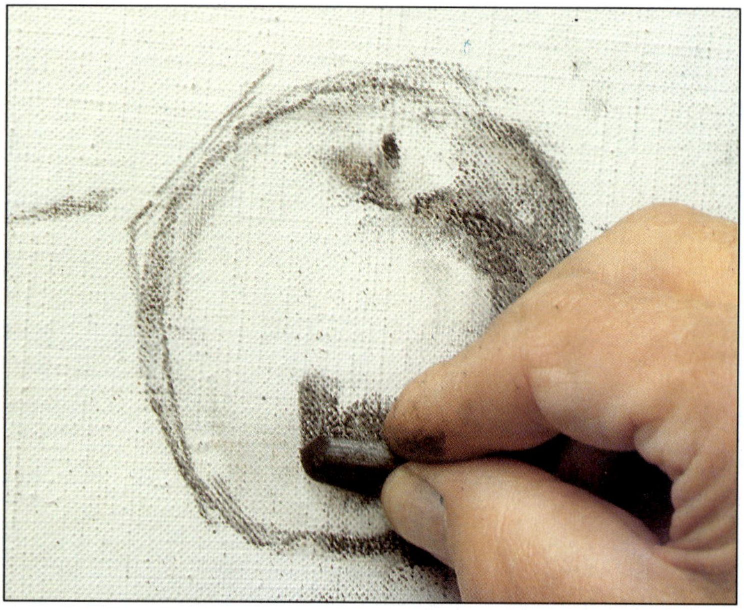

163

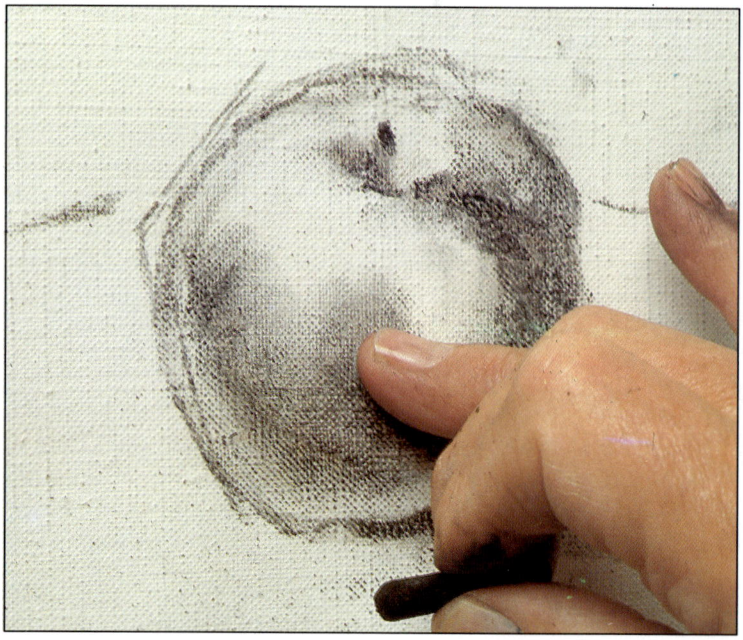

Abb. 161: Hier der Apfel, unser Modell, den wir nur mit Gelb, Krappkarmin und Preußischblau (plus Weiß) malen werden.

Abb. 162: Nachdem ich die Form, also den Umriß des Apfels gezeichnet habe (Sie erinnern sich an die Kugel, denn daraus besteht der Apfel), beginne ich, mit der flach aufliegenden Zeichenkohle jene Stellen abzuschatten, die den dunkleren Rottönen entsprechen.

Abb. 163: Beim Zeichnen mit Kohle verwischt man die Striche am besten mit der Fingerkuppe, bis der gewünschte Tonwert erreicht ist.

Und nun wollen wir malen. Allerdings rate ich Ihnen, zuvor einige Farbproben mit Preußischblau und Krappkarmin plus Weiß und Gelb auf einem Extrablatt anzufertigen, um die außerordentliche Kraft dieser beiden Primärfarben zu erleben. Legen Sie das Weiß in die obere rechte Ecke Ihrer Palette, und fahren Sie nach links mit Gelb, Karmin und Blau in dieser Reihenfolge fort. Nehmen Sie nun Ihren Pinsel Nr. 12, geben Sie etwas Weiß in die Mitte der Palette, und fügen Sie nicht ganz soviel – genauer gesagt: viel weniger – Preußischblau hinzu. Reinigen Sie den Pinsel. (Drücken Sie dazu den Haarkörper mit den Fingern und Zeitungspapier aus, um die Farbe zu entfernen. Wiederholen Sie das Verfahren anschließend mit Balsamterpentin und einem Lappen.) Nehmen Sie nun ein wenig Weiß auf, und mischen Sie es mit einer Spur Karmin. Reinigen Sie den Pinsel erneut (oder wechseln Sie ihn gegen den von Nr. 8 aus), und mischen Sie Gelb mit Blau und Karmin, so daß Sie selbst erfahren, wie stark sowohl Preußischblau als auch Krappkarmin färben. Beide Farben dürfen also nur äußerst vorsichtig und höchstens in mittleren Mengen kontrolliert zugemischt werden.

Und jetzt geht es los. Betrachten Sie Abbildung 164. Von links nach rechts benötigen wir zunächst eine Mischung aus Gelb und Karmin. Es folgen reines Gelb für die Mitte und zum Abschluß Karmin für die rechte Seite. Alle Farben werden unverdünnt und ohne Weiß in breiiger Konsistenz aufgetragen, wie sie aus der Tube kommen.

Fahren wir fort mit Abbildung 165. Hier kommt eine Spur Preußischblau hinzu, das in der Mischung mit Karmin jenen bräunlichen karminstichigen Ton ergibt, den die schattigen Stellen aufweisen.

164

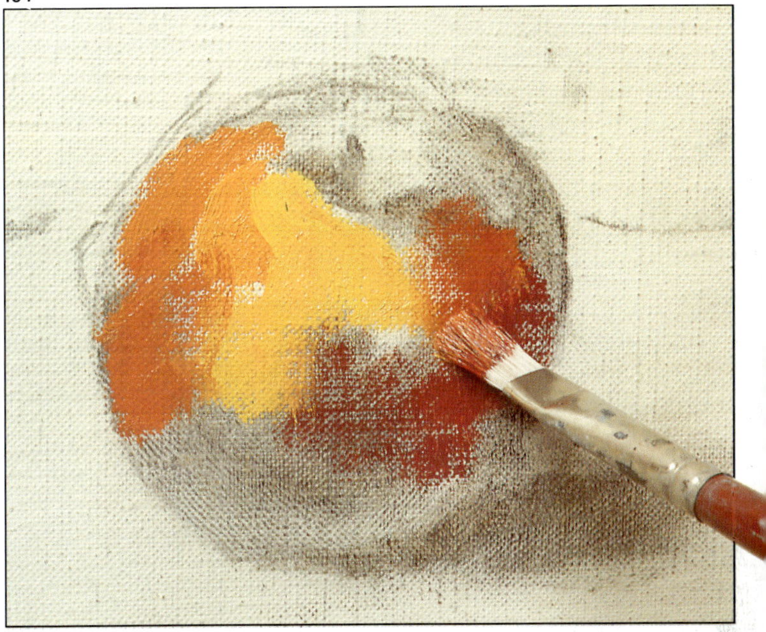

165

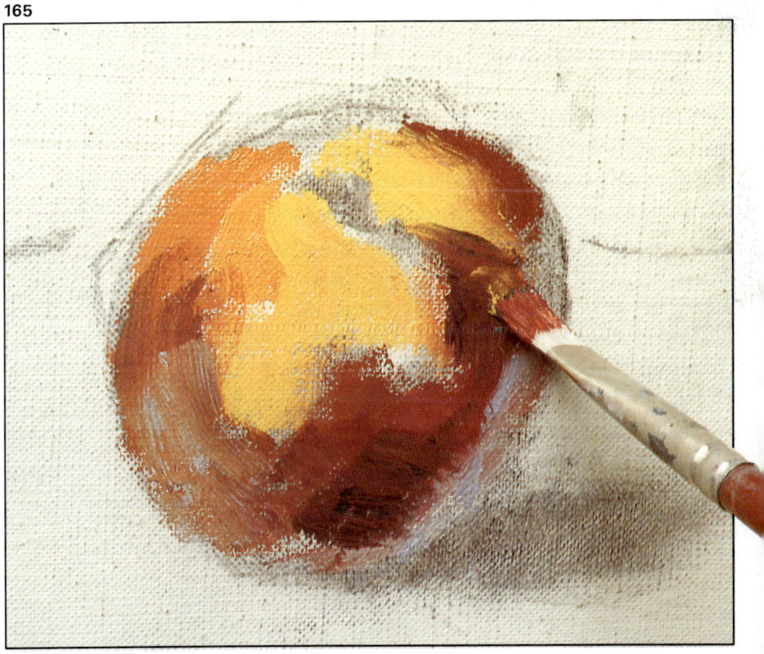

Abb. 164: Ich schütze die Kohlezeichnung mit einem Fixierspray und beginne zu malen. Die ersten Farbflecken bestehen praktisch aus reinen Farben. Anhand der zuvor mit Kohle angelegten Schatten erkenne ich die Aufteilung der hellen und dunklen Töne.

Abb. 165: Ich beginne, einige Töne mit dem Pinsel zu verschmelzen, und überlagere die Mischung aus Karmin und Gelb mit Karmin und einer Spur Blau.

Ein Apfel: zweites und drittes Stadium

Fahren wir mit dem Apfel fort. Malen Sie den oberen Abschnitt zunächst mit Gelb. Begrenzen Sie den Rand mit einem Karminstrich, und verschmelzen Sie beide Farben. Malen Sie anschließend die Form und die dunkle Farbe für den Stielansatz (Abb. 166). Dazu verstärken Sie das Karmin mit etwas Blau und legen die dreieckige Form mit einem Strich der Pinselkante von unten nach oben an. Die Abstufungen und Verschmelzungen stellen Sie mit dem Finger her, doch ohne zu übertreiben. Einige präzise Tupfer auf der Vorderseite genügen, um das Ergebnis zu erhalten, das die folgenden Abbildungen zeigen.

Aus der Mischung der drei Farben plus reichlich Weiß erhalten Sie mittleres Grau, das mit einer weiteren Spur Blau kaltes Perlgrau ergibt. Damit malen Sie den Wurfschatten des Apfels (Abb. 167).

Abbildung 168 zeigt den Apfel zum Abschluß des zweiten Stadiums. Das Spitzlicht wurde mit einem weißen Strich bei innenliegendem Pinselstiel angelegt (siehe S. 52, Abb. 109), so daß die weiße Farbe auf dem noch feuchten Gelb haften bleibt. Auf den Abbildungen 169, 170 und 171 erkennen Sie die Abschlußarbeiten mit dem hellgrauen Hintergrund, dem bläulichschwarzen Pinselstrich unten am Wurfschatten sowie dem kleinen Apfelstiel aus bräunlichem Schwarz, das aus der Mischung aller drei Farben mit einer leichten Dominanz von Karmin und Gelb entstand. Natürlich ist das fertige Bild kein Kunstwerk, sondern nur ein Beispiel für die Ölmalerei mit drei Farben. Ich hoffe, die Übung hat Ihnen trotzdem Spaß gemacht.

Abb. 166: Ja, auch bei den Ölfarben malt man mit den Fingern. In diesem Fall verschmelze ich zwei Töne einer kleinen Stelle des Modells.

Abb. 167: Nun befasse ich mich mit dem Wurfschatten des Apfels. Dafür benötige ich eine graublaustichige gebrochene Farbe. Es handelt sich um einen kalten Schatten, der mit den warmen Farben des Apfels kontrastiert und gleichzeitig harmoniert.

Abb. 168: Um die Farben des Apfels in ihrer ganzen Brillanz hervorzuheben, töne ich den Hintergrund mit sehr hellem, beinahe weißem Grau ab. Beachten Sie das Spitzlicht des Apfels. Nur dieses enthält reines Weiß.

Abb. 169: Um den Anschein zu erwecken, daß der Apfel auf einem Tisch liegt, stumpfe ich die Fläche im Schatten darunter ab.

Abb. 170: Einige wichtige Details: Mit einem feinen Pinsel male ich den kleinen Stengel.

Abb. 171: Das fertige Bild.

166

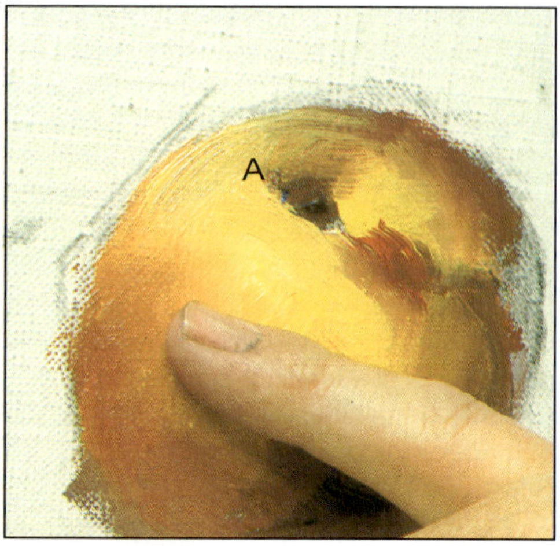

167

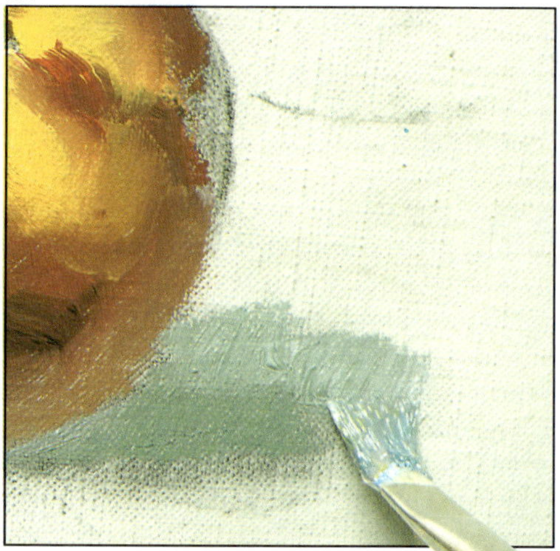

168

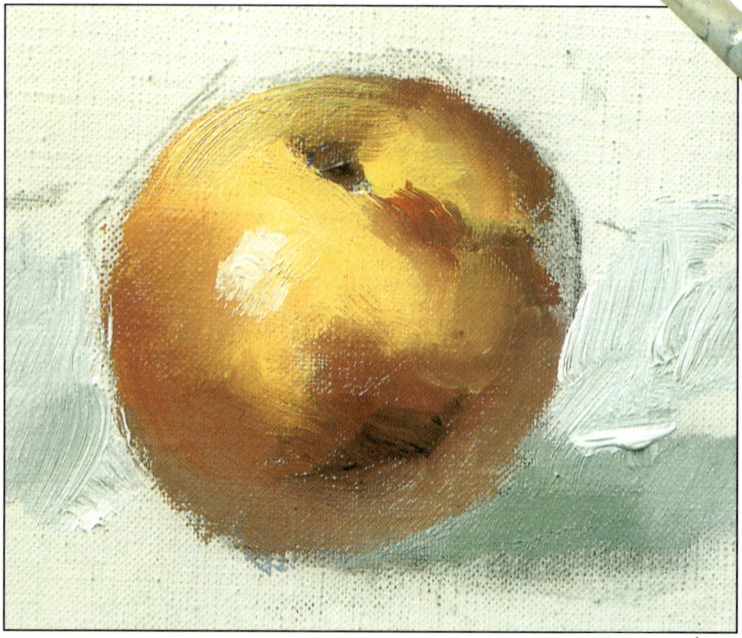

169

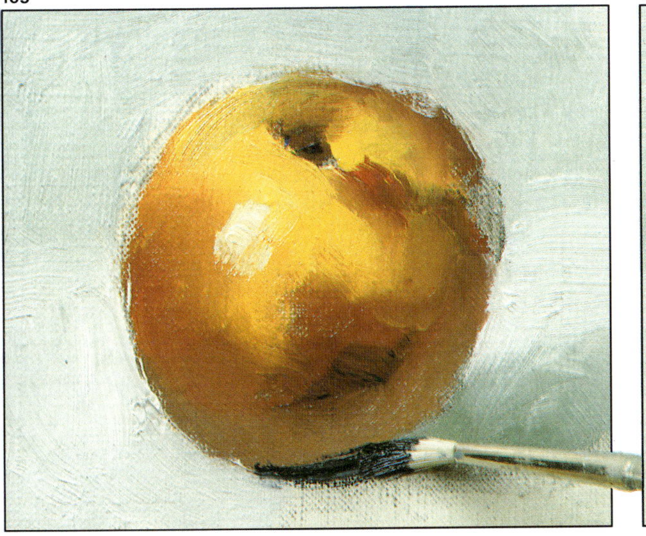

170

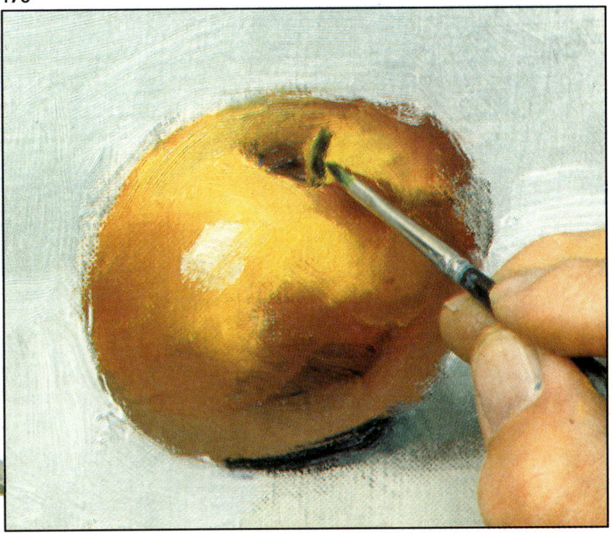

171

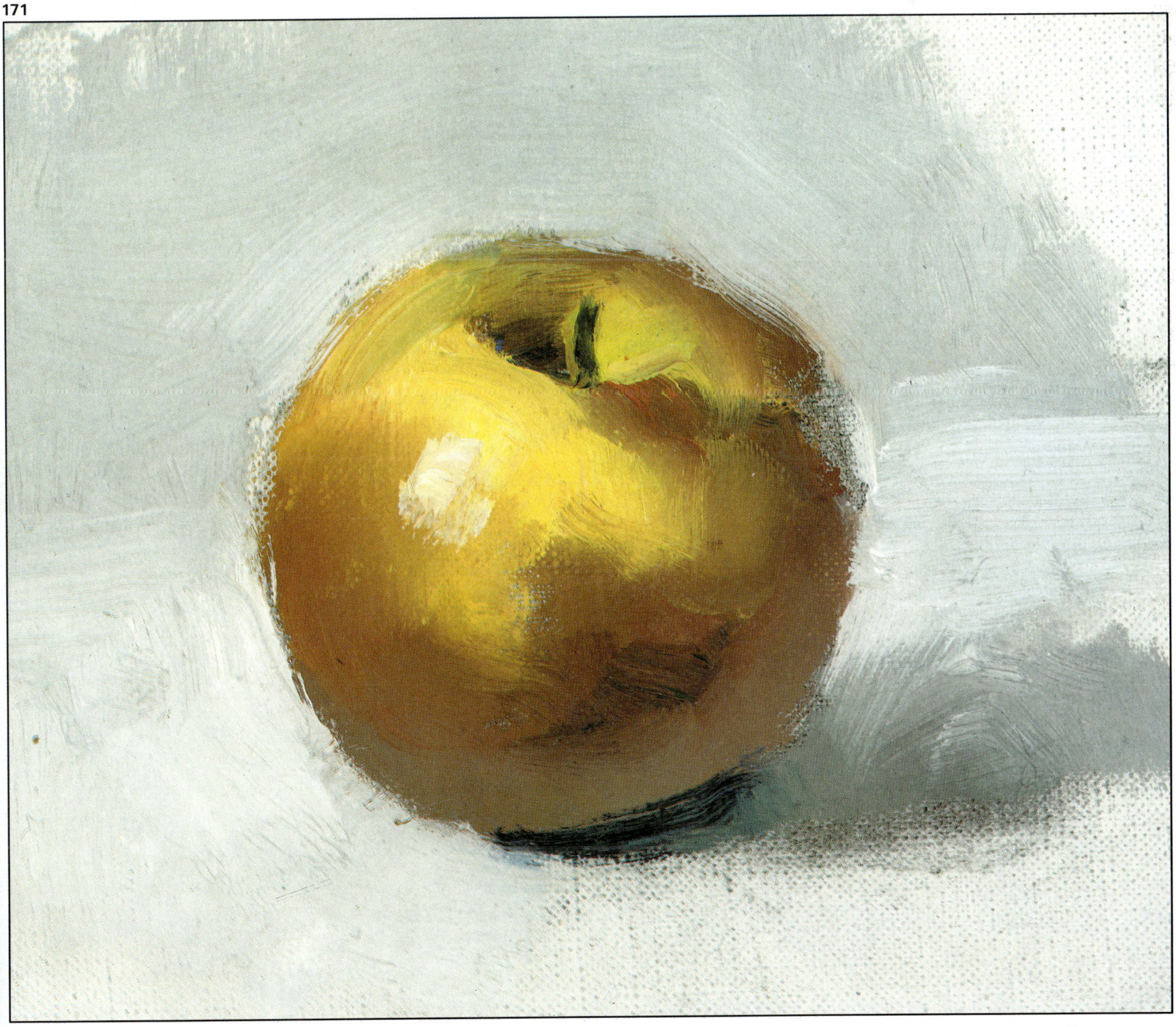

Ein überzeugender Beweis — mit drei Farben plus Weiß

Eigentlich benötigt der Leser dieses Buches keinen weiteren Beweis. Aber . . .
Auf meiner Palette befinden sich noch ausreichend Blau, Karmin und Gelb. Ich brauche also nur etwas Weiß hinzuzufügen. Ich hole den Spiegel, der in meinem Atelier hängt, und stelle ihn vor mir auf. Anschließend nehme ich eine Leinwand und fange ohne weitere Vorbereitung an, mein Gesicht zu malen, wie es sich mir im Spiegel zeigt.
Nichts spricht dagegen, daß Sie diese Übung ebenfalls durchführen. Vielleicht fehlt es Ihnen noch an Erfahrung. Aber die erwirbt man nur in der Praxis, also beim Malen. Natürlich müssen Sie noch eine Menge über das Mischen der Farben und die Techniken lernen, die Sie auf den letzten Seiten dieses Buches anwenden werden, wenn Sie gemeinsam mit mir ein Stilleben malen. Das ist jedoch kein Grund, sich nicht auf den besten aller Wege zu machen: das Lernen in der Praxis. Also fangen Sie gleich damit an.

Inzwischen sind zwei Stunden vergangen. Meine Frau María betritt das Atelier und stellt sich hinter mich.
„Nur mit drei Farben gemalt", erkläre ich, bevor sie ein Wort sagen kann.
Sie blickt auf meine Palette und betrachtet das soeben gemalte Bild. „Das scheint fast unmöglich zu sein."
Es folgt eine lange Stille, die ich als Bewunderung auslege. „Es ist gut, wirklich gut. Aber . . ."
„Aber was? Was hast du daran auszusetzen?"
„In Wirklichkeit hast du weniger Haare auf dem Kopf und dafür mehr Falten auf der Stirn." Mit diesen Worten flüchtet sie zur Tür.
Bevor sie hinausgeht, dreht María sich noch einmal um, sieht mich an und meint lächelnd: „Du bist eben schon ziemlich alt."
Damit schließt sie die Tür.

Abb. 172: Zunächst fertige ich mit der Pinselspitze und stark verdünntem Blau mit einer Spur Karmin eine Vorzeichnung meines Selbstporträts an.

Abb. 173: Direkte Malerei im impressionistischen Stil. Die Formen und Farben sind bereits abgestimmt.

Abb. 174: Drei Farben, mehr braucht man nicht. Hier das Ergebnis. Es ist überzeugend, nicht wahr?

Abb. 175: So sah meine Palette während der Anfertigung meines Selbstporträts aus. Wie Sie sehen, wurden alle Farben ausschließlich aus den drei Grundfarben Gelb, Karmin und Blau plus Weiß gemischt.

172

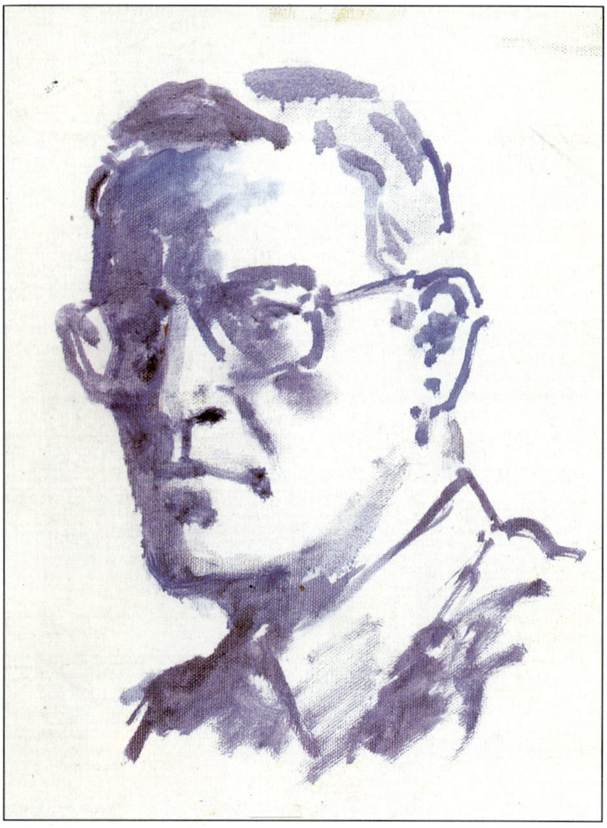

173

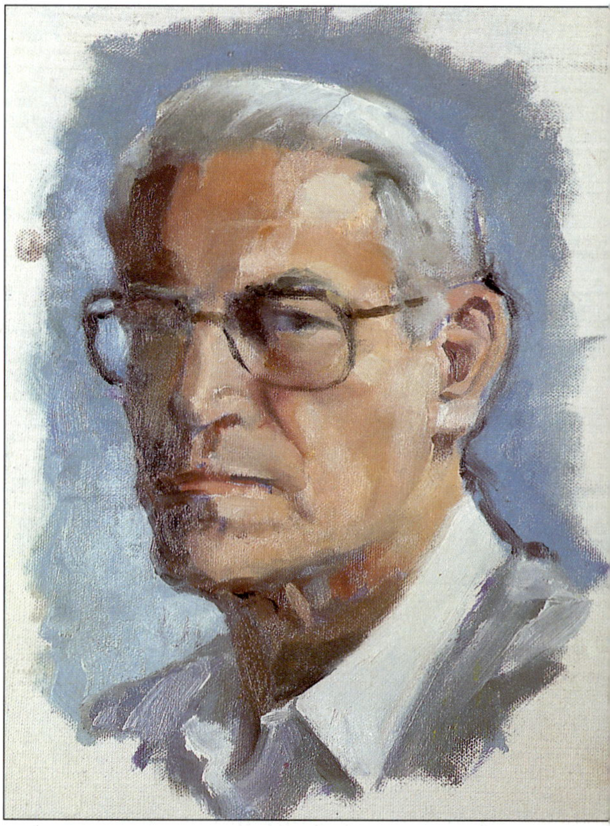

174

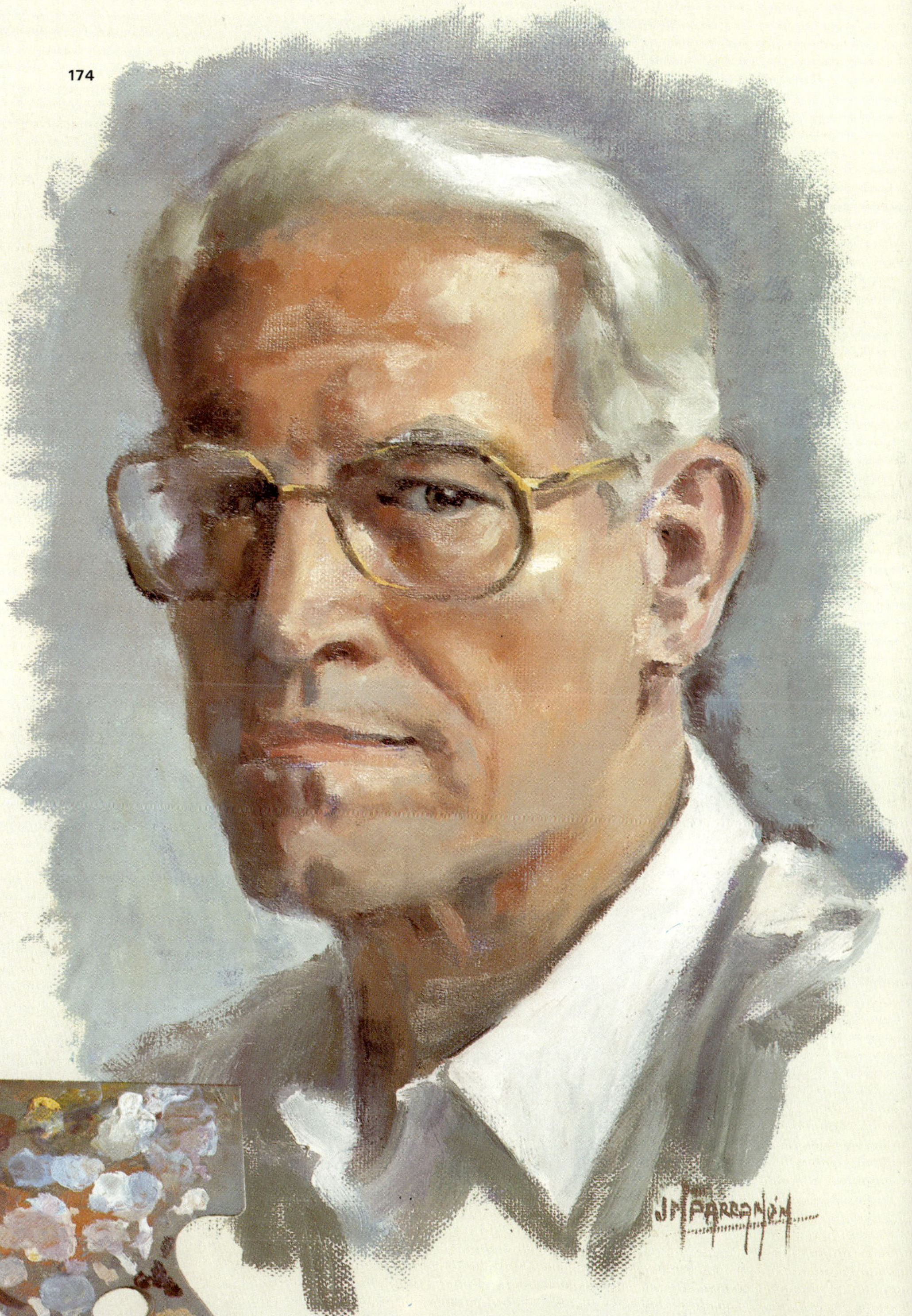

175

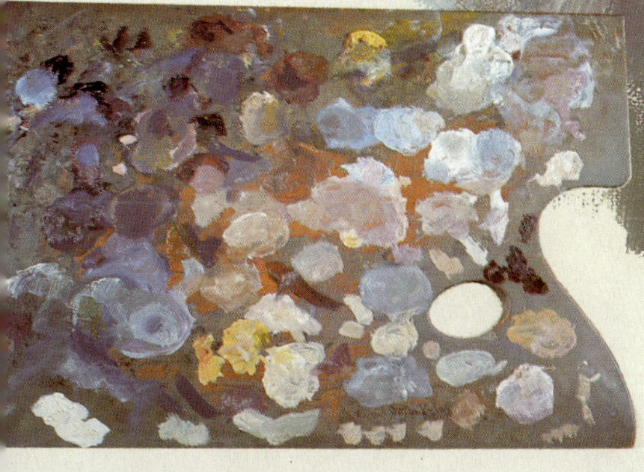

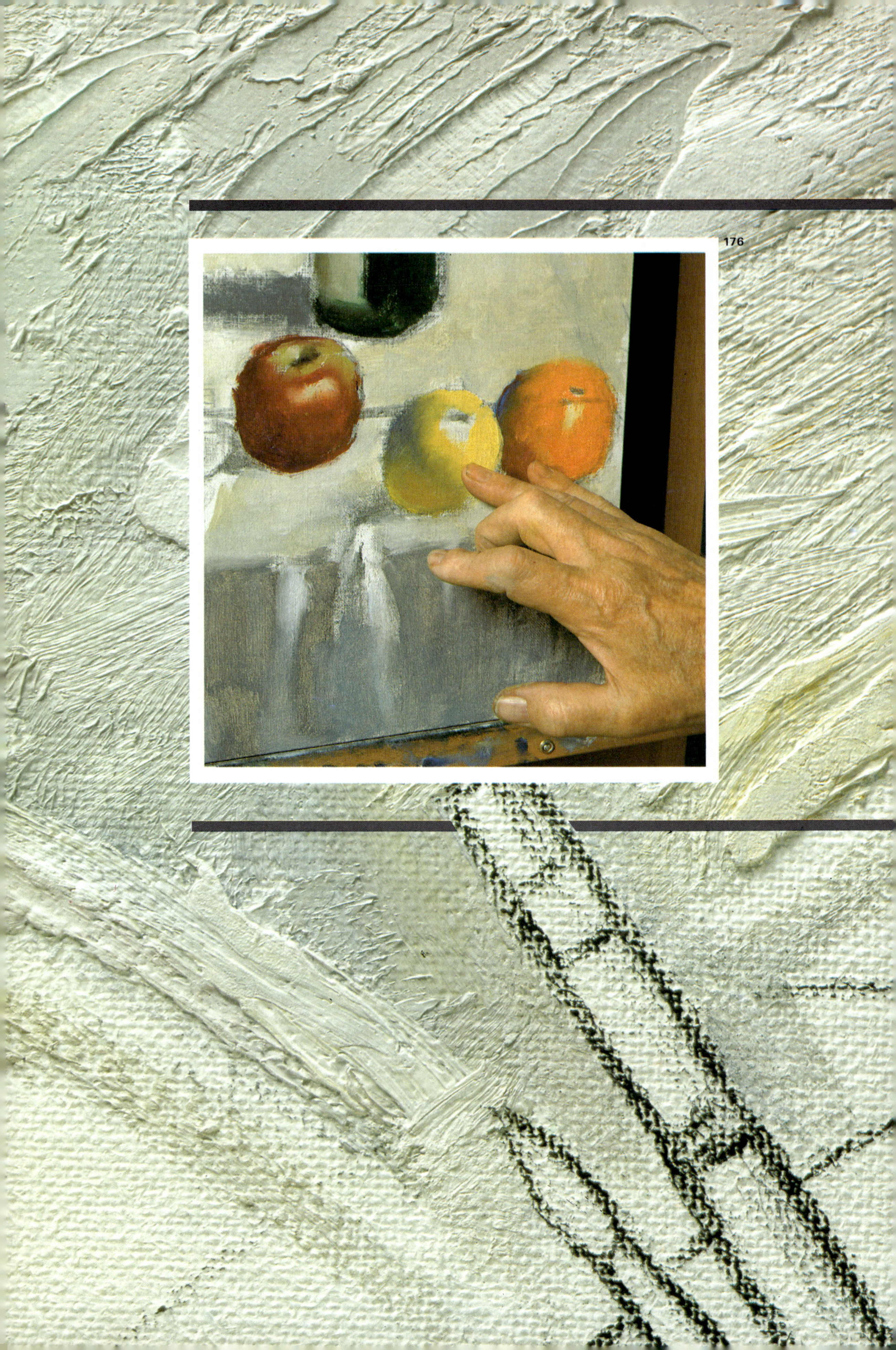

Hier das letzte Kapitel des Buches. In ihm erfahren Sie, wie man ein Ölbild beginnt. Ich erkläre die Primatechnik und die Schichtenmalerei. Ferner ist von den Simultankontrasten die Rede sowie von jenen Kontrasten, die der Künstler bewußt schafft, um gewisse Stellen seines Werkes hervorzuheben. Gleichzeitig ist es ein praktisches Kapitel, in dem wir das zuvor Erlernte noch einmal zusammenfassen. Wir beginnen mit der Wahl eines Modells bei Ihnen zu Hause, fahren fort mit der Untersuchung seiner Komposition und malen es schließlich mit allen Farben. Dabei brauchen Sie nur der schrittweisen Demonstration zu folgen, die ich für Sie durchführen werde.

DIE ÖLMALEREI IN DER PRAXIS

Auswahl und Komposition eines Themas zum Malen

177

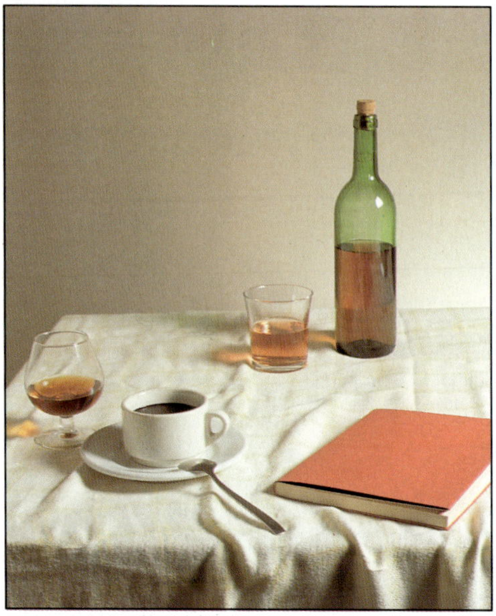

178

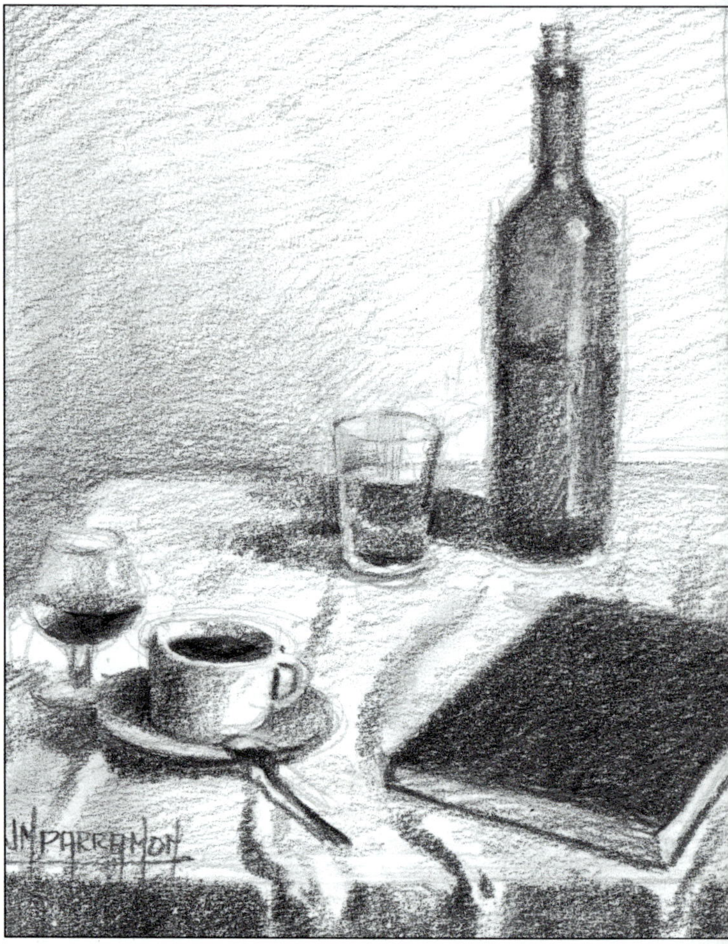

Untersuchen wir nun ein Thema zum Malen mit allen Ölfarben. Es handelt sich um ein Stilleben, damit Sie diese praktische Übung in Ihrer Wohnung durchführen können und keiner zeitlichen Beschränkung unterliegen. Sie brauchen nur dem Herstellungsverfahren meines Bildes zu folgen, das ich anschließend Schritt für Schritt erläutern werde.
Unser Stilleben könnte folgenden Titel tragen:
„Nach dem Essen."
Sehen Sie selbst: Ich habe mir überlegt, was sich nach dem Essen, während man einen Kaffee trinkt, auf dem Tisch befinden könnte: eine Kaffeetasse mit Untertasse, eine Weinflasche mit einem halbgefüllten Glas, einige Früchte... Das ergibt ein gutes Thema zum Malen. Folgendes geschah, als ich gestern mein Modell komponierte:
„Hör zu", sagte ich zu meiner Frau María, „räume den Tisch noch nicht ab. Ich möchte eine Skizze davon anfertigen." Bei der Rückkehr ins Eßzimmer kam mir der Gedanke, ein rotes Buch hinzuzufügen. Ich nahm also ein Buch, legte einen roten Einband herum und plazierte es neben der Kaffeetasse. Anschließend zeichnete ich die Skizze, die Abbildung 178 zeigt. Grundsätzlich gefiel mir die Idee. Deshalb malte ich am Nachmittag die Farbnotiz von Abbildung 179. Dabei ließ ich das Weinglas fort und ersetzte die Weinflasche durch eine Kognakflasche.
Das ist nicht schlecht, überlegte ich. Aber der Inhalt ist etwas dürftig.
Also begann ich, die Komposition zu untersuchen, wechselte einige Elemente aus und veränderte deren Lage. Dabei kam ich auf den Gedanken, diese Studie für die zusammenfassende Übung zu verwenden, die ich an den Schluß meines Buches stellen wollte. Hier der Ablauf des Verfahrens:
Abb. 180: Erste Kompositionsstudie. Ich habe das rote Buch wieder entfernt und dafür eine Kaffeekanne sowie einen Apfel in die Komposition aufgenommen. Wie sieht das aus? Nun, in gewisser Weise ist das Thema bereichert worden. Es enthält mehr Elemente als zuvor, doch die Flasche, das Glas, die Kaffeekanne und der Apfel bilden eine Gruppe für sich, die der Einheit des Gesamtbildes schadet. Als hätten die

Abb. 176 (vorige Seite): Ausschnitt des Stillebens, das wir auf den folgenden Seiten Schritt für Schritt malen werden.

Abb. 177, 178 und 179: Versuch einer Komposition des Stillebens „Nach dem Essen": Foto des Modells mit zusätzlichem roten Buch; eine Bleistiftskizze sowie eine Farbnotiz in Öl, für die das Glas weggelassen und die Weinflasche gegen eine Kognakflasche ausgetauscht wurde. Das Ergebnis ist ziemlich dürftig.

79

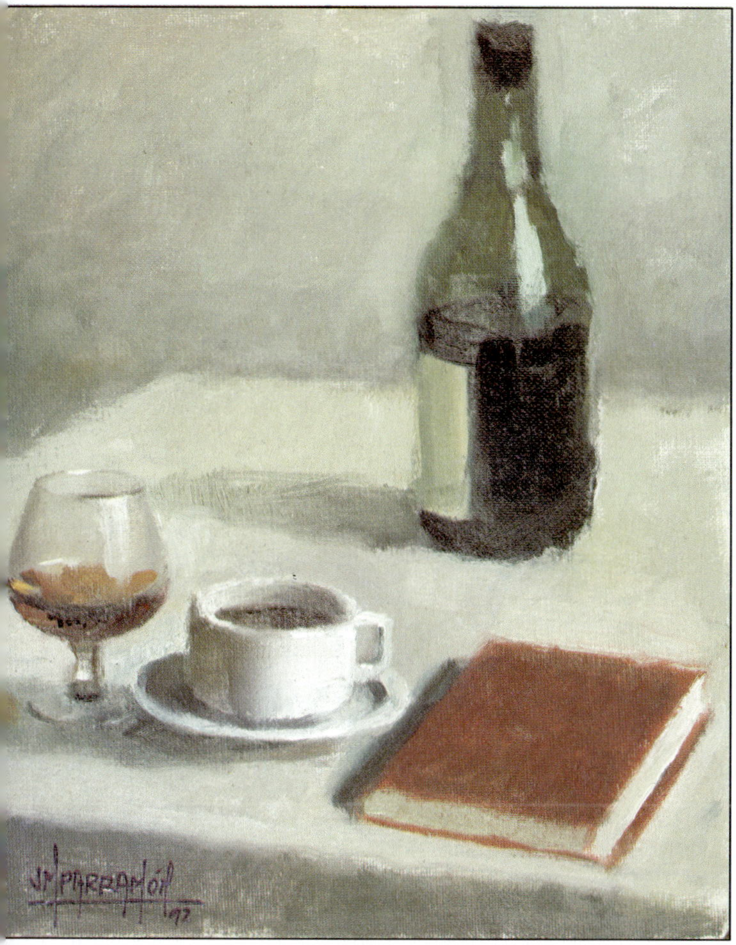

180

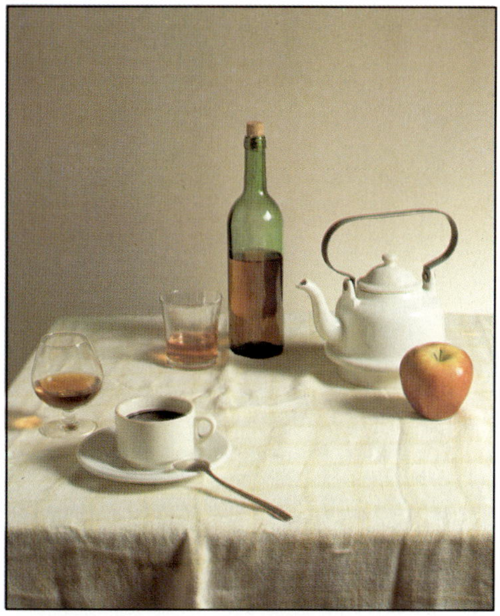

181

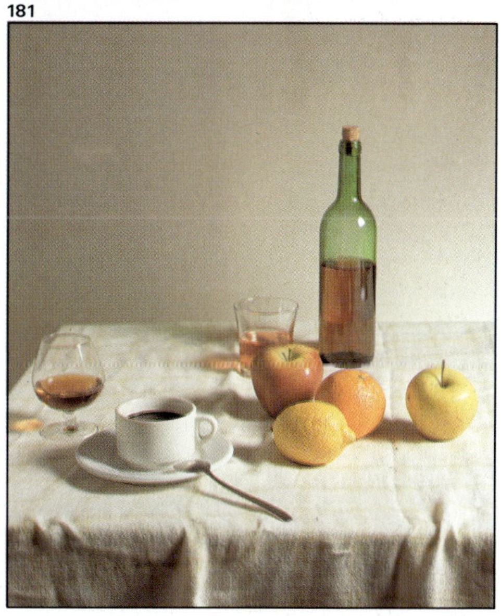

Abb. 180 und 181: Zweiter und dritter Kompositionsversuch. Ich bin wieder zur Weinflasche mit dem Glas zurückgekehrt und habe eine Kaffeekanne sowie einen Apfel hinzugefügt. Diese Komposition weist jedoch ein Übermaß an Vielfalt auf. Bei dem Versuch von Abbildung 181 habe ich daher die Kaffeekanne wieder entfernt und an deren Stelle einige Früchte gelegt. Doch jetzt herrscht zu große Einheit.

Kaffeetasse und der Kognakschwenker im Vordergrund nichts oder fast nichts mit dem Rest zu tun.

Abbildung 181: Zweite Kompositionsstudie. Ich tausche die Kaffeekanne gegen einige Früchte aus. Nein, das ergibt eine übermäßige Einheit. Die Komposition ist langweilig, ihr fehlt es an Vielfalt.

Lassen Sie mich die beiden Begriffe Einheit und Vielfalt in der künstlerischen Komposition näher erklären. Der griechische Philosoph Platon antwortete auf die Frage, worin die Kunst der Komposition bestehe:

**Komponieren heißt,
Einheit innerhalb der Vielfalt
anzustreben und zu finden.**

Und umgekehrt. In der ersten Kompositionsstudie (Abb. 180) herrscht eine übermäßge Vielfalt. Die Kaffeekanne und der Apfel bilden ein Interessenszentrum, das die Aufmerksamkeit von der Tasse und dem Schwenker ablenkt. Zwischen beiden Gruppen befindet sich ein Leerraum. Bei der zweiten Kompositionsstudie (Abb. 181) ist das Umgekehrte passiert: Die Flasche, das Glas und die Früchte bilden ein schlechtgeordnetes Ganzes, dem es an Vielfalt mangelt. Wie sagte der Pädagoge Jean Guitton? „Komponieren heißt, das Gleichgewicht, das richtige Verhältnis und damit die Schönheit anzustreben." Aber fahren wir fort.

Komposition und Interpretation

182

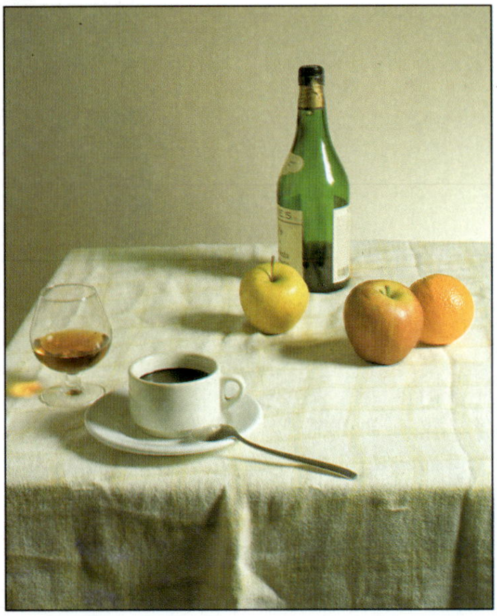

183

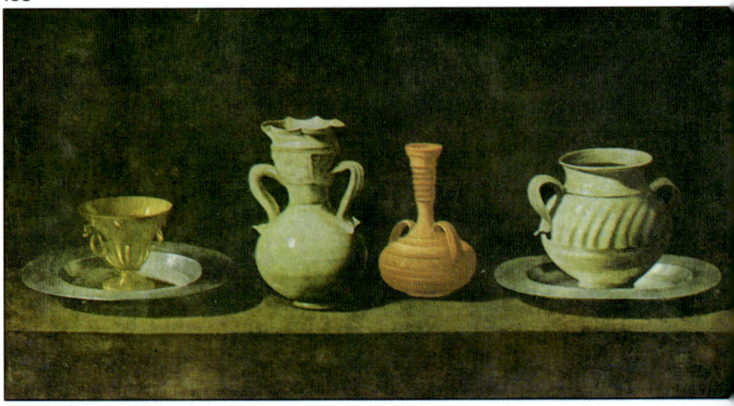

Abb. 182 und 183: Ein erneuter Versuch. Ich kehre zu der Kognakflasche zurück, verringere die Anzahl der Früchte und erinnere mich plötzlich an das „Stilleben“ von Zurbarán, das sich im Prado in Madrid befindet.

Abbildung 182: Dritte Kompositionsstudie. Ich kehre zur Kognakflasche zurück, die etwas niedriger und stilisierter ist und lasse die Weinflasche und das Weinglas fort. Außerdem lege ich einen roten Apfel sowie eine Orange vor den gelben Apfel. Ich schiebe die Kaffeetasse und das Kognakglas näher an den Tischrand. Außerdem wähle ich einen tieferen Ausschnitt, damit dem Faltenwurf des Tischtuchs größere Bedeutung zukommt. So ist es besser, denn die leere Fläche zwischen den Elementen hat sich verringert. Und trotzdem ... Mir kommt Zurbaráns berühmtes „Stilleben“ in den Sinn, das im Prado in Madrid hängt. Dessen Komposition besteht aus einer Reihe von Tongefäßen, die auf einem Tisch nebeneinander aufgereiht sind und unmittelbar von vorn gesehen werden (Abb. 183). Durch Assoziation fällt mir ein eigenes Bild ein, ebenfalls ein Stilleben, das ich für eines meiner Bücher gemalt habe und in dem das Motiv aus einigen Früchten, einem Bierglas und einem Kupfergefäß in ähnlicher Aufreihung besteht Auch bei jener Komposition spielt das Tischtuch eine herausragende Rolle (Abb. 184). Nun weiß ich, wie meine vierte Kompositionsstudie aussehen muß.

Abbildung 185: Vierte Kompositionsstudie. Ich lasse die Kognakflasche an ihrem Platz, ziehe die Früchte weiter nach vorn und verändere deren Reihenfolge, um einen besseren Kontrast zwischen dem Gelb des Apfels und der Farbe der Orange zu erhalten, die hinter ihm liegt. Anschließend schiebe ich die Tasse und den Kognakschwenker soweit zurück, daß sie mit den Elementen im Vordergrund eine Reihe bilden. Außerdem senke ich den Bildausschnitt, wähle also einen etwas tieferen Blickpunkt auf das Modell, damit das Tischtuch eine größere Bedeutung erhält. Dessen Falten ordne ich geduldig, wie auf der Abbildung meiner endgültigen Komposition zu sehen.
„Soviele Versuche für die Komposition eines Stillebens?“ werden Sie vielleicht fragen. Ja, das lohnt sich. Hier der Beweis: Ende des vorigen Jahrhunderts wurde der Maler Louis Le Bail zufällig Zeuge, wie Cézanne ein Stillleben komponierte. „Zunächst bedeckte er den Tisch mit einem weißen Tuch und betrachtete eine ganz Weile die Falten. Anschließend legte er die Pfirsiche darauf und schob sie solange hin und her, bis die Komplementärfarben miteinander kontrastierten: das Grün mit dem Rot, das Gelb mit dem Blau etc. Ständig hob er die Früchte auf, veränderte ihre Lage und stützte sie mit ein oder zwei Münzen ab. Ich habe selbst erlebt, mit welcher Begeisterung und Hingabe Cézanne sich dieser Aufgabe widmete!“ Zur Komposition kommt die Interpretation, die Sie während der Wahl und der Zusammenstellung des Themas gleichzeitig vornehmen müssen. Das Bild, das Sie malen, braucht nicht zwangsläufig die Formen und die Farben des Modells zu erhalten. Folgendes schrieb Delacroix dazu in sein Tagebuch: „Meine Bilder sind nicht absolut realistisch. Maler, die sich darauf beschränken, ihre Skizzen zu reproduzieren,

184

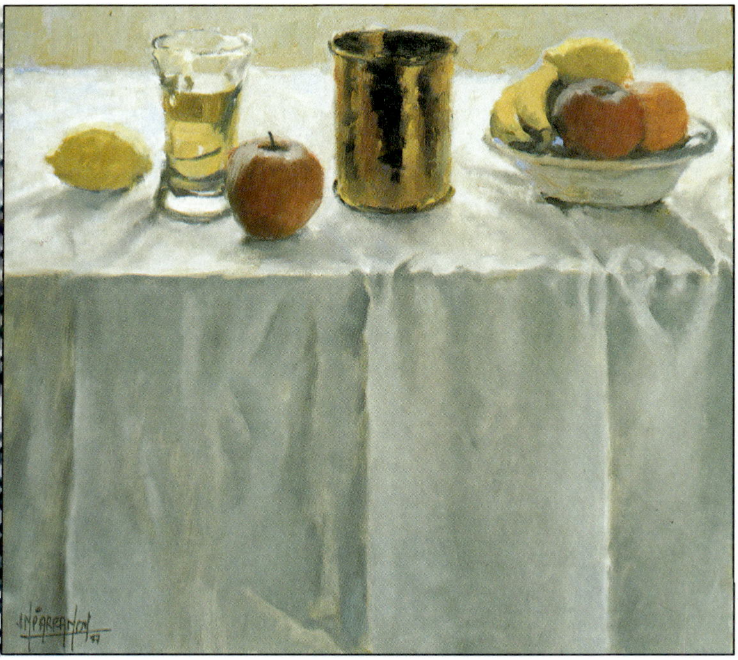

185

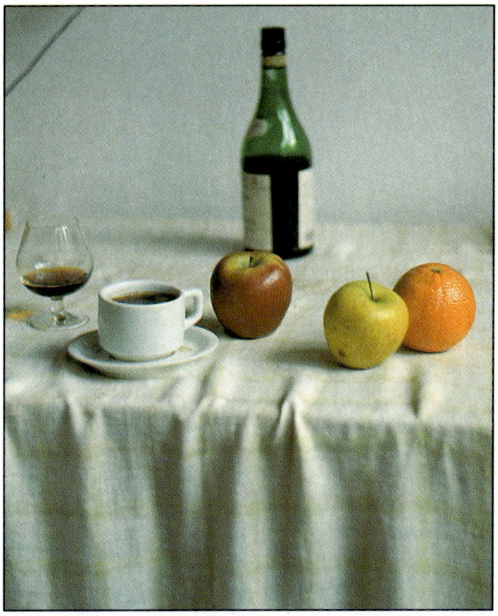

Abb. 184 und 185: Bei der Erinnerung an das „Stillleben“ von Zurbarán fällt mir ein, daß ich ebenfalls ein Stilleben gemalt habe, für dessen Thema und Komposition ich mich von diesem Bild inspirieren ließ. Allerdings hatte ich dem Tuch auf dem Tisch größere Bedeutung beigemessen. Ausgehend von jenem Stilleben, gelange ich zu der endgültigen Komposition von Abbildung 185.

vermitteln dem Betrachten keine lebhafte Vorstellung von der Natur.“

Tatsächlich haben die großen Meister ihre Modelle niemals exakt wiedergegeben. Alle bestachen durch ihren Einfallsreichtum und ihre Kreativität. Häufig malten sie aus dem Gedächtnis, stellten sich ihr Modell vor und interpretierten es dabei.

Der Physiker Fischer spricht in seinem Buch „Kunst und Koexistenz“ von der Fantasie und der Kreativität und weist darauf hin, daß die sogenannnte „Dreieinigkeit der Interpretation“ aus der *Fähigkeit zur Darstellung*, der *Fähigkeit zur Kombination* und der *kreativen Fantasie* besteht. Fischer erläutert seine Auffassung folgendermaßen: „Betrachtet der Künstler sein Modell, tauchen in seinem Geist durch Assoziation von Ideen oder aufgrund eigener Überlegungen Bilder auf, die er einmal gesehen und wegen ihrer Formen oder Farben im Gedächtnis behalten hat. Diese Bilder können von einer Abenddämmerung über ein Werk von van Gogh bis zu einem Film von Visconti o.ä. reichen. Auf der Grundlage dieser Bilder beginnt die Fantasie des Künstlers zu arbeiten und zeigt ihm eine andere Vorstellung als die Wirklichkeit des Modells. Diese nimmt nun den Platz der Wirklichkeit ein. Der Künstler kombiniert daher, was er vor Augen hat, mit dem, was er innerlich „sieht“. Er entdeckt Verbindungen zwischen der Wirklichkeit und seinen Erinnerungen, studiert neue Möglichkeiten und wird schöpferisch tätig.“

Vielleicht sind Ihnen Fischers Überlegungen ein bißchen zu abstrakt. Doch es lohnt, sie zu vertiefen und anzuwenden. Hier jedoch zunächst eine einfache, konkrete Regel über die Kunst der Interpretation in der Praxis:

Die Interpretation besteht grundsätzlich aus Verstärken, Verringern und Fortlassen.

Diese drei Faktoren muß der Künstler nach den Worten André Lothes, einem Autor zahlreicher Kunstbücher, stets bei der Interpretation berücksichtigen, „denn es handelt sich immer um Linien, Farben, Tonwerte oder Formen“.

Als ich unter diesem Aspekt die vierte Kompositionsstudie meines Modells studierte, stellte ich fest, daß ich die rechte Seite des Etiketts sowie die Banderole am Hals der Flasche fortlassen könnte. Ferner könnte ich die Farbintensität im Schatten des Tischtuchs verringern, den Kontrast zwischen Licht und Schatten auf den Früchten zurücknehmen und statt dessen deren Farben verstärken. Der Hintergrund benötigt größere Farbkraft und mehr Gleichgewicht. Dazu müßte man die rechte Seite aufhellen und die linke Seite abstumpfen etc. Dies sind lauter Vorgänge, die sich immer wieder während des Malens ergeben.

Wie man ein Bild beginnt

Wie beginnt man ein Bild? Zeichnet man das Modell zunächst vor, oder malt man unmittelbar, also ohne Vorzeichnung? Georgio Vasari, der 1611 in Arezzo bei Florenz geborene berühmte Chronist der Renaissance, schreibt in seinem Buch: „Das Leben der Künstler", daß Tizian und die anderen Venezianer unmittelbar mit den Farben begannen, ohne eine Vorzeichnung anzufertigen. Dagegen kritisierte Michelangelo, der eifersüchtig auf Tizian war, diese Malweise und behauptete: „Es ist schade, daß man in Venedig nicht zuerst gründlich zeichnen lernt."
Michelangelo, Leonardo, Raffael und Rubens, Rembrandt, David, Degas und Dalí, um nur einige der berühmtesten Meister der Vergangenheit und Gegenwart zu nennen, fertigten zunächst eine Vorzeichnung an. Von Velazquez heißt es dagegen, daß er seine Porträts „weder vorbereite noch eine Zeichnung dafür anfertigte. Er malte von Beginn an in der Primatechnik." Von Sorella weiß man, daß er „das Bild unmittelbar mit Farbflecken in Angriff nahm, mit denen er die Grundformen aufbaute." Und van Gogh schrieb an seinen Bruder Theo: „Im Moment gefällt mir nichts mehr, als mit dem Pinsel zu malen, anstatt zuvor eine Kohlezeichnung anzufertigen. Ich glaube, daß die alten Holländer ihre Werke mit dem Pinsel begannen und beendeten. Sie malten ihre Formen nicht aus."
Der Kunstkritiker Professor Waetzhold und Verfasser des Buches „Du und die Kunst" bestätigt dies:
„Der Künstler sieht nicht erst die Formen und anschließend die Farben, sondern die Farben mit ihrer Form, also farbige Formen – beides zugleich."
Trotzdem rate ich Ihnen, zunächst zu zeichnen und anschließend zu malen.
Die Vorzeichnung für ein Ölbild kann linear sein oder die Tonwerte enthalten. Im letzten Fall wird die Kohle dazu mit den Fingern verwischt. Man kann die Zeichnung auch mit dem Pinsel und je nach Thema mit stark verdünntem Grau, Blau oder Siena anfertigen, wie Abbildung 187 zeigt. Zeichnen Sie also, solange Sie noch ein Anfänger sind. Später, wenn Sie die Zeichnung perfekt beherrschen, können Sie es dann wie Tizian, Sorolla oder van Gogh halten und von Anfang an malen.

Abb. 186 und 187: Der erfahrene Maler kann sein Bild durchaus ohne Vorzeichnung sofort mit Farbe beginnen. Doch abgesehen davon, daß auch zahlreiche große Meister zunächst eine Vorzeichnung ihres Themas anfertigten, empfiehlt es sich für den Anfänger, den Aufbau mit einer linearen Zeichnung mit Kohle oder Pinsel und verdünnter Farbe vorzunehmen, und zwar einschließlich des Spiels von Licht und Schatten.

186

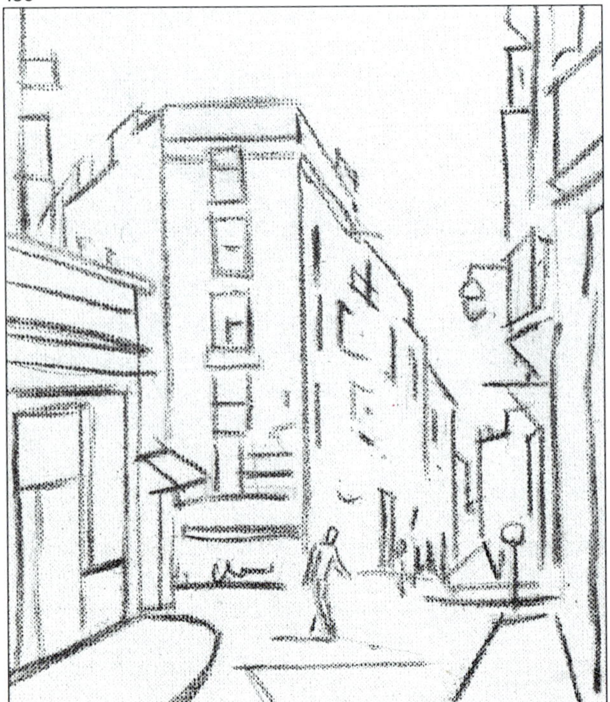

187

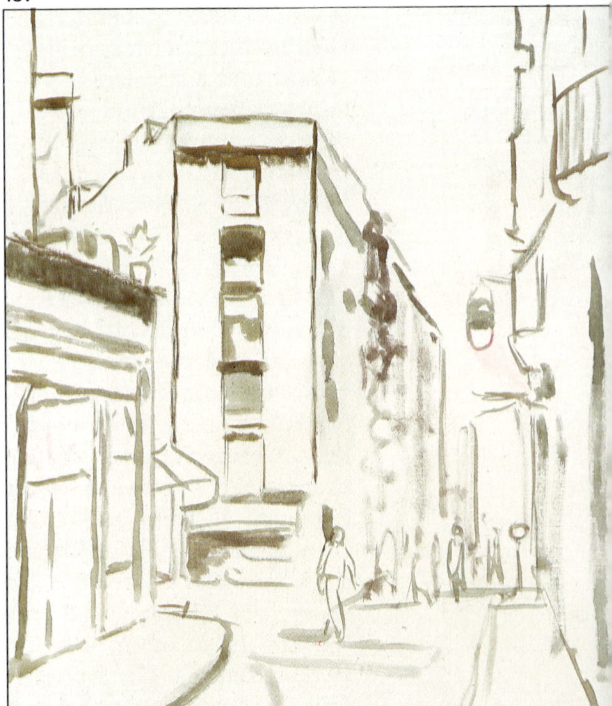

Vomit man ein Bild beginnt

bb. 188 und 189: Womit ängt man ein Bild an? Mit en dunkelsten Tonwer- ›n oder Schatten, um inen Anhaltspunkt für die brigen Farben und Töne u erhalten. Außerdem ollte man gleich zu Be- inn die größten Flächen nit Farbe abdecken, um ie Gefahr falscher Kon- aste zu vermeiden.

Ich beginne immer mit den dunklen Schatten (Abb. 188). Dieser Gedanke stammt nicht von mir. Ich habe ihn von Delacroix und Corot übernommen, die in ihren Schriften rieten:

„Es scheint mir sehr wichtig zu sein, eine Studie, ein Gemälde oder eine Zeichnung grundsätzlich mit einer Skizze der dunkelsten Tonwerte zu beginnen."

Eugène Delacroix

„Zunächst muß die Zeichnung angefertigt werden; anschließend kommen die Tonwerte und die Farbe dran."

Camille Corot

Einverstanden. Mit den Tonwerten oder den dunkelsten Schatten zu beginnen bedeutet, von Anfang an zu modellieren, Tiefe zu erzeugen, die Struktur des Modells anzulegen und – am wichtigsten – einen Anhaltspunkt zu schaffen, der die Anlage der übrigen Töne und Farben des Modells erleichtert.

Aber es gibt eine weitere Antwort auf unsere Frage, womit man ein Bild beginnt, die vielleicht noch wichtiger ist. Ich erhielt sie ebenfalls von einem großen Impressionisten:

„Ich beginne jedes Bild grundsätzlich mit dem Himmel."

Alfred Sisley

Der Grund ist verständlich. Wie alle Künstler wollte Sisley von Anfang an die großen Flächen mit Farbe abdecken, um das Risiko falscher Kontraste zu vermeiden. Denn schauen Sie: Malen Sie einen Körper in einer bestimmten Farbe auf eine Leinwand, die noch viele weiße Stellen enthält (Abb. 188), und legen Sie anschließend den Hintergrund an, verändert sich die Farbe des Körpers aufgrund einer Kontrastwirkung, von der auf der folgenden Seite die Rede sein wird.

Deshalb gibt es zwei Möglichkeiten, ein Bild zu beginnen: Man legt zunächst die dunkelsten Tonwerte an und malt anschließend die großen Flächen aus (Himmel, Hintergrund etc.), oder man beginnt direkt mit der Abdeckung der großen Flächen.

88

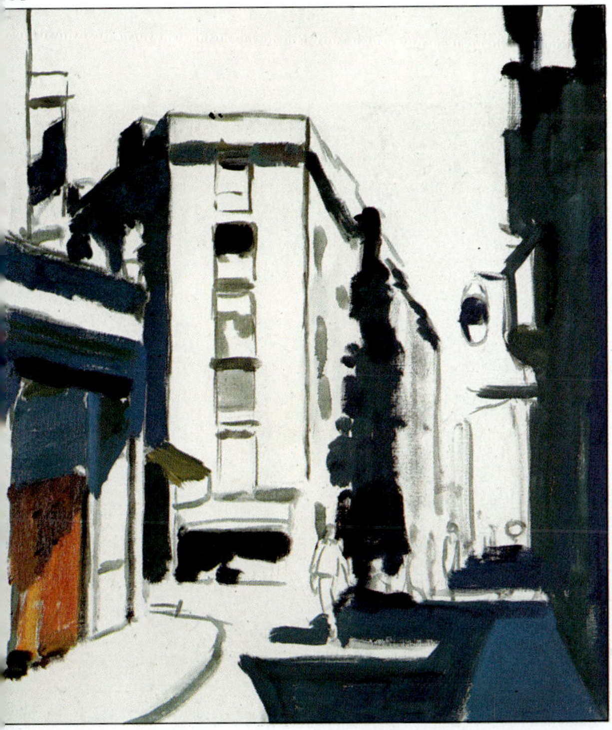

189

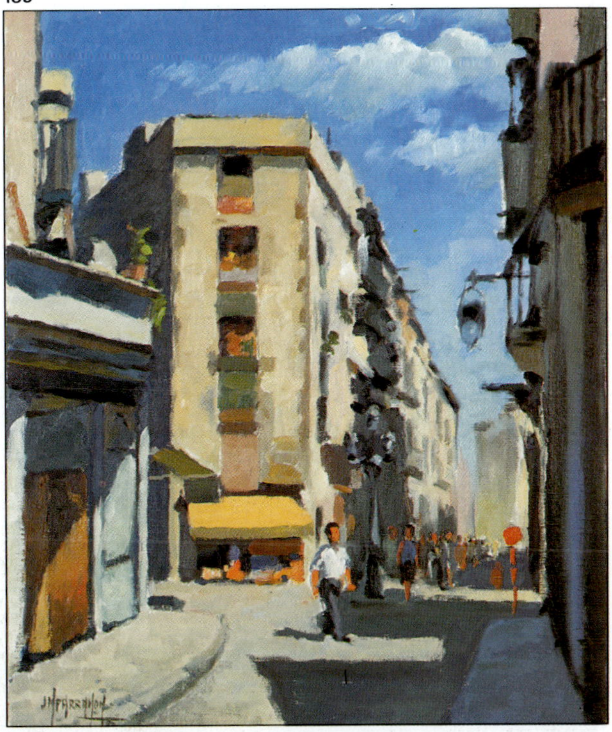

Die Kontraste

Auf der vorigen Seite war davon die Rede, daß es ratsam ist – und ich füge hinzu: notwendig –, die weißen Flächen auf der Leinwand abzudecken, um keine falschen Kontraste oder Farben zu bekommen.

Falsche Kontraste können sich aus dem sogenannten Gesetz der Simultankontraste ergeben, nach dem *„eine Farbe um so dunkler wirkt, je heller der sie umgebende Ton ist."*

Diese Wirkung erkennen Sie bei den Silhouetten der „Drei Grazien" von Rubens, die einmal auf weißem und einmal auf schwarzem Grund abgebildet sind (Abb. 190 und 191). Der Tonwert und die Farbe sind jeweils gleich. Aufgrund des Gesetzes der Simultankontraste wirken die Silhouetten auf weißem Grund jedoch farbenkräftiger als die Darstellung auf schwarzem Grund und umgekehrt.

Die folgende Abbildung 192 zeigt das kuriose Phänomen des Sukzessivkontrastes, der eine Nebenwirkung des Simultankontrastes ist. Betrachten Sie die drei Rhomben mindestens dreißig Sekunden bei guter Beleuchtung und richten Sie den Blick anschließend auf die weiße Fläche darüber, erkennen Sie die drei Rhomben in ihren Komplementärfarben: Hellblau, Gelb und Purpur. (In Wirklichkeit sehen Sie so etwas wie drei leuchtende Formen in den genannten Farben).

Die beiden Abbildungen der grünen Zitrone (Abb. 193 und 194) zeigen ein Beispiel sowohl für den Simultankontrast als auch für ein weiteres Phänomen: die sogenannte *Induktion von Komplementärfarben.* Sie bestätigt Delacroix' Aussage, der erklärte: „Ich kann den herrlichen Körper der Venus mit einer schmutzigen Schlammfarbe malen, vorausgesetzt, man läßt mir freie Wahl bei der Farbe für den Hintergrund."

Das Phänomen der Induktion von Komplementärfarben zeigt sich folgendermaßen: Blickt man eine halbe Minute fest auf die Zitrone auf gelbem Grund und schaut anschließend auf die Abbildung auf blauem Grund, erhält letztere einen leichten Gelbstich und umgekehrt.

In dem Ausschnitt von El Grecos „Die Auferstehung" erkennen Sie schließlich einige sogenannte provozierte oder falsche Kontraste, die der Maler angebracht hat, um gewisse Formen hervorzuheben. Davon wird näher die Rede sein, wenn wir gemeinsam ein Stilleben malen.

Abb. 190 und 191: *Das Gesetz der Simultankontraste.* „Eine Farbe wirkt um so dunkler, je heller der umgebende Ton ist und umgekehrt." Die beiden Silhouetten von Rubens bestätigen dieses Gesetz.

190

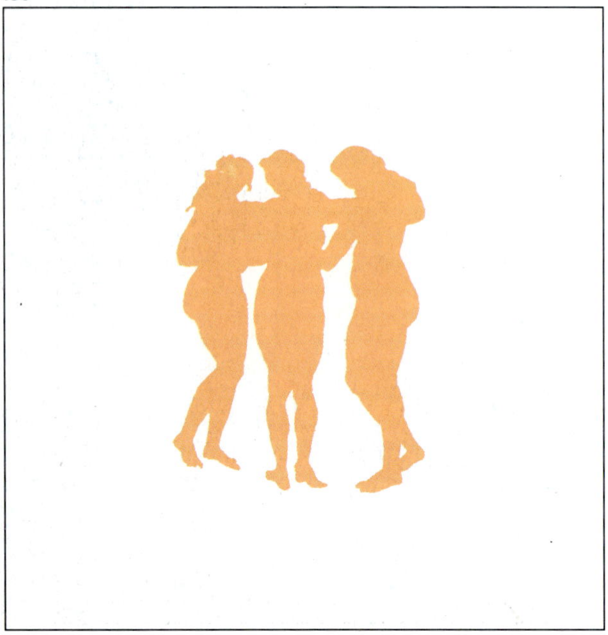

191

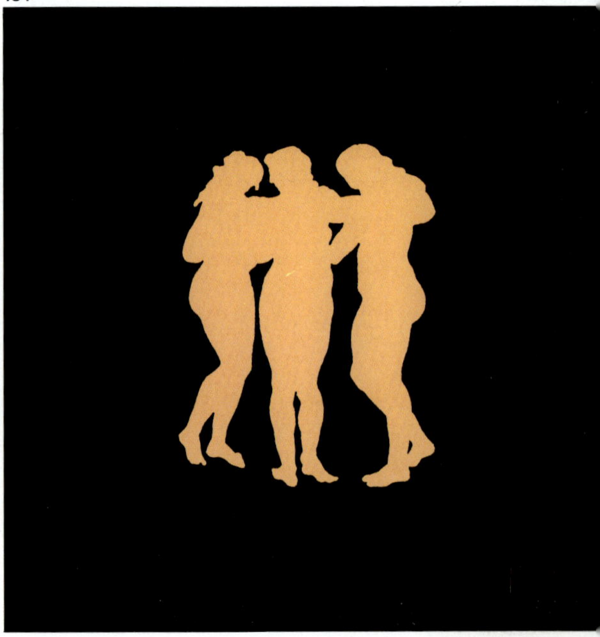

192

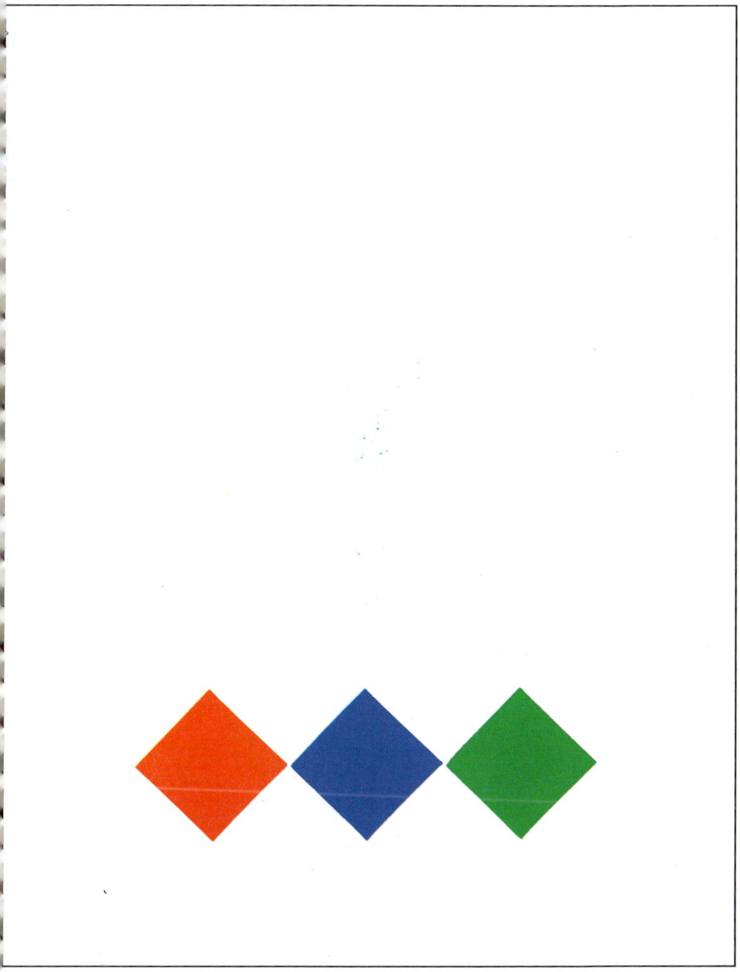

195

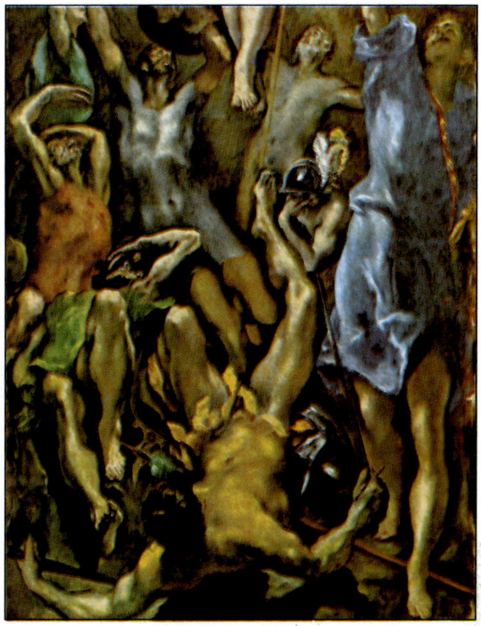

Abb. 192: *Sukzessivkontraste.* Betrachten Sie den roten, den blauen und den grünen Rhombus etwa eine halbe Minute, und blikken Sie anschließend auf die weiße Fläche darüber, sehen Sie plötzlich deren Komplementärfarben.

Abb. 193 und 194: *Das Gesetz der Induktion von Komplementärfarben.* Betrachten Sie eine Weile die grüne Zitrone auf gelbem Grund und anschließend die Zitrone auf blauem Grund, bekommt letztere plötzlich einen deutlichen Gelbstich und umgekehrt.

Abb. 195: El Greco (1541–1614), *Die Auferstehung,* Prado, Madrid. Provozierte Kontraste wie hier führen zahlreiche Künstler in ihre Werke ein.

193

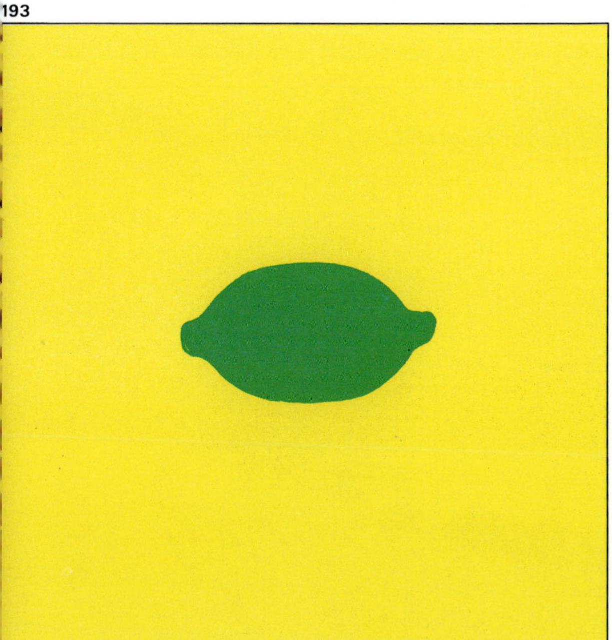

194

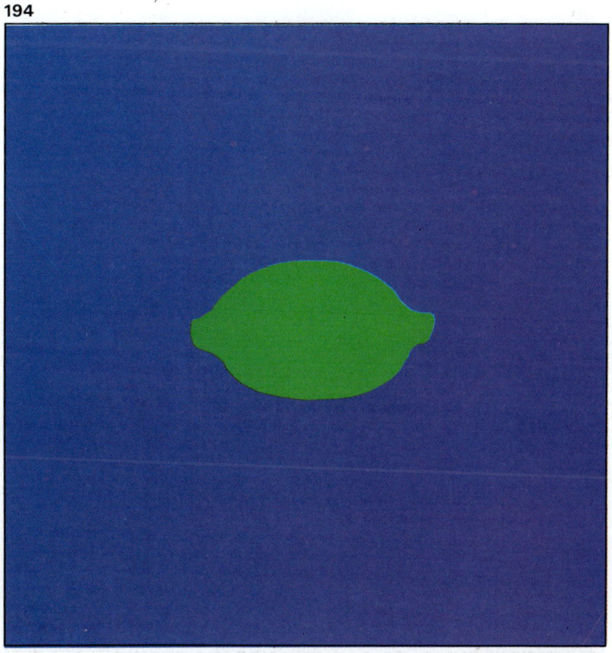

Die Techniken der Ölmalerei: die Primamalerei

Abgesehen von der Spachteltechnik (die wir hier nicht behandeln, weil Pinsel dabei praktisch keine Rolle spielen), unterscheiden wir zwei Techniken, die regelmäßig beim Malen eines Ölbildes angewendet werden: die sogenannte „Primatechnik“ und die „Schichtenmalerei“.

Die Primamalerei wurde von den Impressionisten eingeführt, die bekanntlich „den ersten Eindruck“ festhalten wollten und daher manche Bilder an einem einzigen Morgen in zwei oder drei Stunden anfertigten. „Ja, ich habe für dieses Bild nur zwei Stunden benötigt“, sagte der Impressionist Whistler zu jemandem, der die Qualität und das Ergebnis der Primatechnik anzweifelte. „Aber ich habe jahrelang gebraucht, bis ich so etwas in zwei Stunden malen konnte.“

Die schrittweise Darstellung des Bildes auf dieser Doppelseite ist ein gutes Beispiel für die Primatechnik. Ich habe das Werk im November in den Pyrenäen – es herrschte furchtbare Kälte! – unmittelbar an der französischen Grenze gemalt. Dazu verbrachte ich ungefähr zwei Stunden vor dem Modell und benötigte eine weitere Stunde im Atelier.

Dabei verwendete ich jene Technik, die der berühmte Landschaftsmaler Camille Corot mit folgenden Worten so glänzend beschrieb: „Aus eigener Erfahrung weiß ich, daß man ein Bild äußerst vereinfacht vorzeichnen sollte.

Anschließend stellt man das Werk Schritt für Schritt auf Anhieb so vollständig wie möglich fertig, so daß nur wenig zu tun bleibt, nachdem die ganze Leinwand mit Farbe bedeckt ist.“

Diesen Worten fügte der Maler eine Bemerkung hinzu, die eine vollständige Lektion bedeutet: „Ich habe gemerkt, daß alles, was man unmittelbar fertigstellt, viel natürlicher und angenehmer wird. Arbeitet man spontan, ergeben sich manchmal glückliche Zufälle, während durch ständiges Überarbeiten – indem man malt und das Gemalte anschließend retuschiert – häufig die Spontanität des ersten Pinselstrichs und die Harmonie der Farben verlorengehen.“

Corots Worte und die Beschreibung der Primatechnik anhand der in diesem Stil gemalten Landschaft sollten reichen. Lesen Sie die Bildunterschriften zu den Illustrationen aufmerksam durch. Sie sind eine bebilderte Zusammenfassung der Primatechnik von Corot und seinen Nachfolgern, den Impressionisten.

Abb. 196: *Erstes Stadium:* Mit einer raschen Kohleskizze halte ich den Ausschnitt und die auffälligsten Formen des Themas fest.

Abb. 197: *Zweites Stadium.* Abdecken der großen Flächen. Die Berge im Hintergrund werden bereits in der endgültigen Nuance angelegt. Die Töne und Formen der Bäume bleiben skizzenhaft, sind aber praktisch auch fertig.

196

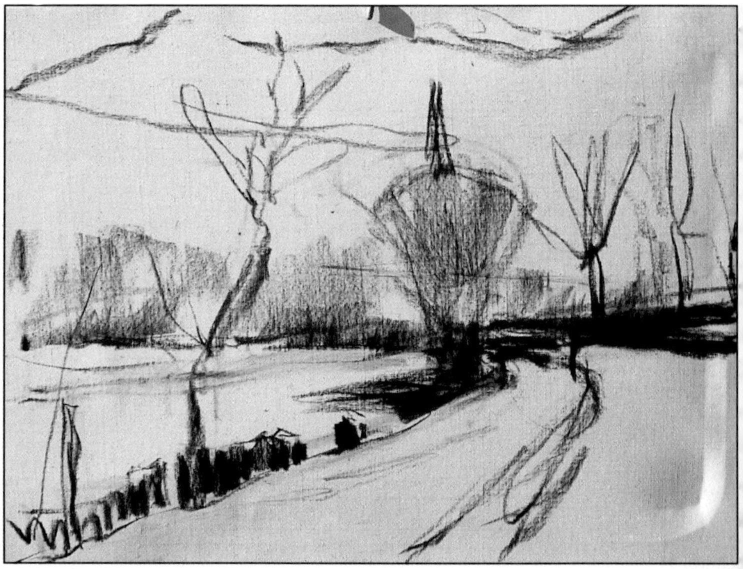

197

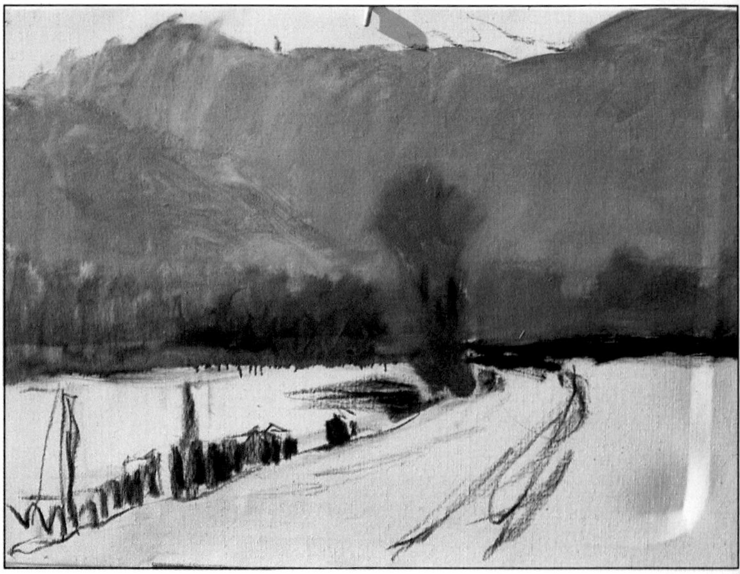

Abb. 198: *Drittes Stadium.* Bei der Primamalerei „ist das Erledigte erledigt“. Das entspricht Corots Aussage: „Auf Anhieb so vollständig wie möglich malen, so daß nur wenig zu tun bleibt, nachdem die gesamte Leinwand mit Farbe bedeckt ist.“

Abb. 199: *Viertes und letztes Stadium.* Die Bäume im Mittel- und Hintergrund links habe ich im Freien vor der Natur gemalt. Nach einem Foto des Modells stellte ich die leuchtenden Ränder des Baums im Vordergrund dar, korrigierte die Perspektive des Weges (die nicht gelungen war) und malte die Steinplatten am rechten Rand.

198

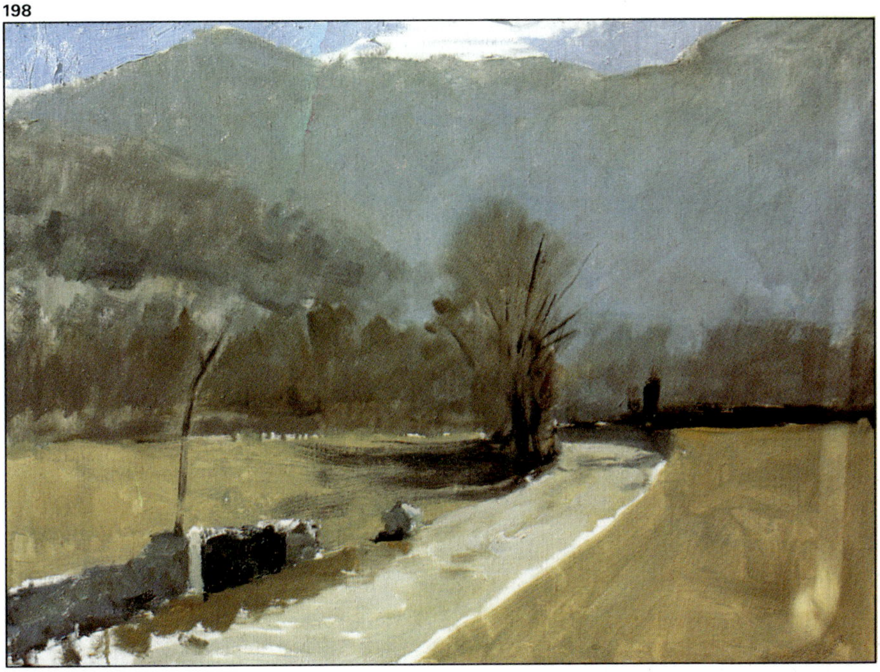

199

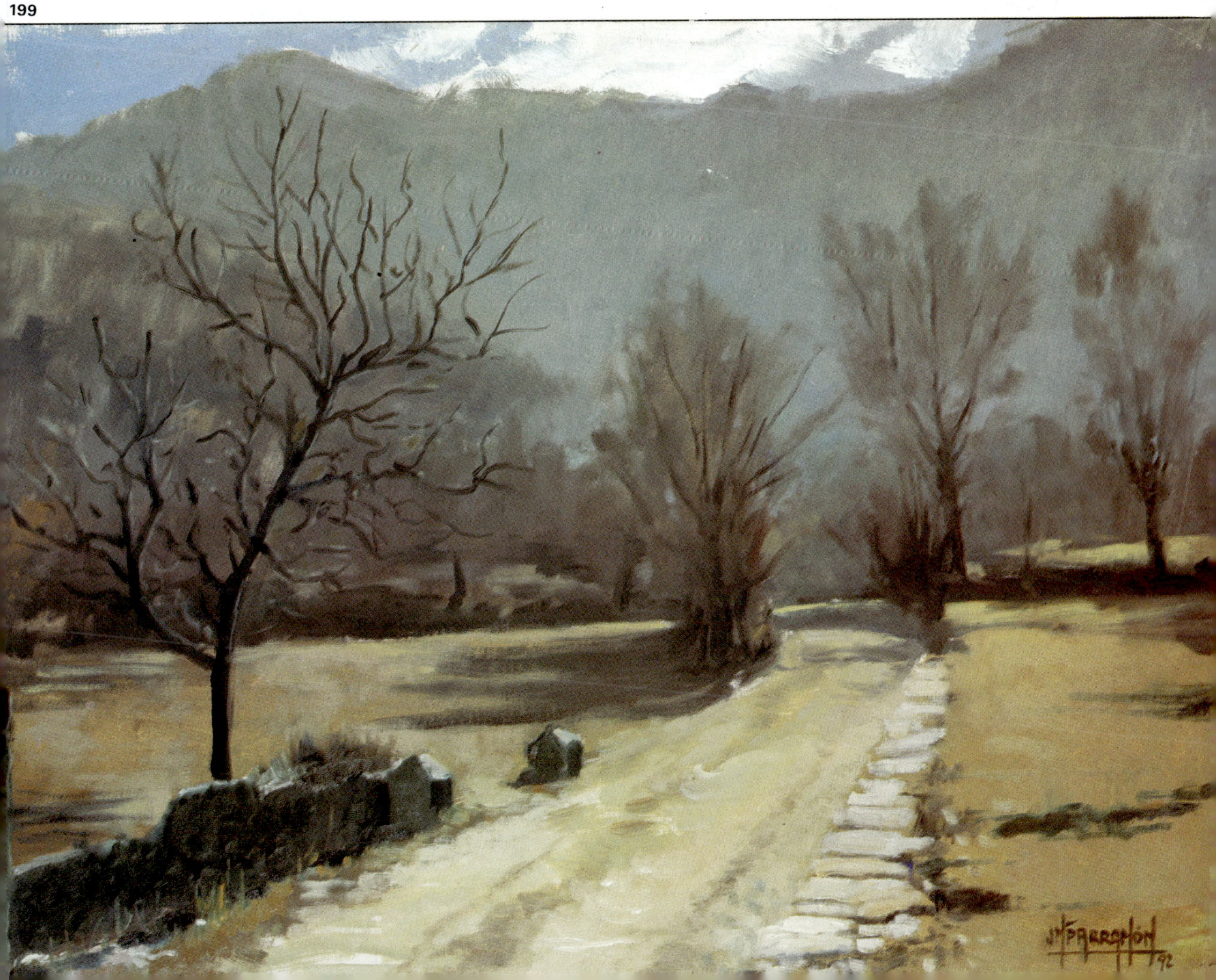

Die Schichtenmalerei

Abb. 200: *Vorskizze:* Nachdem ich mich zu dem Thema „Hommage à Beethoven" entschlossen hatte, malte ich eine Vorskizze. Dabei ging ich von einer warmen Harmonieskala aus, so daß der Hintergrund einschließlich der grauen Eigen- und Wurfschatten der Totenmaske in einem angenehmen Creme erscheinen.

Abb. 201: *Erste Sitzung (am folgenden Tag):* Zwischen der Skizze und dem ersten Stadium stellte ich eine Untersuchung über die Lage der Elemente an, die zu dieser endgültigen Komposition des Themas geführt hat. Das Thema wird in der ersten Sitzung bereits in der Skala der warmen Farben der Vorskizze aufgebaut. Man erkennt die ziemlich flüssige, stark mit Balsamterpentin verdünnte Farbe.

Dieses Bild mit dem Titel „Hommage à Beethoven" – die Malerei ist mein Beruf, die Musik ist mein Hobby – habe ich in drei Sitzungen gemalt. Voraus ging eine weitere Sitzung, in der ich eine erste Farbskizze anfertigte (Abb. 200).
Betrachten Sie die drei Stadien zum Abschluß dieser Sitzungen (Abb. 201, 202 und 203), stellen Sie fest, daß man im Gegensatz zur Primatechnik (bei der das Werk auf Anhieb so vollständig wie möglich angefertigt wird) bei der Schichtenmalerei in jeder Sitzung übermalt und korrigiert. Man arbeitet also etappenweise, was sich hier nicht nur beim Hintergrund bemerkbar macht, dessen Farbe von der ersten zur

Abb. 202: *Zweite Sitzung (am folgenden Tag).* Ich verändere die Harmonisierung mit neuen Farben und festige die Formen. Der Wechsel der Farbe des Hintergrunds – blaugrünstichig statt creme – sowie des Eigenschattens und des Wurfschattens der Maske – kalt statt warm – erfolgt zugunsten eines harmonischen Kontrastes mit den Rosen, dem Krug und dem Tisch. Dieser ergibt sich durch Nebeneinanderstellung mehr oder weniger komplementärer Farben.

200

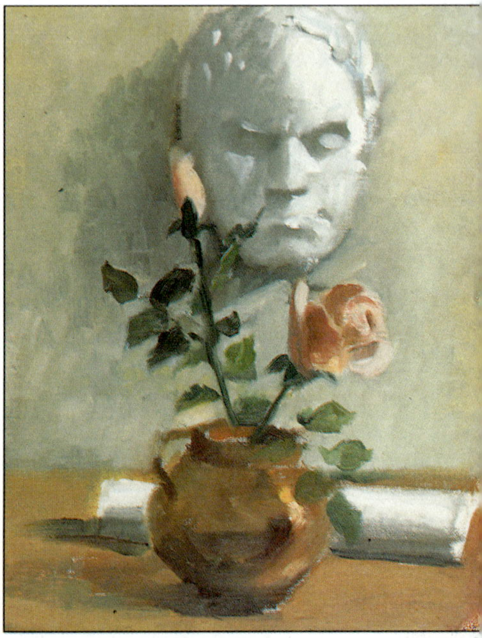

201

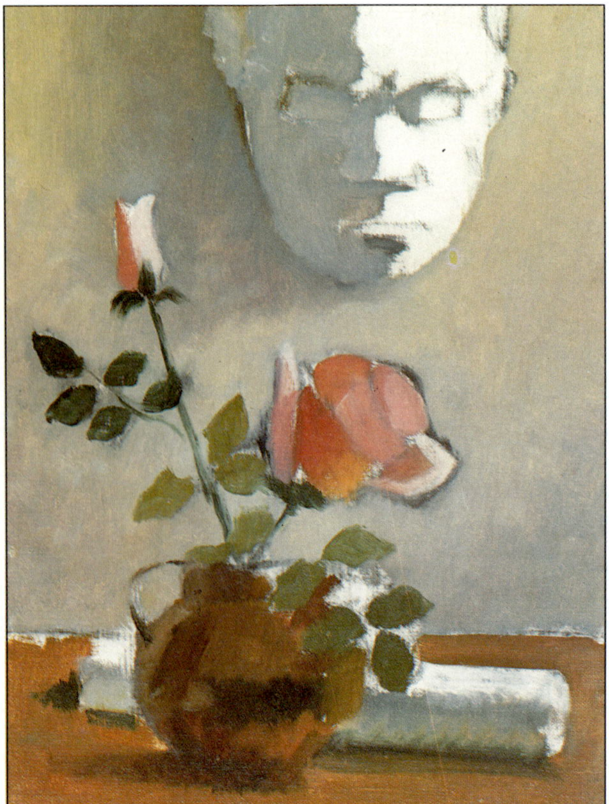

202

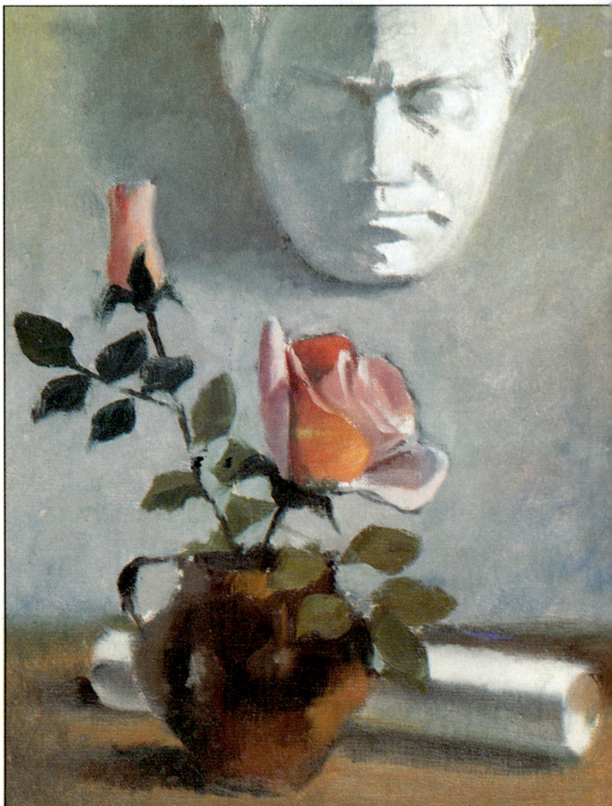

zweiten Sitzung verändert wurde, sondern auch bei Beethovens Totenmaske, dem Krug, der Rose und den grünen Blättern, die ebenfalls ihre Form und Farbe wechselten, wenn auch in geringerem Maße. Normal und typisch für die Schichtenmalerei ist, daß man während der ersten Sitzung mit stark mit Balsamterpentin verdünnten Farben arbeitet und erst bei den weiteren Sitzungen zu Farben von dichterer Konsistenz sowie Impastos und Frottis greift. Dies entspricht der wichtigen Regel, stets „fett auf mager" zu arbeiten, auf die wir anschließend näher eingehen wollen.

203

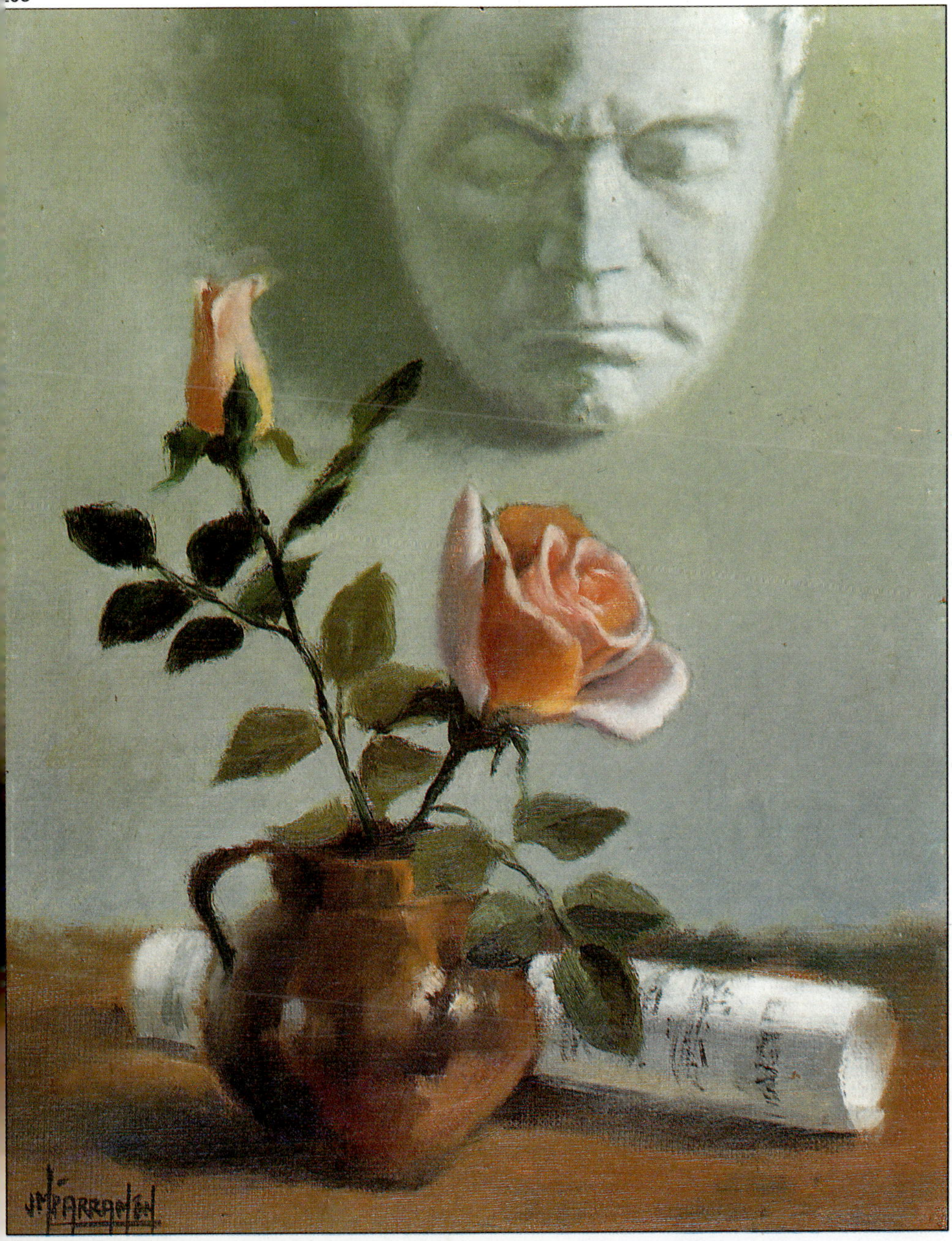

Abb. 203: *Drittes und letztes Stadium (zwei Tage später)*. Wie aus der Abbildung hervorgeht, erfolgt in diesem letzten Stadium eine totale Überarbeitung der Formen, wobei die „erprobte" Farbenskala der vorigen Sitzung beibehalten wird. Die Farbe ist jetzt dicker und endgültiger. Das Bild ist stärker ausgearbeitet und retuschiert. Eben darin bestehen die technischen Merkmale der Schichtenmalerei.

Ein Stilleben mit allen Farben

Abb. 204: Das Modell, das wir bereits auf Seite 95 komponiert haben.

Abb. 205 und 206: Zunächst eine Vorzeichnung auf der Grundlage eines Dreiecks mit dünnen Strichen, so daß man sie noch korrigieren kann (Abb. 205). Anschließend wird die gesamte Zeichnung verstärkt (Abb. 206).

204

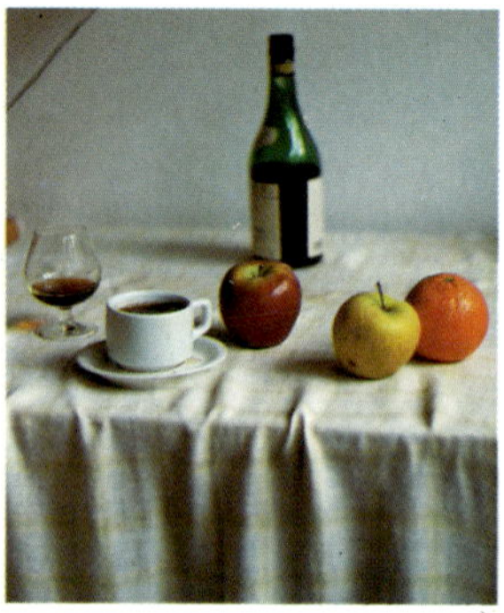

205

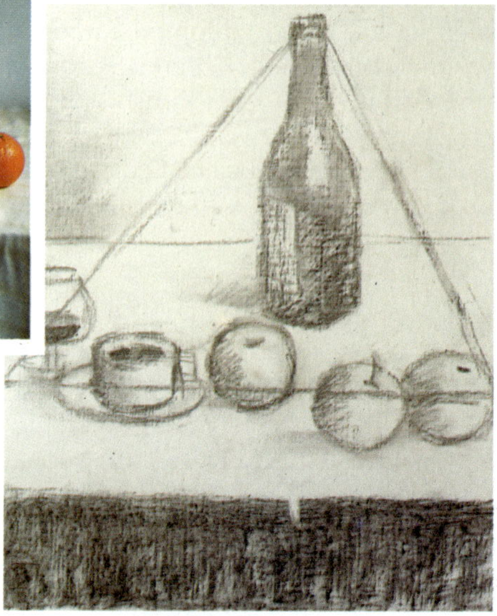

Abb. 207: Mit einem sauberen Finger lassen sich in einem Grauton aus Zeichenkohle mühelos weiße Stellen öffnen.

Abb. 209: Ich male zunächst die großen Flächen des Hintergrunds, des Tischtuchs und der Flasche. Dadurch decke ich das Weiß der Leinwand ab und vermeide beim weiteren Malen falsche Kontraste.

Ich betrachte mein Modell und stelle mir in Gedanken den Ausschnitt vor. Ich überlege, wieviel Platz seitlich des Kognakschwenkers und der Orange sowie über der Kognakflasche und unten vom hängenden Tischtuch bleiben soll. Ich beobachte, berechne und stelle mir die Farben, die Kontraste und die Wirkung von Licht und Schatten vor.
Auf diese Überlegungen kann kein Künstler vor Beginn des Malens verzichten. Normalerweise studiert man die Möglichkeiten der Formen und Farben etwa zehn bis fünfzehn Minuten lang. Und dann geht es los. Mit Zeichenkohle lege ich ein Dreieck als allgemeinen Rahmen an und fahre mit den Grundformen meines Modells fort. Gleichzeitig stellte ich das Spiel von Licht und Schatten mit anfänglich recht schwachen Tonwerten für jenen Fall dar, daß sie noch verbessert werden müssen (Abb. 205). Ich überprüfe die Zeichnung, verstärke die Tonwerte und zeichne gelegentlich auch mit der flach aufliegenden Kohle (Abb. 206). Auf das Tischtuch im Vordergrund lege ich einen allgemeinen Grauton, aus dem ich mit den Fingern einige weiße Striche als Licht auf den Falten wieder hervorhole (Abb. 207). Unabdingbare Voraussetzung ist natürlich, daß der Finger sauber ist, bevor man mit ihm zu „malen“ beginnt.

206

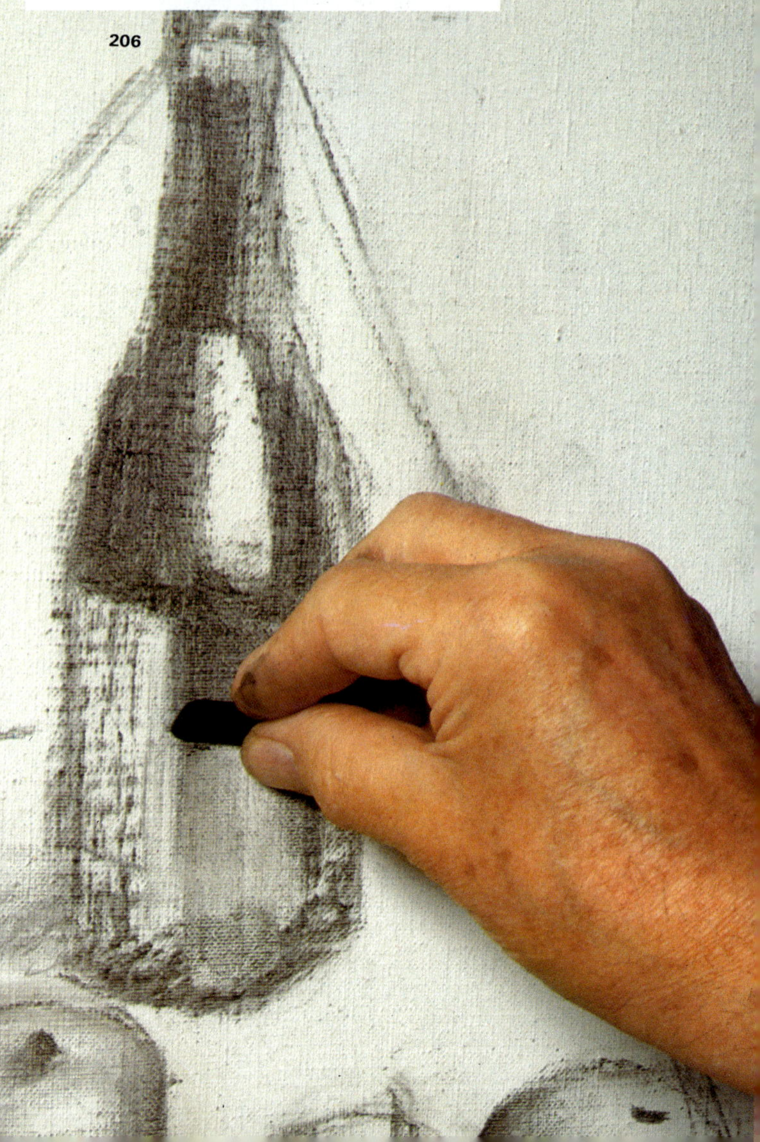

Erstes Stadium: Zeichnung und Hintergrund

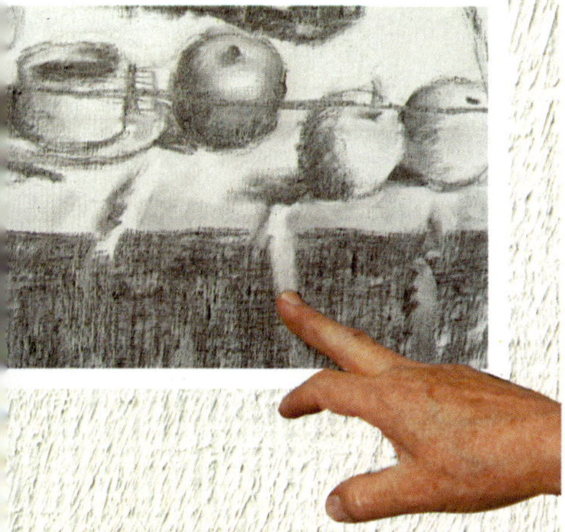

208

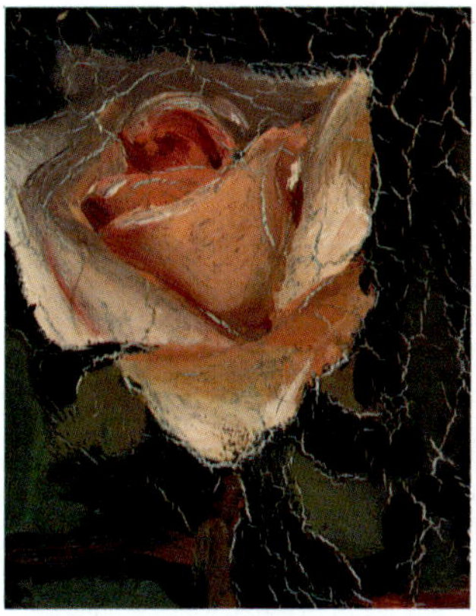

Abb. 208: Fett auf mager
Damit ein Bild nicht rissig wird, müssen die ersten Farbschichten stärker mit rektifiziertem Balsamterpentin verdünnt werden. Verdünnt man eine Farbe mit Terpentin, verliert sie ihr fettes Aussehen, das für die Ölmalerei charakteristisch ist. Mischt man sie dagegen mit Leinöl, wird sie fetter, als die Ölfarben ohnehin schon sind. Malt man die ersten Schichten eines Bildes mit dieser angereicherten Farbe und legt Schichten mit magerer Farbe darüber – die stärker mit Terpentin verdünnt sind –, trocknet die magere Schicht schneller als die darunterliegende fette. Während diese schließlich auch trocknet, zieht sie sich zusammen und bricht. Anders ausgedrückt: Nach dem endgültigen Trocknen der fetten Farbe ist das Bild rissig.

Nachdem die Zeichnung fertig ist, muß ich das Kohlepulver entfernen oder fixieren, damit es sich beim Malen nicht mit den Farben mischt und diese verschmutzt. Dafür gibt es zwei Möglichkeiten: Entweder reibt man vorsichtig mit einem Lappen über die Zeichnung und entfernt das Kohlepulver. Die Eingangszeichnung bleibt jedoch erkennbar. Oder man fixiert die Zeichnung mit einem Spezialspray für Kohlestift und Zeichenkohle. Diese Methode ist bequemer und sicherer. Doch Vorsicht! Fixieren Sie die Zeichnung nach und nach in mehreren Etappen. Das flüssige Fixativ trocknet nicht sofort auf der grundierten Leinwand. Sie müssen es daher in kurzen Stößen auftragen, damit es die Kohle nicht auflöst, zu fließen beginnt und die gezeichneten Striche zerstört.

Nachdem die fertige Zeichnung fixiert ist, beginne ich, die großen Flächen zu füllen. Das heißt, ich lege zunächst den Hintergrund an und male anschließend das Grün der Kognakflasche. Beachten Sie auf Abbildung 209, daß die Farbe in diesem ersten Stadium stark mit Balsamterpentin verdünnt wurde. Dies entspricht der Regel „fett auf mager", die ich Ihnen im Kasten oben auf dieser Seite näher erkläre (Abb. 208).

209

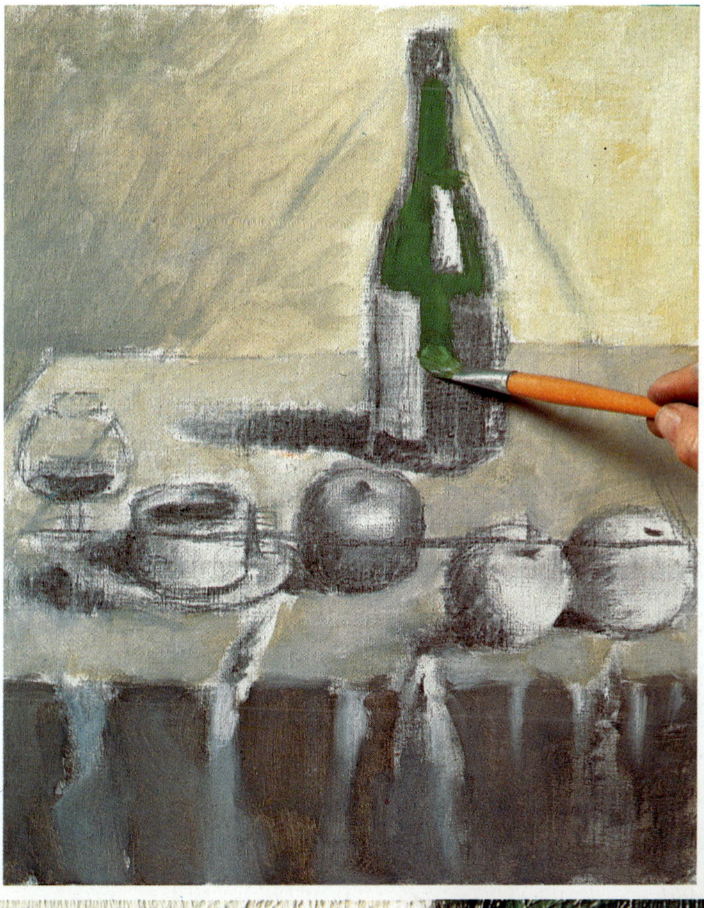

Zweites Stadium: Apfel, Orange, Apfel

210 211 212 213

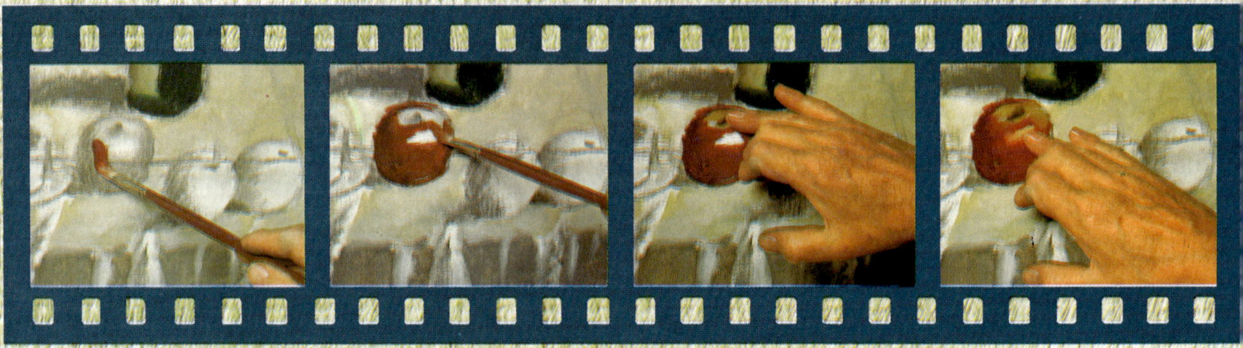

214 215 216

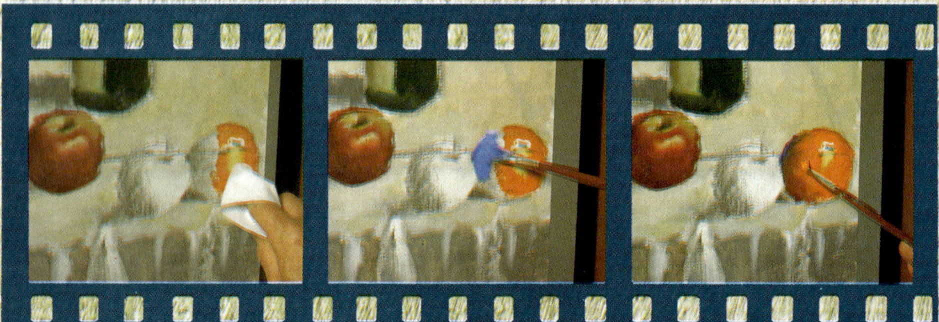

Abb. 210 bis 222: Ich habe für das Bild abwechselnd die Primatechnik und die Schichtenmalerei verwendet. Die Einzelheiten dazu sind in dem Text auf der Seite gegenüber unter den jeweiligen Ziffern der Abbildungen beschrieben. Dort erfahren Sie auch, wie ich Schritt für Schritt die drei Früchte gemalt habe.

217 218 219 220

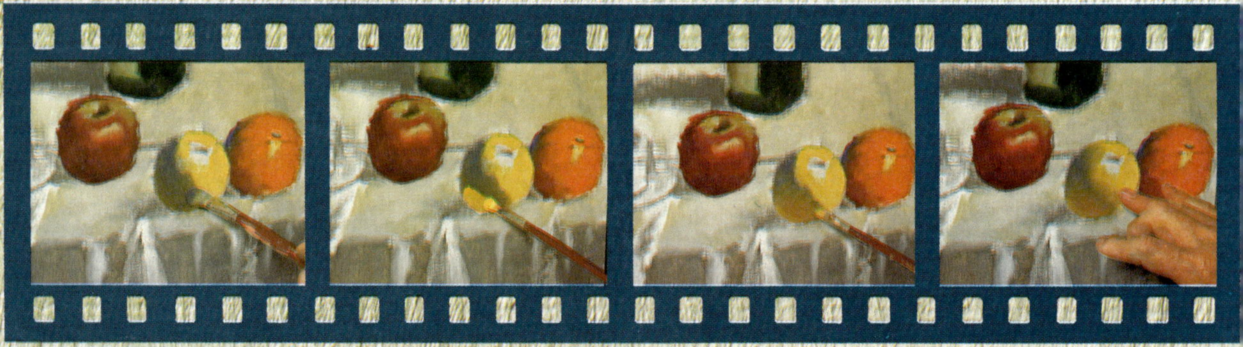

221 222

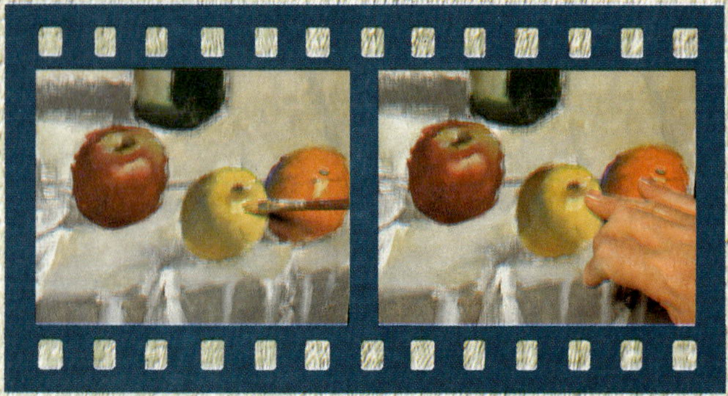

„Traumhaft, Señor, traumhaft."
„Du mußt die Fotos mit einer Motorkamera aufnehmen, damit man Schritt für Schritt erkennt, wie ich bei der Primamalerei gleichzeitig zeichne und male", sagte ich zu meinem Freund, dem Fotografen Juan. Juan hantiert beinahe eine Dreiviertelstunde mit Belichtungsmesser, Blitzlicht, Verschluß und Blende. Er brummt etwas von einem Probeabzug und erhält am Ende diese erstaunliche Bildfolge.
Er ist schon ein toller Typ.

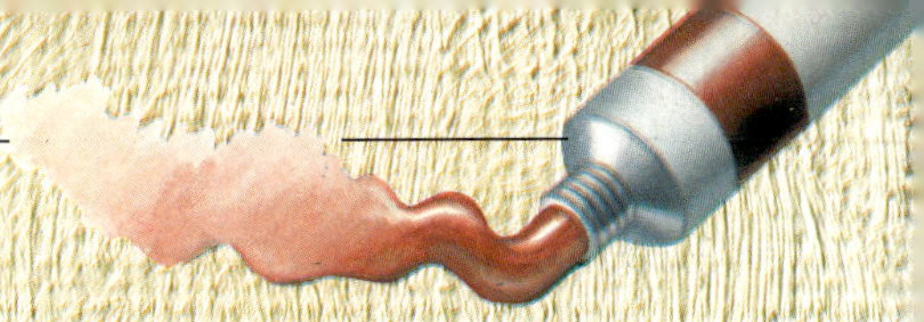

Ich habe dieses Stilleben in einer Mischung aus Primatechnik und Schichtenmalerei gemalt. Ich habe, um es mit Corots Worten zu sagen, „auf Anhieb" gemalt und zum Beispiel einen Apfel beinahe beendet, bin anschließend aber noch einmal zu ihm zurückgekehrt, um den Wurfschatten anzulegen, einen Kontrast zu provozieren, den Blütenansatz darzustellen, einen Farbtupfer anzubringen, einen Pinselstrich aufzutragen etc. Mit einem Wort: Anschließend habe ich schichtweise gemalt. Betrachten Sie die Abbildungen gegenüber als Beispiel für die Primamalerei:
Ich beginne mit dem roten Apfel: Ich nehme an, daß die Farbe aus Karmin mit etwas Rot besteht. Aber ich will mich vergewissern und male nur einen einzigen Pinselstrich. Solch ein Probestrich vor dem eigentlichen Malen ist durchaus üblich (Abb. 210).
Die Farbe ist in Ordnung. Ich male die beleuchteten Stellen mit etwas mehr Zinnober und die Stellen im Schatten mit einer Spur Ultramarinblau. Beachten Sie, daß ich die Stelle für das Spitzlicht ausgespart habe (Abb. 211). Ich male die Vertiefung des Apfels mit Kadmiumgelb, etwas Karmin und Weiß sowie einer Spur Permanentgrün. Anschließend mische und stufe ich die Farben vorsichtig mit dem Mittelfinger ab. Diese Technik des Malens mit den Fingern, als wären es Pinsel, geht auf Tizian zurück und ist heute weit verbreitet (Abb. 212).
Ich male das Spitzlicht mit Weiß sowie einer Spur Karmin und Kobaltblau. Anschließend verwische ich die Farben mit den Fingern. Damit ist der rote Apfel fertig (Abb. 213).
Nun zur Orange. Ich probiere die Farbe unmittelbar über dem Spitzlicht aus. Sie ist falsch. „Kein Problem." Mit einem in Terpentin getauchten Lappen entferne ich sie. Wir sind bei Abbildung 214. Können sie mir folgen?
Wir kommen zur Abbildung 215. Die Impressionisten stellten fest: „In den Farben der Schatten befindet sich immer die Komplementärfarbe der Eigenfarbe." Zur Eigenfarbe der Orange ist diese Blau.
Ich mischte es mit Orange und beende die Frucht (Abb. 216). Als nächstes beginne ich mit dem gelben Apfel. (Verfolgen Sie das Verfahren anhand der Abbildungen 217 bis 222). Die beleuchteten Stellen male ich mit einer Mischung aus Gelb zitron und Kadmiumgelb mittel und lege den Schatten mit einer Mischung aus Kadmiumgelb mittel und Ultramarinblau an, der Komplementärfarbe von Gelb (Abb. 217). Für das reflektierte Licht benötige ich einen Pinselstrich Kadmiumgelb und einen Strich Ocker (Abb. 218), die ich mit einem sauberen Pinsel und den Fingern harmonisiere und abstufe (Abb. 220). Das Spitzlicht male ich mit einem sauberen Pinsel und Weiß (Abb. 221) und harmonisiere und verwische die Farbe mit dem Finger (Abb. 222). Das ist schon alles.
Das Ergebnis dieses Stadiums zeigt Abbildung 223. Die Kognakflasche ist praktisch fertig. Es fehlen nur das Spitzlicht und das Oval für die Oberfläche der Flüssigkeit. Außerdem muß die Farbe des dunklen Kognaks verstärkt werden. Bei den Früchten deutet sich das Endstadium an, aber es bleibt noch viel zu tun. Wie gesagt: Primamalerei, aber in Etappen.

223

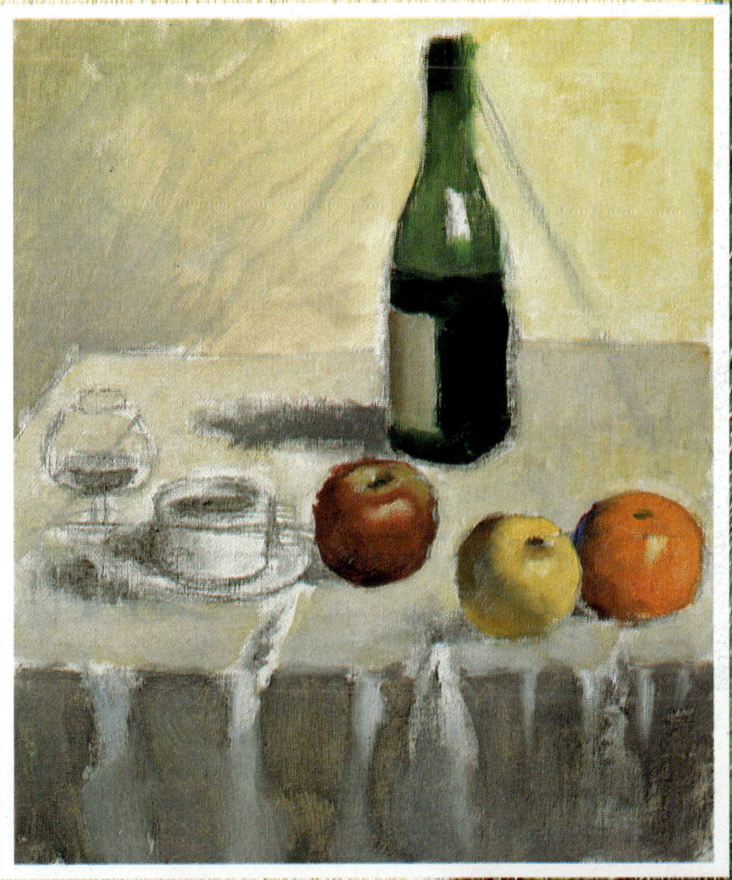

Abb. 223: Die noch nicht abgeschlossene Arbeit am Ende des zweiten Stadiums.

Drittes Stadium (am folgenden Tag): Tasse, Glas, Tischtuch

Abb. 224 und 225: Das dritte Stadium beginne ich mit den Wurfschatten der Früchte und male anschließend die Tasse. Dazu lege ich die Schattenfarbe auf das Weiß des Lichts der zylindrischen Form. Anschließend fertige ich die Abstufung mit Pinselstrichen von dunkel nach hell an.

224

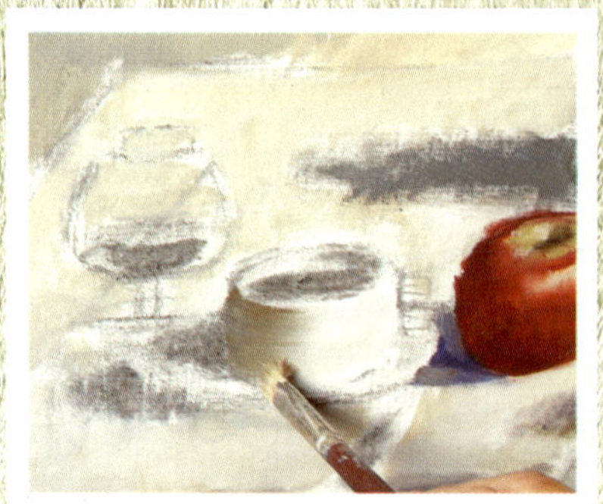

225

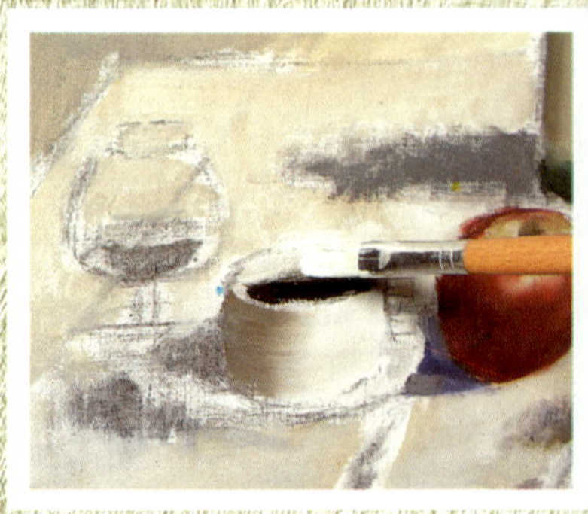

226

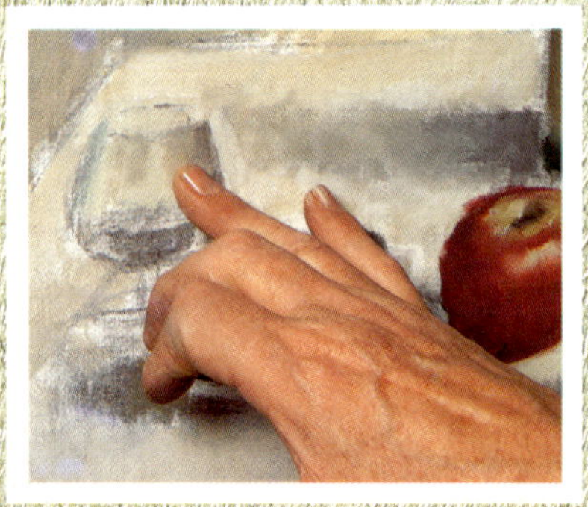

227

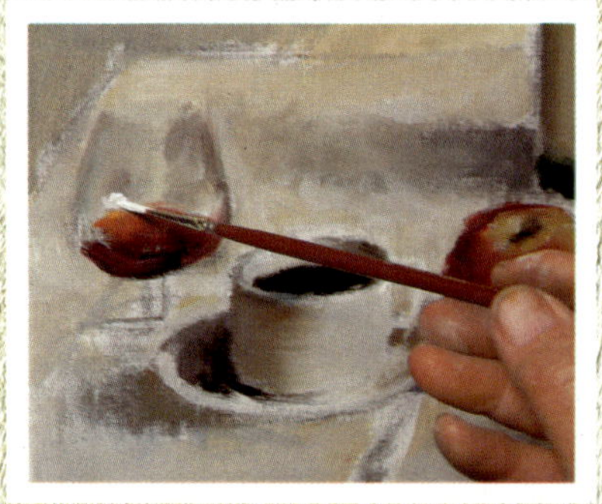

228

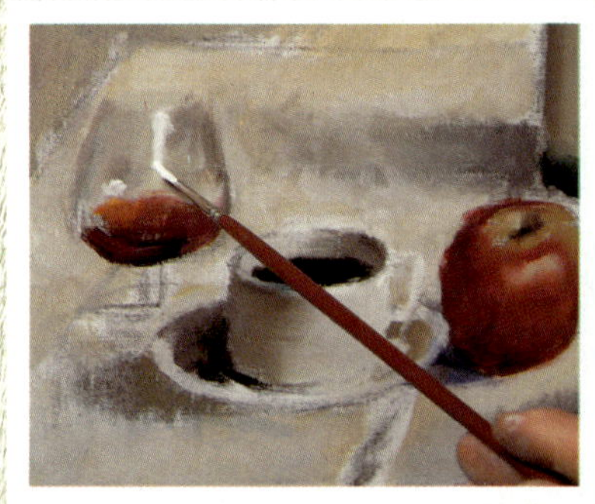

Abb. 226 bis 228: Die Darstellung des Kognakschwenkers ist ziemlich aufwendig. Ich beginne mit den Grautönen und den weichen Abstufungen, die ich mit den Fingern herstelle, sowie der Anlage der Form und der Transparenz des Kristalls. Ich fahre fort mit der Farbe des Kognaks und beende die Arbeit mit Weiß für die Spitzlichter und die Reflexe.

Den Wurfschatten der Flasche auf dem Tischtuch habe ich schon vorher gemalt. Jetzt befasse ich mich mit den Wurfschatten der Früchte und anschließend mit dem der Tasse und des Kognakschwenkers. Ich betone die zeitliche Reihenfolge, weil es nicht richtig wäre, den Schatten der Flasche zu malen und diese Farbmischung anschließend für alle weiteren Schatten zu benutzen. Tun Sie das keinesfalls! Produktivität und Rationalisierung schaden der Kunst. Richtig ist es, jede Farbe einzeln zu komponieren, um die höchste Nuancenvielfalt zu erreichen.

Unkorrekt wäre es ebenfalls, eine Form – eine Frucht, Lippen, einen Baum – zu malen und sie bis zum Schluß nicht mehr anzurühren. Nein, bitte nicht. Kehren Sie immer wieder dahin zurück, bearbeiten Sie das ganze Bild gleichzeitig, und stellen Sie es nach und nach schrittweise her.

Ich befasse mich mit der Tasse und male den Eigenschatten, für den ich zunächst das Weiß der beleuchteten Stellen anlege und dieses anschließend mit der Schattenfarbe (Ultramarinblau, Umbra gebrannt, etwas Lichter Ocker und eine Spur Karmin gemischt mit viel Weiß) überlagere. Die zylinderförmige Abstufung des Schattens erledige ich mit kalkulierten, „hingeworfenen" waagerechten Pinselstrichen von links nach rechts und von dunkel nach hell (Abb. 224 und 225). Das ist nicht ganz einfach, aber ich möchte eine äußerst spontane Darstellung erreichen. Mit den genannten mehr oder weniger intensiven warmen oder kalten Farben als Grundlage – und etwas mehr Ultramarin und Umbra gebrannt, das mit einer Spur Ocker und Karmin sowie natürlich Weiß harmonisiert wurde – male ich den Teller und beende für den Moment die Tasse. Der Kaffee entsteht aus Umbra gebrannt und etwas Blau, das ich mit dem runden Rotmarderpinsel Nr. 6 auftrage.

Für den Kognakschwenker benötige ich eine Vorzeichnung auf dem Tischtuch (graustichiges Weiß, Umbra natur, Preußischblau und ein wenig Karmin). Dazu arbeite ich mit drei sauberen Pinseln: einen für die dunklen Umrisse, einen für die hellen Umrisse, für die die vorigen Farben mit dem Cremeweiß des Tischtuchs gemischt werden, und den letzten für das

29

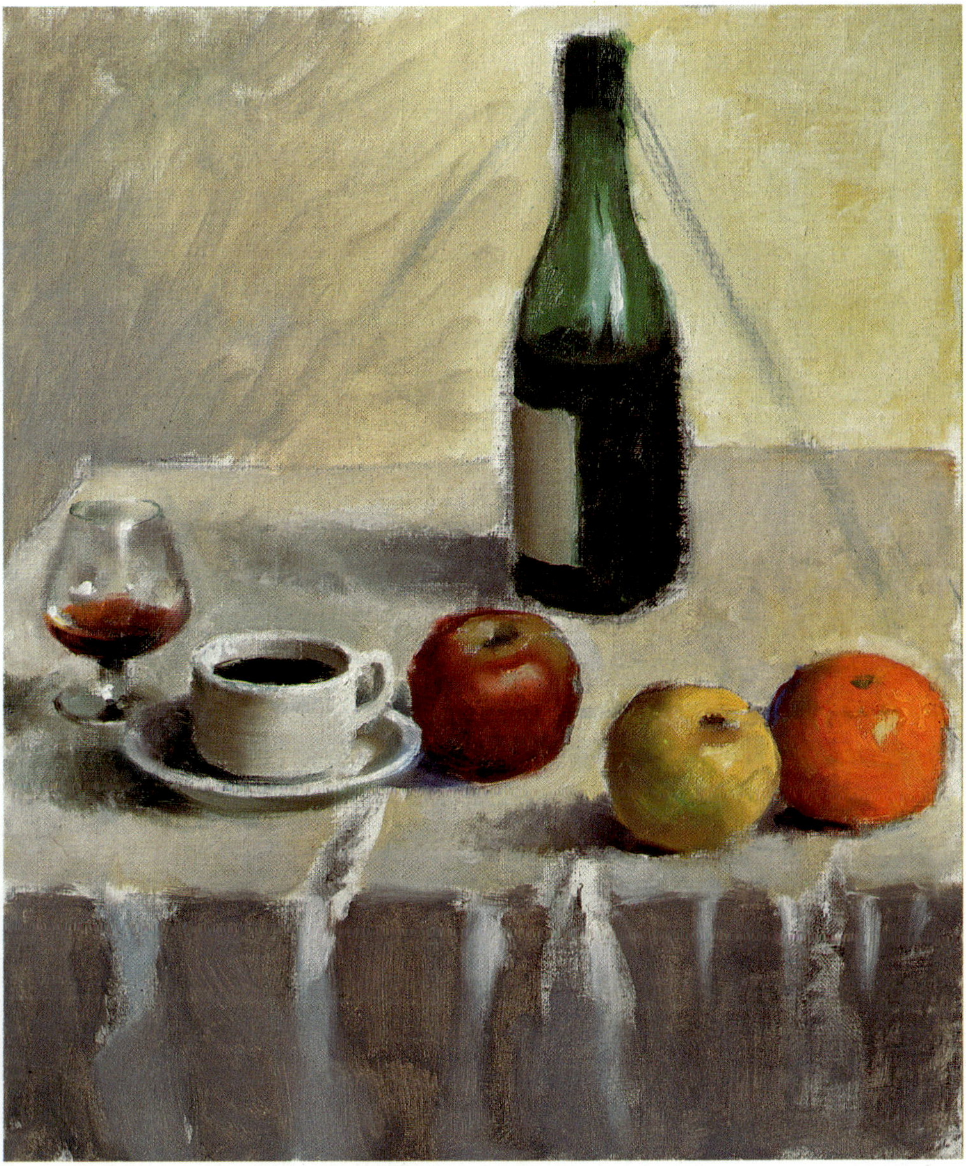

reine Weiß der Spitzlichter. Wie aus Abbildung 336 hervorgeht, male, harmonisiere und stufe ich mit den Fingern ab.

Ach, eines habe ich noch vergessen: Die Farbe des Kognaks besteht aus Karmin mit einer Spur Kobaltblau für die intensivsten Stellen. Für die beleuchteten Flächen benötigen Sie Karmin, Rot und Lichter Ocker, das Sie mit Gelb mischen (Abb. 227 und 228).

Abb. 229: Hier scheint das Bild bereits fertig zu sein. Doch neben den Falten des Tischtuchs im schattigen Vordergrund sind noch zahlreiche Details zu erledigen, mit denen ich das Stilleben retuschiere und vervollkommne.

Viertes und letztes Stadium: das Tischtuch etc.

Bevor ich das Tischtuch male, muß ich den Schwenker beenden, dessen oberen Rand ich mit einem runden Rotmarderpinsel Nr. 4 und stark verdünnter dunkler Farbe male, die etwas einziehen soll. Dabei muß ich freihändig arbeiten, denn das gesamte Bild ist feucht. In solch einem Fall leistet ein Malstock gute Dienste, der auf Seite 38, Abbildung 65, zu finden ist. Ich habe keinen solchen Stock dabei und nehme statt dessen eine dünne Leiste. Anschließend stufe ich den Umriß des Schwenkers mit den Fingern ab und harmonisiere ihn (Abb. 230 und 231).

Nun male ich das schattige Tischtuch im Vordergrund. Die Falten lege ich mit dichtem Weiß für die hellen Stellen an und stufe es mit Pinsel und Fingern sowie Frottis des beinahe trockenen Pinsels Nr. 12 (Katzenzungenfaçon) ab (Abb. 232 bis 235).

Zum Abschluß male ich die kleinen Apfelstiele und deren Schatten, retuschiere die Farben und das Spitzlicht der Flasche, überarbeite die Wurfschatten der Flasche und der Früchte, betone mit provozierten Kontrasten die Formen und Umrisse des Schwenkers, der Tasse und der Früchte, überprüfe die Falten des Tischtuchs und verschmelze die Begrenzung des Tuchs mit dem Hintergrund. Anschließend überarbeite und retuschiere ich die Farben und die Abstufung des Hintergrunds (eine Mischung aus viel Weiß, einer Spur Ocker und einer weiteren Spur Gelb, Umbra gebrannt, Permanentgrün und Ultramarinblau, die ich mit Balsamterpentin verdünne, damit die Farbe gut verläuft).

Falls Sie ein glänzendes Bild wünschen, können Sie die Arbeit firnissen. Damit müssen Sie allerdings warten, bis die Farben völlig getrocknet sind, was mindestens einen Monat dauert. Schlußfirnis für Ölbilder gibt es derzeit in Flaschen und als Spray. Im ersten Fall wird er mit dem Pinsel aufgetragen. Allerdings sollten Sie wissen, daß ein glänzendes Finish heute kaum mehr gewünscht wird.

Und nun setzen Sie sich hin, und entspannen Sie sich. Sie dürfen müde sein. Ich bin es ebenfalls. Malen ermüdet. Tennessee Williams legt in seinem Theaterstück „Orpheus steigt herab" einem seiner Gestalten zum Thema Müdigkeit beim Malen folgende Worte in den Munde:

„Ich hab' den ganzen Tag gemalt, zehn Stunden ununterbrochen an einem Bild gemalt . . .

Nur ein paar Minuten pausiert, um Kaffee zu trinken.

Ich bin so erschöpft, ich könnte auf der Stelle umfallen.

Nichts ist anstrengender als diese Art von Arbeit . . .

230

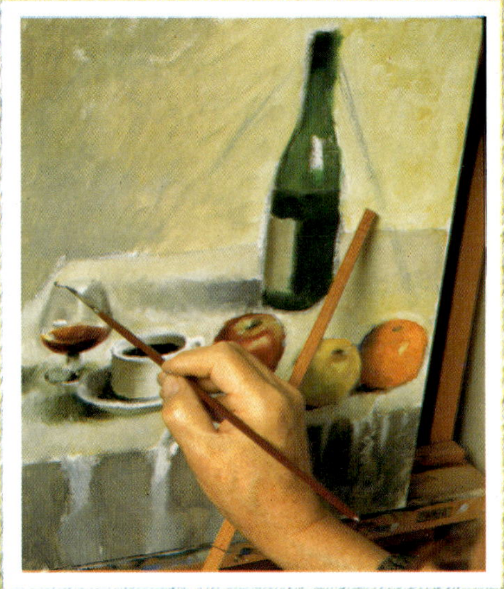

231

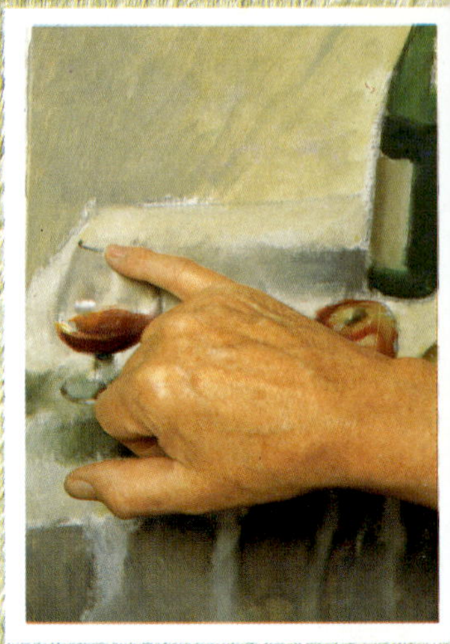

232

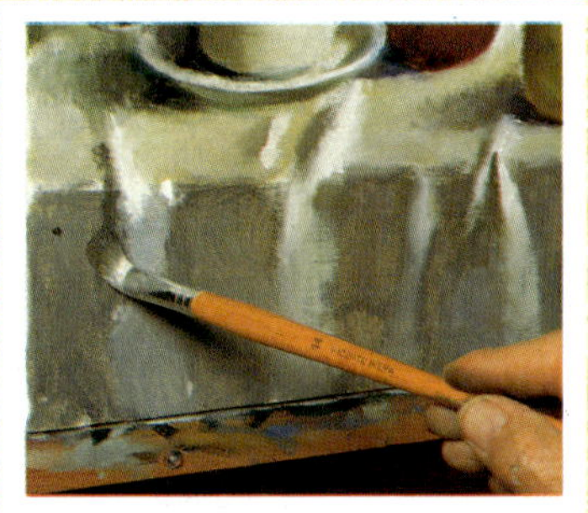

233

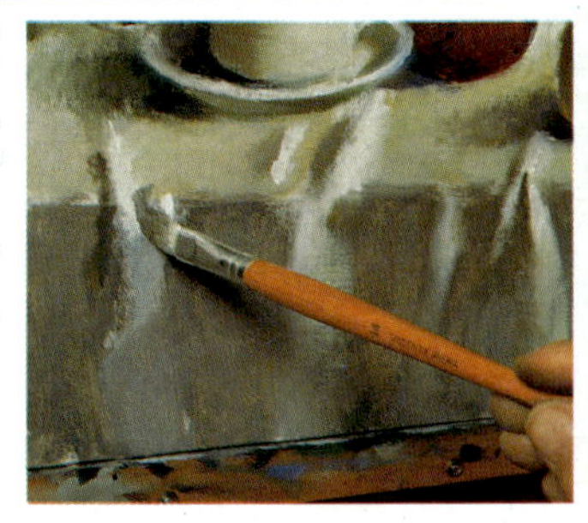

234

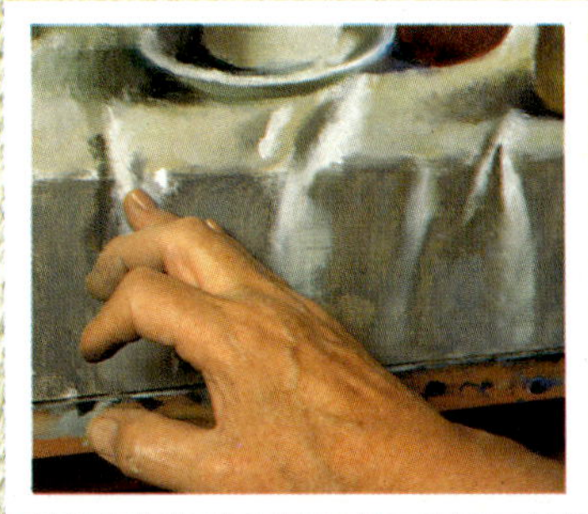

235

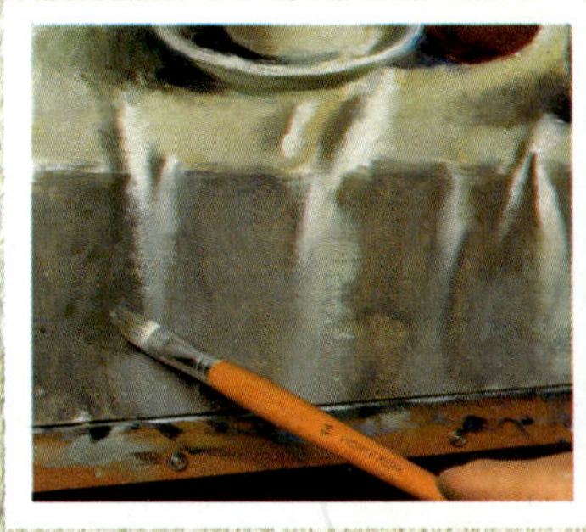

Abb. 230 und 231: Mit Hilfe eines improvisierten Malstocks und den Fingern schließe ich den Kognakschwenker ab.

Abb. 232 bis 235: Bei den Falten des Tischtuchs halte ich mich strikt an das Modell und male mit einem Pinsel für die hellen und einem Extrapinsel für die dunklen Töne.

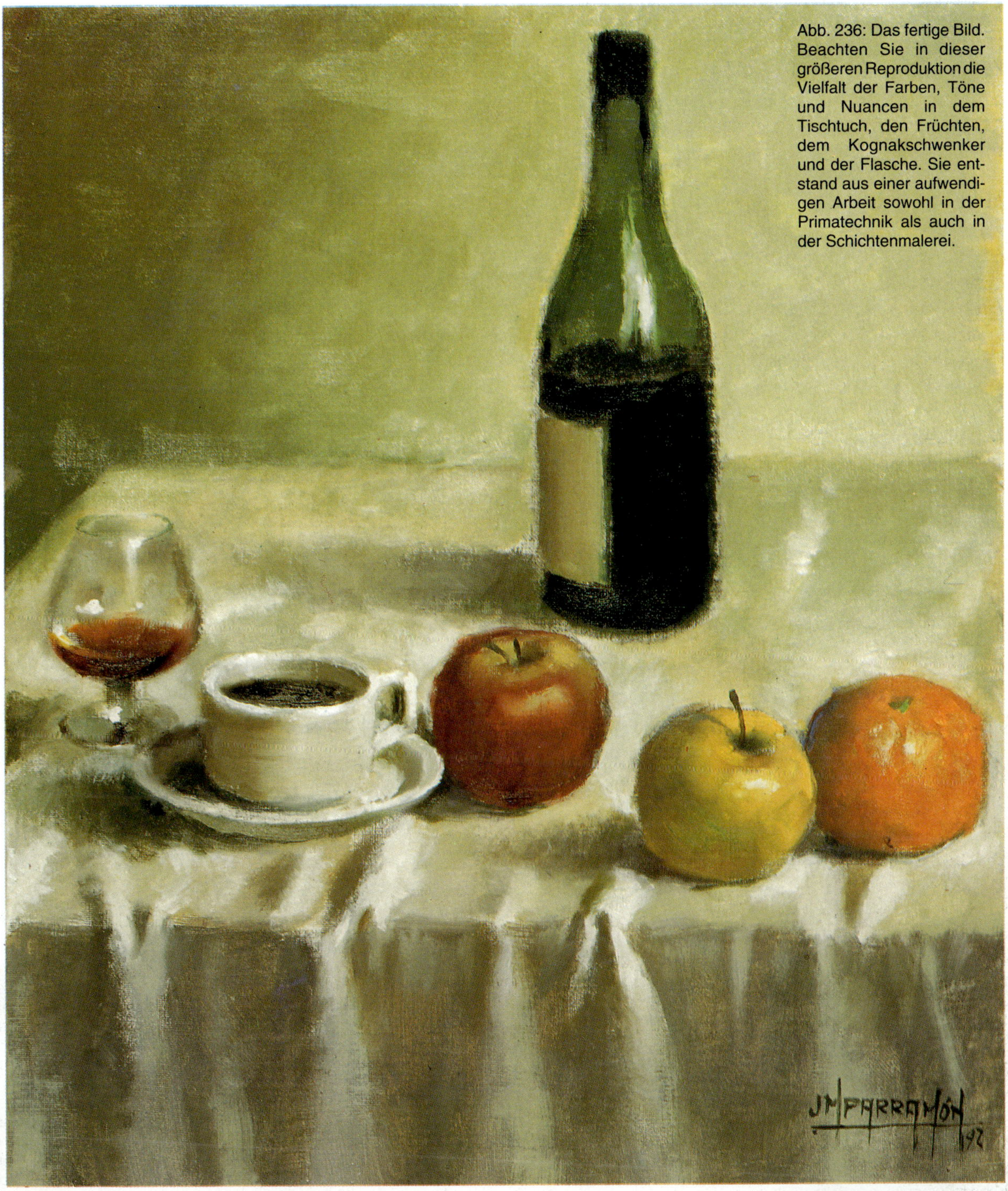

Abb. 236: Das fertige Bild. Beachten Sie in dieser größeren Reproduktion die Vielfalt der Farben, Töne und Nuancen in dem Tischtuch, den Früchten, dem Kognakschwenker und der Flasche. Sie entstand aus einer aufwendigen Arbeit sowohl in der Primatechnik als auch in der Schichtenmalerei.

Immerhin hat man das Gefühl, etwas geschafft zu haben, wenn es fertig ist, und manchmal fühlt man sich sogar erhoben!"

Danksagung

Autor und Verlag möchten folgenden Persönlichkeiten und Unternehmen für ihre wertvolle Mitarbeit und Hilfe bei der Zusammenstellung dieses Werkes danken:
Dem Illustrator Jordi Segú und dem Künstler Miquel Ferrón für die Anfertigung zahlreicher Schemazeichnungen und Illustrationen; David Sanmiguel für die Zusammenfassung der Geschichte der Ölmalerei; der Firma Pera für die Überlassung von Unterlagen und Material zum Zeichnen und Malen sowie dem Farbenfabrikanten Talens für die Überlassung der Abbildungen auf Seite 30.
Ihr aufrichtiger Dank gilt ferner den Künstlern Francesc Crespo und Marta Durán für die freundliche Genehmigung zur Abbildung des Palettisches (S. 43) und der Vorrichtung zur Aufbewahrung von Leinwänden und Bildern (S. 44).